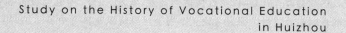

Study on the History of Vocational Education in Huizhou

徽州职业教育史研究

1949年以前

方光禄 著

中国科学技术大学出版社

内容简介

本书为全国教育科学"十三五"规划教育部重点课题"徽商与徽匠的背后：徽州职业教育史研究"(DOA160242)的最终成果。本书以地方官方与民间文献为基础，对唐宋以来至新中国成立前徽州地区的职业教育发展历史进行了梳理，特别对徽商、徽匠成长的社会教育背景，以及近代徽州商业、农业、工业、师范类教育和普通教育中的职业教育因素等进行了研究考证。本书是对徽州职业教育史的总结，能为当下职业教育发展提供一定借鉴。

图书在版编目(CIP)数据

徽州职业教育史研究.1949年以前/方光禄著.—合肥：中国科学技术大学出版社，2022.2

ISBN 978-7-312-05305-4

Ⅰ.徽⋯ Ⅱ.方⋯ Ⅲ.职业教育—教育史—研究—徽州地区 Ⅳ.G719.29

中国版本图书馆CIP数据核字(2021)第173524号

徽州职业教育史研究：1949年以前
HUIZHOU ZHIYE JIAOYU SHI YANJIU：1949 NIAN YIQIAN

出版	中国科学技术大学出版社 安徽省合肥市金寨路96号，230026 http://press.ustc.edu.cn https://zgkxjsdxcbs.tmall.com
印刷	安徽省瑞隆印务有限公司
发行	中国科学技术大学出版社
经销	全国新华书店
开本	710 mm×1000 mm 1/16
印张	15.5
字数	284千
版次	2022年2月第1版
印次	2022年2月第1次印刷
定价	68.00元

前　言

广义的教育与人类社会相始终,是人类生活不可分割的一部分。其中,侧重实践技能和实际工作能力培养的职业类教育活动,因与个体生存、社会经济发展关联度高而受到普遍关注。当我们的职业教育需要不断面向未来时,回顾和反思走过的路,同样十分必要。

一、研究的缘起

在教育科学研究领域,教育史研究处于边缘地带,很难成为研究热点。而其中的职业教育史研究,也如同职业教育在我国整个教育体系中的地位一样,受到的关注不多。

在既往的职业教育史研究中,宏观视角的研究较为常见。这样的研究,能够清晰地呈现全国或某一较大区域职业教育发展的整体概况。但也存在不足,即难以揭示某一具体区域职业教育发展的面貌,较少呈现基层、微观、具体的细节。虽然近几十年来以县(区)为基本单位编撰的地方志,都有包含职业教育在内的教育专编(章),较为细致地记载了各地职教发展动态,但地方志的性质决定了它主要承担资料的收集、挑选、归类和保存职能,在史料的分析、评价、运用上几乎没有涉及。

2011年4月,笔者和同道申报了当年安徽省教育科学规划课题"近代徽州的师范教育研究",获批立项(项目编号为JG11264)。经过努力,2012年12月,形成约20万字的课题终结性成果《徽州近代师范教育史(1905—1949)》书稿,申请结项。该成果涵盖了1905年新安中学堂附设师范科到1949年新中国成立前共44年的徽州师范教育历史,不仅顺利通过鉴定,还获得安徽省第九届优秀教育科研成果二等奖。书稿后来承安徽师范大学出版社垂青出版后,获黄山市首届社科奖著作类三等奖。此项研究也为后来笔者承担合肥师范学院教师教育研究中心委托项目

"安徽师范百年"(项目编号为 2015JSZX005,研究成果之一《安徽师范百年·徽州师范学校卷》由中国科学技术大学出版社 2016 年出版,获黄山市第二届社科奖著作类二等奖)奠定了基础。

2013 年,笔者又和同道合作申报了当年安徽省教育科学规划课题"徽州近代职业教育研究"。2015 年,形成约 6 万字的终结性成果《徽州近代职业教育史》文稿,梳理了徽州近代职业教育的发展概况,探讨了职业教育与徽州经济、社会之间的互动关系,初步总结、提炼了对于当今职业教育有继承价值的办学经验。课题鉴定组专家认为该研究视角独特,涉及人们尚未深入的领域,填补了徽州(黄山)教育史研究的一项空白,具有一定的开拓性和创新性,同意结项。

鉴于"徽州近代职业教育研究"课题在整个徽州职教史研究上还只是阶段性成果,同时也存在资料单薄等缺陷,因此,笔者再次主持以"徽商与徽匠的背后:徽州职业教育史研究"为题,申报了 2016 年全国教育科学"十三五"规划课题,最终获批为教育部重点课题(DOA160242)。该课题相比于前者,一是研究对象时段延长。将徽州职业教育发展的历史从近代往前延伸,即从唐宋开始,时间跨度达到上千年。二是研究对象内涵拓展。通过徽州职业教育史的梳理,探讨徽州职业教育与明清徽州商人集团的经济势力、徽州工匠(如建筑、工艺)的技艺水平之间可能存在的关联,以及近代徽州职业教育的变迁与当地社会经济之间的互动关系。

二、研究对象与内容

徽州地处皖南山区,在黄山、天目、白际等山脉围合下,形成一个相对独立的地理空间。支流发达的新安江水系将这里与古代吴越一带紧紧联系在一起,构成外来文化输入、当地民众输出畅达的通道。从秦朝开始,歙县、黟县的设立,确定了历代中央政权对该地区的有效管理。随着中原汉族源源不断地迁入,正统的儒家文化在融合了当地的土著文化后,孕育出著名的徽州文化。尽管其范围仅为徽州一府下辖六县(歙、黟、休宁、祁门、绩溪、婺源)的弹丸之地,却是我国古代和近代社会稳定、文化深厚、人才辈出的地区。从两宋开始到明清时代,徽州发展逐渐达到顶峰。在经济领域,有称雄全国商界三四百年的徽商;在文化领域,既有新安理学、徽派朴学这些纯学术的成就,也有与人民生产、生活关系密切的新安医学、徽派建筑、徽派篆刻、新安画派、徽派版画等技艺类成果。进入近代,来自西方的近代科学技术,以及生产、金融、商业流通中新的组织形式,从沿海地区向内地传播。徽州虽然地处山区,交通不便,但因有数量众多的徽商维系着徽州本土与长江中下游发达地区的信息联系,且日益成为产量巨大、品质优良、较为稳定的茶叶生产和输出地,也逐渐被卷入近代国际的经济洪流。再加上受抗日战争影响,徽州成为靠近前线的后方,以及皖南的政治、经济中心,其近代工商业均有一定发展,传统的农业、林业也有一些新变化。徽州社会的各个侧面都印上了程度不同的近代色彩。

尽管我国受长达两千多年的中央集权制影响,强有力的行政管理触角不断深入基层社会并强化控制,居核心与主导地位的儒家思想成为社会思想主流,但不可否认的是,不同的自然环境、权力格局、群体性格、民间风情、区域文化,都会对来自朝廷的信息产生一定的作用,或强化,或扭曲,或消解,从而形成社会面貌色彩斑斓的区域特征。徽州的职业教育同样如此,也具有一定的地域色彩,需要我们做深入的剖析。

在徽州职业教育史的研究中,本研究的重点是唐宋至1949年间的徽州职业教育。

首先是徽州古代职业教育。在我国传统社会中,经济领域主要由农业、手工业和商业构筑。其中,农业是基础产业,提供衣食等基本生活资料。在徽州,尽管由于自然因素与生产周期影响,粗放耕作是较长时段中人们的选择,但随着人口增长、资源紧缺、技术进步,农业职业教育也得到了推进。在徽州私塾中可以见到各类具有乡土特色的杂字与珠算练习材料,这表明识字与计算是当地农业职业教育的基础形式。占有土地、山场等农业生产资源是徽州家(宗)族资产保存与增值的主要形式,在长期的经营活动中,民众逐渐形成一套较为完备且在当地被广泛认同的规则。这些以各类契约为代表的乡土规则的写作,自然也是预备从业者接受农业职业教育不可缺失的内容之一。同时,一代代劳作者从生产中总结出来的经验,也往往通过父辈的言传身教得以传承。手工百业是支撑民生的重要一极,与农业相比,虽然体力付出大体相似,但是其在技艺上的要求更高,因而其技能的获取与提升需要专门训练。在徽州的职前教育中,各类《杂字》既教常用字,同时也渗透择业、专精等职业道德教育。传统师徒制则是最典型、最普遍、最有效益的职业技能教育形式之一。而房、桥、塔等大型项目的营建,以及产品需要靠市场竞争才能生存的手工行业,如徽州墨业与茶业,也借助文、图等载体实现技能传承。徽州的商业在宋朝之后逐渐发展,明清时徽商曾称雄我国商界三百年。"儒商"的基础依然是有效的商业教育。不少徽州男性在"十三四岁,往外一丢"之前,塾师有意识地前置通识培训,使其初步具有从事商业活动的职业意识和知识基础。师徒制同样也是商业岗位培训的主要形式,只是其时间一般要比手工百业的更长。同时,接受家族中行商坐贾长辈言行熏陶也是徽州商业职业教育的方式之一。

其次是徽州近代职业教育。按照徽州近代职业教育的出现与发展情况,第一时段以清末为主。鸦片战争以后,徽州近代职业教育的萌生与发展,既受我国政治、经济变化以及呼唤近代教育的大局影响,也有徽州本土近代以来经济、社会一些新变化奠定的基础,显示出整体与局部在特定时空格局中的同一性。同时,徽州崇尚文化教育的传统民间力量,也对近代职业教育产生了促进作用。第二时段为民国时期。该时段较长,办学主体多样,变化复杂,因此,从商业、农林、工业和其他行业进行探讨,力求条理清晰。特别需要提及的是安徽省立第二师范学校。民国初年,普通教育、实业教育、师范教育呈三足鼎立之势。将该校也纳入职业教育范畴,一是从现代大职教视角看,师范专业也是职业教育的一个特殊部分。二是该校在15年的办学历程中,无论是校长胡晋接还是普通师生,都对职业教育有一定认识,不仅在师范生的教育教学活动中融入了商贸、工业、农林等职业教育元素,还通过全徽教育联合会发起改造徽州职业教育的行动。当然,由于各校延续时间长短不一,资料数量差异很大,内容丰满程度有些不均衡。

当然,从严格意义上说,1949年至今的徽州现代职业教育也应是本课题难以割舍的部分。1949年至1957年为平稳期。除师范继续办学外,新设新中国成立后全国第一所中等茶校,且创建了林校。1958年至1965年为跃进期。新建卫校,茶校、师范升格为培养大专层次人才学校,全地区兴办各种职业技术学校约30所,涉及农林、卫生、园艺、蚕桑、商业、工业等领域,初级技术培训、半工(农)半读是最大的特色。1966年至1978年为低谷期。多数中职学校被撤,茶校、卫校、师范勉强办学,招收工农兵学员。1978年至2004年为发展期。压缩高中,整顿初中,发展职业教育,职业教育快速发展,规模扩大,重心调整,出现了全国知名的中职学校。从2005年至今,通过合并、共建、联办、划转,黄山市职业教育布局日趋合理,形成以一体、两翼、四个中心为框架,中高等职业教育衔接,全日制教育与非全日制教育并重,学历教育与职业培训并举的现代职业教育体系;投入前所未有,普通职业教育基本均衡,特色日益鲜明,水平不断提高,服务走向深化。但是,由于70多年来当地地市级行政区划变动太大、过繁,无论哪一个时段,其空间区域都与本课题设定的"徽州"难以对应。经反复权衡,笔者认为与其强行对接,枘凿方圆,不如暂时割舍,以待将来。

以上内容中,古代部分着重探讨职业教育与徽商、徽匠崛起与衰落的关系;近代部分,既描述办学主体的历程,更想揭示职业教育如何与社会、经济发展形成良性互动的机制。以史为鉴,服务当今。自然,这也是本课题研究的难点所在。

三、研究现状

近些年,我国职业教育史研究成果较多。研究全国职教面貌的成果大体有三类。一是中国教育史或职业技术教育学之类的著述中,以专门章节或分散形式出现职教史内容。如毛礼锐的《中国教育史简编》(教育科学出版社,1984年)、郝新生等主编的《比较职业教育》(延边大学出版社,1987年)。其中的职教史部分,篇幅较短,内容简洁,深度和广度受到限制。二是职教专门史著作。如周谈辉的《中国职业教育发展史》(教育出版社,1985年)、米靖的《中国职业教育史研究》(上海教育出版社,2009年)等。不论这些著作将我国职业教育起点怎样确定,发展阶段如何划分,它们都论述了各时期职业教育发展的背景、宗旨、制度、专业与课程、师资、经费与设备等内容。大体史料翔实、系统有序、条理清晰。三是职业教育史论文。该类别数量最多,或探究历史原貌,如高奇的《中国古代的工匠培训与技艺传授》(《中国职业技术教育》2008年第2期);或结合历史以审视当前的职业教育发展问题,如王炳照的《中国职业技术教育问题的历史反思》(《职业技术教育》2005年第5期)等。

研究职业教育专门史的成果,论文不少,但论著不多。或以单一民族为研究对象,如杨朝富、王先琼的《中国侗族教育史》(云南民族出版社,2016年);或以行业为研究对象,如邢鹏的《中国近现代陶瓷教育史》(江西高校出版社,2017年);或以单一组织为研究对象,如上海中华职教社志编辑组的《上海中华职业教育社志》(上海古籍出版社,2007年)。相比之下,以地理区域为研究单元的稍多。以省级区域为研究单元的,如韩兵的《河北职业教育史 1922—1948》(中国社会科学出版社,2019年)。以地市为研究单元的,如无锡市陶研会和无锡市教育学会的《无锡职业教育史》(凤凰出版社,2011年)、任君庆的《近代宁波职业教育史研究》(浙江大学出版社,2017年)。

改革开放以来,以徽州历史和社会为研究对象的徽州学引起学界关注,包括史学界在内的不少学者,从诸多方面进行了深入探讨。就徽州教育的研究而言,论文形式的成果数量多、范围广、探讨深。徽州书院研究是第一个热点。刘秉铮的《论徽州的书院》(《江淮论坛》1993年第3期),李琳琦的《清代徽州书院的教学和经营管理特色》(《清史研究》1999年第3期)等,对书院及其运作有关环节作了探讨。徽州私塾也是学界关注重点之一。如王耀祖的《元代徽州童蒙教育探析》(《四川师范大学学报(社科版)》2016年第2期),刘伯山的《晚清徽州乡村塾学教育的实态》(《安徽大学学报(哲社版)》2013年第6期),分别介绍了徽州私塾特定时段、典型个案或教学元素诸侧面。徽州宗族对徽州教育的影响如何?王灿的《论徽商、徽州宗族与徽州教育三者的互动关系》(《池州学院学报》2014年第4期),陈忠珊的《交流与对话:明清时期徽州宗法与教育的互动》(《淮南师范学院学报》2017年第4期)等,从精神动力、教育经费、教育追求、施教内容等方面提出了见解。石开玉、张传恩的《明清徽州家训中的孝道教育》(《湖北经济学院学报(人社科版)》2017年第6期),胡家俊的《徽州传统家庭教育及其衍变与传承》(《学术界》2020年第9期),则从不同角度对徽州家庭教育进行了透视。在清末民初近代社会转型中,徽州教育如何应对?张小坡的《清末徽州新式教育经费的筹措与配置研究》(《安徽史学》2008年第5期),马勇虎的《民国初年社会转型中的地方教育发展》(《华东师范大学学报(教科版)》2011年第4期)等,均从具体事例或个案出发,对徽州教育与地方社会变迁之间的互动作了探析。此外,江小角的《刘大櫆对清代徽州教育的贡献及影响》(《安徽史学》2014年第3期),马振的《徽州文书中的教育考试类文献探究》(《图书馆论坛》2016年第9期),刘欢的《明代徽州府州县教官研究》(《皖西学院学报》2019年第3期),孙鹏鹏的《基于科举考试的清代徽州宾兴价值研究》(《贵州师范学院学报》2020年第8期)等,选题独特,新见迭出。

研究徽州教育的专著,除有关研究朱熹、陶行知等教育家外,所见不多。其中最系统、最深入的是李琳琦的《徽州教育》(安徽人民出版社,2005年)。该书全面梳理了从宋朝至鸦片战争近千年徽州教育的概貌,重点研究了徽州蒙学、官学、书院的发展线索与徽州教育名家的思想。他的《徽商与明清徽州教育》(湖北教育出版社,2003年)揭示了明清徽商与徽州教育之间的复杂关系。戴元枝的《明清徽州杂字研究》(上海教育出版社,2017年)则将明清徽州民间杂字作为研究对象,丰富了认识徽州教育的视角。此外,20世纪80年代以来,黄山市及所辖各区、县地方志部门也出版了若干市、县(区)志,对教育有一般情况的介绍。绩溪县、歙县教育局还出版了教育志(祁门县为油印本)。

以徽州职业教育史为研究对象的论著目前仅见一部,即王世华的《薪火相传:明清徽商的职业教育》(北京时代华文出版社,2018年)。该著首先介绍了我国明清商品经济繁荣和国内商帮兴起的概貌,再借助《商贾便览》等徽州商业文献,重点对明清徽州商人职业意识的觉醒、职业教材的编写、职业技能的传授、职业道德的培养进行研究,并分析了明清徽商职业教育的特点与意义。应该说,这是一部研究明清徽州商业教育的力作。但是,在古代徽州(尤其是明清两朝),工艺技能也同商贸一样,不仅国内知名,且由于地域文化传统与社会环境的原因,留存资料也相对丰富,这些技能的传承与发展,也往往离不开教育的助力,因此,古代徽州（特别是明清）职业教育的研究空间十分广阔。

有关徽州职业教育史的论文也不多。从研究对象看，大体可以分成两类。

第一类是对整体的研究，如王昌宜在《明清徽州的职业教育》（《安徽大学学报（哲社版）》2006年第1期）中认为，明清徽州职业教育可分为职业思想教育和职业技能教育两方面。职业思想是灌输"四民平等"观念、培养重义轻利道德、锤炼勤俭治生精神。职业技能训练主要集中在商业和农业领域。但是，作者也坦言："徽州的刻书、医学、文房四宝制作等手工行业，也多以宗族血缘关系为纽带，依靠族人间的传、帮、带，递相传授"，"由于资料有限，这些都有待于进一步研究"。

第二类是对个别领域的研究。徽商研究资料整理和发布较多，学界关注已超过半个世纪，成果相对丰富。如李琳琦的《从谱牒和商业书看明清徽州的商业教育》（《中国文化研究》1998年第3期），利用的资料集中在徽州大族谱牒和《士商类要》《士商要览》等商书，不仅揭示了商业新价值观的宣传有着深厚的宗族基础，也强调了途程观念与知识、商贸运作技能、商业道德伦理观在徽州商业教育中的重要地位。李媛媛的《从〈士商类要〉看明代徽州商业教育》（《黑龙江史志》2014年第23期）认为，明代徽州商业教育主要内容为途程观念与知识、商人伦理道德、商业经营技能。王颖的《明清徽商职业教育观探析》（《都市家教》2016年第8期）侧重于职业教育观念的探讨，认为教育理念为首、儒家伦理为宗、个性发展为重，构成了明清徽商职业教育观的主要特色。戴元枝的《从明清徽州杂字看徽州的商业启蒙教育》（《淮北师范大学学报（哲社版）》2015年第1期），利用徽州现存的多种杂字，将商业教育的视角下移到徽州子弟早期教育时段，认为徽州商业启蒙教育有突出商业教育地位、注重商业道德教育、传授具体商业知识的特点。宗韵在《明清徽商家庭商业教育述略》（《安徽史学》2006年第3期）中，切入家庭教育领域，认为明清徽商家庭教育的目的是将子弟缔造成激烈商战中应付裕如的商人；内容主要是知识、素质和技能。张浩的《明清徽州商业人才培养中的学徒制及其现代启示》（《安徽商贸职业技术学院学报（社科版）》2019年第4期），探究了明清徽州商业学徒教育的目的与途径，认为其不仅实现了家庭、学徒、店铺、商帮"四方"共赢,而且强调"德""能"并重,即职业态度上"勤于身""敏于事",为人处世讲究"谦恭""谨慎",商业道德讲究"立品""尚德",从商技能做到"精""专",并认为徽州学徒教育也为现代学徒制提供了借鉴的可能。此外,徐国利的《从明清徽州家谱看明清徽州宗族的职业观》(《河北学刊》2011年第6期)、王良的《从近代徽州宗谱看近代徽州职业观念》(《记者观察》2018年第17期),探讨的是明清至民国徽州人的职业观及其变迁。

改革开放以来,安徽师范大学、安徽大学等先后成为高校中引领徽州文化研究的"领头羊",团队作用明显,在培养徽州文化研究的新生力量上也着力不少,有一部分硕、博士论文选题与徽州职业教育相关。如汪婷婷的《明清徽商商业教育研究》(南京师范大学硕士论文,2016年),分析了明清徽商发展商业教育的目的、内容与方式。也有学位论文里部分涉及了徽州职业教育话题,如李宇的《明清晋徽商教育价值观差异》(山西大学硕士论文,2010年),比较了山西蒲州、太原与徽州进士数量和整体分布,进而分析晋徽商在教育重视程度、教育内容、教育价值观演进上的异同。丁佳丽在《20世纪初至抗战前徽州近代教育的发展》(安徽大学硕士论文,2013年)中,也对实业(职业)教育另立专章加以讨论。高巧林的《近代徽州地区女子教育研究》(南京大学硕士论文,2017年),在中等教育部分注意到了徽州先后创立的两所女子师范的办学历程。同时,个别跨学科的选题也与徽州职业教育有关联,如王海燕的《徽州农村社区教育与教育价值观研究》(安徽大学社会学硕士论文,2003年),研究内容也包含了传统徽州社会的职业教育。

综上可知,在全国教育史研究中,以地市级为单位的区域教育史研究比较薄弱。在徽州文化研究中,徽州教育受学界的关注程度,既不能与徽商、徽派建筑、新安医学等比肩,也与其应有地位不相称。而在徽州教育研究中,职业教育也没有徽州书院、徽州私塾、徽州科举、徽籍教育家等话题有热度。在徽州职业教育研究中,目前至少有三处短板:一是时段上多限于明清,既难以上溯,也少有后延。二是领域上,家庭教育、学校教育、社会教育应三分天下,但仅社会教育相对关注较多。三是行业上,除商业领域的职业教育研究有较多成果外,同样需要以一定文化根底为基础的医学、巫祝、雕刻从业者的职业教育少见探讨,而那些民间百工,尽管留下诸如徽派建筑、徽州三雕、徽墨、歙砚、万安罗盘等传世之作,但对这些行业的职业教育研究还是空白。至于徽州古代职业教育向近代的转型等,同样也有较大的研究空间。

四、研究方法

徽州职业教育史的时间跨度长达一千余年,空间涉及徽州一府六县。由于徽州自明清以来总体上遭受战乱较少,很多教育遗存尚可凭吊;清末民初以来,不少职业教育主体不仅留存资料较多,甚至还办学至今。因此,在本课题研究中,我们坚持辩证唯物主义和历史唯物主义的观点,利用历史学、社会学等多学科的研究方法开展探究。具体方法如下:

文献研究法。资料是本课题研究最为重要的基础,纳入我们搜集范围的文献有七类。一是陈贤忠的《安徽教育史》、李琳琦的《徽州教育》、王世华的《薪火相传》等著作。二是朱有瓛的《中国近代学制史料》、璩鑫圭的《中国近代教育史资料汇编》、舒新城的《中国近代教育史资料》、冯煦的《皖政辑要》等全国与地方的原始资料。三是新中国成立前政府部门印行的《教育杂志》《安徽教育行政周刊》《安徽省行政成绩报告》《安徽政务月刊》《安徽政治》《战时皖南行政资料》等行政资料。四是当年发行的《微音》《农林新报》《社光月报》《申报》《徽州日报》等杂志报纸。五是徽州文化博物馆、黄山学院徽州资料研究中心以及黄山市及有关属县档案馆保存的相关档案。六是黄山市及有关区县、镇、村近年出版的地方志书。七是民间收藏的有关材料。在掌握资料基础上,考证真伪,结合社会背景,按照逻辑关系,客观、辩证地揭示和梳理资料所反映的深层意义。

田野调查法。徽州近代职业教育史上,休宁初等农业学堂、安徽省立第二师范学校、新安公立甲种商业学校、省立徽州初级农业职业学校、私立中正职业学校、省立屯溪工业职业学校,以及安徽省立第四女子中学等,都是重要的办学单位。我们多次实地踏访,不惟验证有关记载,更重要的是让心境努力进入的当年场景,获得深刻的心理体验。

口述史研究。省立徽州初级农业职业学校、私立中正职业学校、省立屯溪工业职业学校的办学都延续到新中国成立前夕,少数当年的学生至今还能清晰回忆在学校就读的情形,这些亲身经历尽管极为细微和琐碎,但颇为鲜活和温暖,让尘封的纸张上留下的冰冷文字也瞬间生动起来,因此弥足珍贵。一些当事人虽然已经离世,但其家人的一些描述,也是我们关注的素材。脱离了当年的情景,加入了旁观者的思考与感情,也是一种特殊的材料。

统计分析法。在徽州近代职业教育单位中,留存了不少有关不同年份的办学经费与设施、师资、在校学生、学制、课程、毕业生等基础数据。对此,我们也合理分类,并作必要统计,使定量分析与定性分析有机结合,以尽量准确地呈现一幅全景式的职业教育兴衰史图景。

五、研究的价值

一是渠道多元的资料运用。在教育史研究中,文献利用始终是基础。我们在本课题研究中,从报刊、档案、方志中挖掘出大量的一手史料。同时,清末民国时段,徽州民间的文献资料也非常丰富,尽管零碎,但其真实性与独特性并不比官方文献逊色。此外,由于研究对象在时段上延续到1949年,许多与徽州职业教育有直接关系的当事人既是职教活动的参与者,也是研究资料的提供者。我们广泛运用访谈等方式,获取无法从传统文献中得到的史料,丰富了研究的史料来源。

二是研究对象的平民化倾向。教育的本质在于人自身的发展,教育史的研究归根结底是关于人的研究。长期以来,在教育史研究对象上,人们倾向于长时段的大区域(或有特殊印记的区域,如红色根据地、日占区、少数民族区域等)状态,忽视并非十分典型的小区域,也缺少对下层民众和边缘族群的研究。因此,本课题立足"小"和"低",研究徽州一府六县的职业教育发展历程,反映众多普通师生、群众等的职业教育实况,实际上就是对已有宏观叙事的具体补充。也只有经过无数类似的微观、零碎的复原,才有可能拼接出我国相对全面、比较真实、色彩斑斓的职业教育史图谱。

三是叙述方式的通俗化。通常,学术著作的行文风格都比较沉稳

(甚至高冷),多抽象、概括的表达,既消减了研究成果的大众影响力,也是社会资源的隐形浪费。鉴于此,我们努力更多地采用叙事法,让不同时代的叙事者自己说话,或让历史印记自己显露它的意义,而不过多地用外在的框架有意无意地限制或滥用;直接呈现教育生活的本来情节与面貌,而不以抽象的概念或符号压制其生动和情趣。从形式上看,或许与传统的史学著作相比,本书显得比较"民科",但这种向大众靠近的努力是发自内心的。

四是呈现的徽州职业教育史图景可待有心者体会。教育是复合性的文化活动,是社会系统中的组成部分。社会和文化的变革必然影响教育的变革,教育变革又反过来推动文化和社会的变迁。我们呈现的1949年以前的徽州职业教育史,也不是孤立地讨论各种徽州职业教育史上流行的教育思想、教育实践,以及发生的重大教育事件,而是尽可能地把它同广阔的社会背景结合起来,争取体现人口、经济、政治等因素对职业教育发展的影响。当前,我国的职业教育正经历着重大变革,但无论是生源素质、培养模式,还是就业渠道、社会贡献等,都存在着很多困惑。如何解决,既需要在现实中实践探索,也可以从历史中学习继承。徽州,这一在我国传统社会颇有一定典型性质的区域,其上千年历程中职业教育的起伏兴衰,"徽商""徽匠"与职业教育的互动关联,也都为有意者提供了思考、借鉴的空间。

六、本书内容架构

本书的篇章结构安排是,除前言外,共分十章。前三章为古代部分内容,第四至九章为近代部分内容。在古代,徽州的职业教育集中在农业、商业和其他行业之中,各安排一章。其中,其他行业相对复杂,尤以巫医、手工业最为典型,两者的最大差异在于文化是否成为必备的基础。因此,各用一节加以介绍。最后一章分析了徽州职业教育的特点和成因。

在徽州近代的职业教育中,既有古代行业的延续,如农业、商业、手工业,也有不少新的变化。在农(林)业,职业教育基本从传统的经验传递突变为建立在近代植物学、动物学研究成果之上的新型农职业教育。

商业职教也从此前基于实践的个别教育,蜕变为基于理论与实操结合的班级教育。至于工业职教,则与传统的手工业技能训练完全不可同日而语。尽管清末民国时期徽州的职业教育总体上来说并不能称为发达,但多领域萌发的新迹象,还是能让后人大致看到新旧更替的图景。

方光禄

目 录

前言 ……………………………………………………………………（ⅰ）

第一章　徽州古代农业职业教育 ………………………………………（1）
　第一节　徽州古代农业职业教育的背景 ………………………………（1）
　第二节　徽州古代农业职业教育的形式与内容 ………………………（6）

第二章　徽州古代商业职业教育 ………………………………………（21）
　第一节　徽州古代商业职业教育的背景 ………………………………（21）
　第二节　徽州古代职前的商业教育 ……………………………………（25）
　第三节　徽州古代商业的岗位培训 ……………………………………（28）

第三章　徽州古代其他行业的职业教育 ………………………………（38）
　第一节　以文化与专业理论为基础的职业教育活动 …………………（38）
　第二节　以技能操作为基础的职业教育活动 …………………………（48）

第四章　徽州近代职业教育的出现 ……………………………………（61）
　第一节　徽州近代职业教育出现的背景 ………………………………（61）
　第二节　休宁初等农业学堂 ……………………………………………（67）
　第三节　徽州茶商公立初等农业学堂 …………………………………（70）

第五章　安徽省立第二师范学校的职业教育实践 ……………………（84）
　第一节　职业教育方针的制订 …………………………………………（84）
　第二节　职业教育的实践 ………………………………………………（85）
　第三节　职业教育的成就 ………………………………………………（92）

第六章　徽州近代商业职业教育 ……………………………………（ 98 ）
第一节　清末民国时期徽州商业的基本状况 ………………………（ 98 ）
第二节　徽州商业类职业教育的低迷 ………………………………（103）

第七章　徽州近代农林业职业教育 ……………………………………（110）
第一节　清末及民国时期徽州农林业的基本状况 …………………（110）
第二节　安徽省立第一茶务讲习所 …………………………………（116）
第三节　几所公立农职学校的短暂办学与其他农职业教育活动 …（126）
第四节　安徽省立徽州初级农业职业学校 …………………………（136）
第五节　江西省立婺源制茶科初级应用职业学校 …………………（152）

第八章　徽州近代工业职业教育 ………………………………………（155）
第一节　清末民初徽州工业的基本状况 ……………………………（155）
第二节　安徽省立第四女子中学附设的职业班 ……………………（159）
第三节　安徽省立屯溪工业职业学校 ………………………………（171）
第四节　安徽私立中正工业职业学校 ………………………………（184）

第九章　徽州近代其他有职业教育色彩的学校教育 …………………（192）
第一节　安徽省立第二中学的职业教育 ……………………………（192）
第二节　私立中山体育专科学校 ……………………………………（206）
第三节　汽车司机训练班 ……………………………………………（210）
第四节　徽州国医专门学校 …………………………………………（214）

第十章　徽州职业教育的特点及成因 …………………………………（216）

参考文献 …………………………………………………………………（222）

后记 ………………………………………………………………………（227）

第一章 徽州古代农业职业教育

农业生产是我国古代文化发育和发展的主要物质基础,地处新安江上游的徽州同样如此。尽管由于自然因素影响重大与生产周期较长,粗放耕作成为很长时段人们的自然选择,但随着人口的增殖、资源的紧缺、技术的进步,以文字为载体的教育活动逐渐在农业上得到应用,农业职业教育也因此萌生并得到初期的进步。

第一节 徽州古代农业职业教育的背景

一、徽州古代农业生产的条件与概况

早期农业是依仗大自然的恩赐才可能萌发的产业。其依托的主要物质基础是土地、气温与降水。徽州地处皖南山区,整体呈锅状,其中部为断陷区,因新安江上游主、支流年复一年的泛滥,逐渐形成从休宁、屯溪、徽州区、歙县、绩溪走向的河谷平原,宽处达25千米,窄处仅10千米,总面积约270平方千米。在一些山间盆地,也由于地势低下,为流水汇集之区,经长期流水侵蚀与堆积作用,也出现面积大小不等的沿河冲积小平原。这类地貌虽然总面积有限,占徽州面积比例较低,却是徽州居民最早的生活和生产区域。从河谷平原向四周延伸的地貌依次是丘陵、低山、中山。其中,近2 000平方千米的低丘陵(海拔500米以下,相对高程小于100米,坡度一般不足15度)和近3 000平方千米的高丘陵(海拔500米以下,相对高程100~200米,坡度一般20度左右)[①]则是清朝之前徽州民众的主要居住区,并随着人口增加而日益不堪重负。更深的低山区在

---

① 安徽省徽州地区地方志编纂委员会.徽州地区简志[M].合肥:黄山书社,1989:59.

清朝也逐渐成为当地人垦殖的对象,在一定程度上满足了山民生存的基本物质需求。

徽州地区属于亚热带季风湿润气候,四季分明,春秋两季较短,夏冬季稍长,1月均温约3℃,7月均温约27℃,全年均温15--16℃。全年平均日照时数在1 731～1 972个小时。降水量年均1 395～1 702毫米。尽管有些数据低于安徽全省的平均值,但无论温度、日照时数还是降水量,满足一般植物生长需要没有太大问题。因此,徽州野生资源丰富,各类植物有3 000多种,野生动物兽类47种、鸟类129种、两栖类17种、爬行类33种[①]。这是徽州农业生产的自然基础。

同人类大多数文明濒水而起一样,徽州农业生产最早也应该是在水域附近发展。新安江是徽州文明的母亲河,其上游的干支流附近就是早期居民的栖息地。目前发现的歙县徽城镇新州遗址、富竭镇下冯塘遗址、徽州区朱坊桐子山遗址、祁门县凫峰镇凫坑组遗址、绩溪县长安镇坛家村遗址等都属于距今约5 000年的新石器时代,其分布大多在新安江上游各干支流的近水高台上。从出土的矛、镞、斧、锛、铲、网坠等石器,鼎、鬲、罐、盆、豆、纺轮等陶器分析,尽管渔猎、采集依然是重要的食物来源方式,但早期的种植、养殖可能也已经出现。

徽州早期农业生产的情况因资料阙如难以勾勒,只能通过零星信息略作估计。南宋罗愿《新安志》列有"物产"一卷,下分谷粟、蔬茹、药物、木果、水族、羽族、兽类、畜扰、货贿各项。其中谷粟、蔬茹、木果、畜扰更多是人工介入的产物,可以借此探知当时徽州农业及家畜蓄养的部分情形。首先是种类较多。如徽州种植的谷物,籼稻有大白归生、小白归生、红归生、桃花红、冷水白、笔头白、肥田跂、早十日、中归生、晚归生、占禾等;粳稻有大栗黄、小栗黄、芦黄、珠子稻、乌须稻、婺州青、叶里青、斧脑白、赤芒稻、九里香、马头红、万年陈、沙田白、寒青等;糯稻则有青秆、羊脂、白矮、牛虱糯、早归生、交秋糯、秧田糯等。就菜蔬论,则有姜、蓼、芹、芥、葱、薤、韭、蒜、兰香、胡荽、芸薹、苜蓿、军达、颇棱、葫芦菔、芦菔、百合、蹲鸱、茭首、麦熟菌、木耳、石耳、地蚕、蒟蒻、葛、枸杞、芙、蓤菜、周花、决明、苦苣、苦薏花、蔓菁、繁缕、茅、苋、藜、蕨、藿、瓠甘、胡瓜、越瓜、茄等,这些都应该是当时徽州人日常的基本食材。其次是对其特性大致明确。如"肥田跂"虽属籼稻,却"能于肥田中自植立";糯稻中的"白矮""酿之多得酒";"高头

[①] 安徽省徽州地区地方志编纂委员会.徽州地区简志[M].合肥:黄山书社,1989:64-68.

麦"有"捼之则粒出"之收获之便,"然难为地力";"糯粟"酿酒,则"味涩而不清,令人善酲";菌类物美而类多,"或能杀人,亦使人善笑"。再次是有的形成了具有本地特色的种、养或加工方法。如石耳生于悬崖,连山羊也"不能缘",需"垂绠以取之";"地蚕"需在冬季掘取,"大如三眠蚕";萝卜,徽州居民常"杂香菜以为菹",则是徽州腌制萝卜干至少有近千年历史的确证;"蒟蒻",歙人"以灰瀹之",曰"用为斋食";"自绩溪以往,牛羊之牧不收",是较长时间野外放养以节省人力的饲养方式;"歙之南境,羊昼夜山谷中,不畏露草"也有同工之妙。同时,各地之间物产交流也颇为广泛。如来自占城国的籼稻"占禾",因大中祥符五年(1012年)皇帝下诏"遣使福建取三万斛,并出种法而布之",江淮浙之间才有之;粳稻"婺州青",因其来自婺州而得名;蒜之大者曰"胡蒜","自西域来者也";苜蓿则最早为"汉离宫所殖";"军达""颇棱"均"唐世自外国来者也",其中后者"以所出之国为名"。"蜀马"是原产于蜀地的一种体形较小的马匹;黄牛不仅有徽州土产之种,"亦有从江西来者";家养的猪苗,多"买于宛陵界中","中家以上,岁别饲大豕至二三百斤,岁终以祭享,谓之年彘",现今歙、绩、休、黟等地杀年猪、吃杀猪饭依然流行。

二、徽州人口的增殖与生存压力

对农业职业教育需求的紧迫性是随着当地居民生存压力逐渐增大而提升的。当人均生存资源日益紧张,生活物质的生产效益,以及生产资料的合理分配和有效管理也越受重视,依托文化知识的农业职业教育也就呼之欲出。徽州宋代的人口数,罗愿《新安志》有分县记载。如歙县:

> 天禧主户万六千四百二十八,口二万八千二十五,客户四十六,口四百六十六。未经界户四万四千五百三十,经界户二万二千七百有十六。乾道八年主户二万五千五百三十四,客户四百有九,而无其口数。①

此处虽有天禧、乾道年间的具体户数、口数,但其真实含义需要继续讨论,因户、口数之间构不成合理的对应关系,即户均人口数偏低。如天禧年间歙县

---

① 罗愿.《新安志》整理与研究[M].合肥:黄山书社,2008:80.

主户户均仅1.7人,显然现实中不大可能。类似记载在其他地方也有。如《八闽通志》(福建人民出版社,1990年点校本)记载,南宋时福建各州平均每户2人,其中邵武军最多,户均2.62人;泉州的最少,户均只有1.40人。但就在《新安志》卷一记录了另一组数据:"其在郡城中者,乾道户千二百八十一,口六千八百五十八;城外户六百五十,口三千二百八十一。"①即徽州州城里,乾道年间有1 281户、6 858人;城外650户、3 281人。据此,则城里户均5.4人,城外户均5.1人,均比较符合我国古代各地的常态。结合我国古代户数是确定县的等级、县官俸禄、差役数量依据的考虑,故可认为《新安志》关于歙县天禧、乾道年间的户数、口数中,户数相对更为准确。由此,按5人每户计,则宋朝天禧年间歙县人口约8.2万人,全徽州约60万人。

根据美籍华裔历史学家何炳棣的研究,我国历史上人口数较为准确的大致有三个时期:明太祖时期、乾隆四十一年(1752年)至道光三十年(1850年)、1953至1954年②。明朝开国前,由徽州知府实验成功了户口调查法:每户颁发户帖,载明男女(分成丁、不成丁两类)口数、姓名、年龄、与户主关系,以及事产(房屋和土地类型、数量)等信息。洪武十四年(1381年)至次年,即对全国进行了大规模的户口调查。据明弘治《徽州府志》记载,洪武四年(1371年)徽州有117 110户、536 925人;洪武九年(1376年)为120 762户、549 485人。两相比较,每年净增人口约2 000人。若不考虑战争、瘟疫、饥荒等特殊情况,徽州人口增殖速度很快。

随着人口增加,徽州地区的生存压力也日趋紧张。据罗愿记载,因"自唐末赋不属天子,骤增之,民则益贫",尽管徽州民众有"力作重迁,犹愈于他郡"的传统,宋朝时,还是有人"比年多徙舒、池、无为界中"③。可以想见,当明末、清中叶的徽州人口已是宋朝人口数倍之多时,徽州农业与农村的经济压力该有多大。

三、徽州山区的开发

起初,从歙、屯、休展开的狭长河谷平原,以及徽州其他大小不等的山间盆地,是当地居民主要的生存空间。一直到南宋乾道年间,这样的格局依然没有

---

① 罗愿.《新安志》整理与研究[M].合肥:黄山书社,2008:25.
② 何炳棣.明初以降人口及其相关问题[M].北京:生活·读书·新知三联书店,2000:302.
③ 罗愿.《新安志》整理与研究[M].合肥:黄山书社,2008:16.

太大改变。《新安志》记载显示,南宋时,徽州六县共设233里①,其中歙县80里、休宁60里,两县占六县总里数的60%。歙县西北、西、西南方向共40里,占全县总里数50%;休宁东、东南方向共36里,占全县总里数的60%。但是,当徽州人口迅速增加,人地矛盾逐渐加剧,生态环境趋于恶化时,出于逃避不利生活空间的自然本能,开发徽州山区以获得新的生存资源是其中的路径之一。

徽州山区的开发,就空间拓展来说,规律有二。一是横向,从山间盆地向低山、中山乃至高山区进发;从河口向河源深入。二是纵向,由山脚向山顶逐渐垦殖。在资源的利用方式上,并非追求单一的粮食生产,而是结合山区实际,借助逐渐形成的徽州内部及外部日益紧密的商品化经济体系,以争取资源利用的最大化。比如南朝梁时,新安太守张率能"遣家僮载米二千石还吴",说明当地稻米生产有一定规模。同时,新安也"郡多麻苎",显然除了自用,也用于交换。同时代的新安太守、临沂人王实,"从兄来郡就求告,实与铜钱五十万,不听于郡及道散用。从兄密于郡市货还都求利,及去郡数十里,实乃知,命追之"。也表明徽州当时的市场交换存在一定规模。唐元和十五年(820年),崔元亮为歙州太守,见"民山处输租者苦之,下令许计斛输钱,民赖其利"②。更说明徽州山区民众从事经济作物的生产在日常生活中具有更大价值。当然,一直到明清,尽管徽州民众在山区的垦殖几乎达到"全覆盖"的程度,但他们所获得的生活资料也大多仅能维持生存。正如明朝方承训《新安歌三首》所咏:"土隘民丛谷不支,辟山垦堑苦何悲。风雨夜行山坞道,秋成不丰犹餐草。猛虎毒蛇日与武,东方未明早辟户。一岁茹米十仅三,麦穄杂粮苦作甘。深山峻岭茅屋潜,竟年罕食浙海盐。"③

对于徽州山区的开发过程,有学者曾对歙、休宁、绩溪三县明清时期各村庄的衍变进行若干数据分析。1551年、1699年和1827年,歙县可考村庄数量分别为151、279、631个,休宁分别为151、222、461个,绩溪分别为28、233、361个。在绘制出三县人口相对密度分布图后,可知歙、休宁、绩溪人口分布呈现三个层次分明的生存圈:人口密度最高的核心地带、密度次高的过渡环形地带、密度最低的边缘区环形地带。1699—1827年,因核心地带开发殆尽,人口向环形过渡带迁徙,其中既有外地棚民,更多的是本地民众;1827—1937

---

① 1里合500米。此为引用资料,沿用原表述。后文中的"亩""斤"均如此处理。
② 罗愿.《新安志》整理与研究[M].合肥:黄山书社,2008:293,303.
③ 四库全书存目丛书编委会.四库全书存目丛书:集部别集类第187册[M].济南:齐鲁书社,1997:600.

年,核心地带密度收缩,过渡地带保持稳定,而边缘地带密度激增。就歙县而言,尤以东部、东南部人口增长最为明显①。结果是"大山之所落,力垦为田,层累而上,十余级不盈一亩"②。应该说,唐氏的研究结论与当地吴、方等宗族的裂变和迁徙规律,以及相应区域的田野调查结果是完全符合的。

第二节 徽州古代农业职业教育的形式与内容

一、农业生产用字与计算的习练

古代徽州民众接受农业职业教育的基础性、典型性活动是识字。徽州宗族普遍对此有深刻认识。明朝嘉靖时绩溪县积庆坊葛氏宗族有家训十六条,其第九条即云:"世间物可以益人神智者,书。故凡子孙,不可不使读书。惟知读书,则识义理。凡事之来,处置得宜,如游刃解牛,自有余地。其上焉者,可以致身云霄,卷舒六合;下焉者,亦能保身保家,而规为措置,迥异常流,自无村俗气味。苏子云:'无肉令人瘦,无竹令人俗。'无竹犹未俗也,无书则必俗矣。人求免于村俗,不可一日无书。"清朝雍正时歙县潭渡孝里黄氏宗族家训中"教养"部分,也要求黄氏子孙"子弟未冠者,不得以字称,必延聘明师,教以孝悌忠信为主。若二十岁以外,学业无成者,令其学习治家理财之方"③。此类记载均反映了徽州宗族对族众基础教育的关注。

至少在明清两朝,由于徽州本土的经济和社会较多受到商品经济发展的影响,民间塾学比较发达。因此,这类教育活动大多通过塾学来实现。从现存诸多清朝乃至民国初年徽州印刷或手抄的蒙学教材看,种类繁多,仅名称就有《三言杂字》《四言杂字》《五言杂字》《六言杂字》《应急杂字》《事用杂字》《易见杂字》《珠玑杂字》《家常便用杂字》《韵文杂字》《切要字》《开眼经》《百韵联珠杂字》《启蒙切要杂字》等。虽各具特色,但内容中与农业相关部分占比均不低。

各类杂字选字多切合当地农业实际。如光绪己亥年(1899年)胡诒裕使用的《六言杂字》中,"阁轿摊板地袱,四围墙壁门扇,门限门料门戾,过厢统房半

---

① 唐力行.明清以来徽州区域社会经济研究[M].合肥:安徽大学出版社,1999:229,237-238.
② 许承尧.歙事闲谭[M].合肥:黄山书社,2001:604.
③ 卞利.明清徽州族规家法选编[M].合肥:黄山书社,2014:3,20,21.

阁"皆为徽州民居的有关称呼;"耕田搭耙耖种,犁镵犁甩犁尖,囤阙筑水润田,拔秧拣稗推耘"都是种田工具部件或耕种工序名称;"油麻芦穄荞麦,萝卜苋菜晚青,豆荚豆谷豆萁,剥麻刷苎刳皮"则是作物或收获手续名称;"调换估值扒补,肥瘦平峻公平,租批拼批召批,揽约议墨合同"①则涉及生产中订立契约等文书的要素(图1-1)。显然,这些选字尽管不乏冷僻字与民间俗体字,但对在乡间生活的人来说还是需要的。

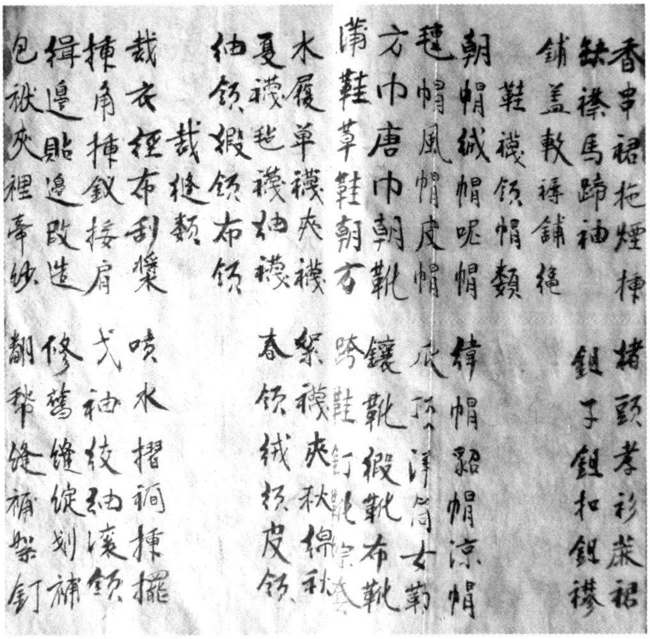

图 1-1 徽州民间杂字抄本

分类编排几乎是该类杂字较为一致的选择。在徽州本地抄本《益幼杂字》中,就分"菜蔬类"(如生姜大蒜苗蒜、木瓜甜瓜菜瓜)、"果品类"(如胡桃柿饼圆眼、枇杷杨梅石榴)、"茶食类"(如雪饺藕粉糖枣、京枣薄脆馓子)、"糖类"(如红糖白糖砂糖、冰糖蜜糖料糖)、"素菜类"(如豆腐腐干油参、百页炙饼茨菇)、"烹调类"(如精肥瘦骨硬烂、苦甜咸淡酸辣)、"宫室类"(如宫殿厅堂亭基、楼门庵观寺庙)、"屋料装修类"(如栋柱擎柱正梁、过梁驮梁柱料)、"庭堂用物类"(如诰命匾额执事、旌章八仙十仙)、"厨房用物类"(如铜杓锅铲砂罐、铁罐釜板锅灶)、"农家用物类"(如蓑衣箬帽料杓、粪桶锄头钉耙)、"禽类"(如蜡嘴画眉斑鸠、喜

---

① 佚名.六言杂字[Z].抄本,拙藏.

鹊老鸦子规)、"兽类"(如獐鹿象麝豺狼、虎豹麒麟狮子)、"畜类"(猫狗鹅鸭兔鼠、豕羊鸡犬马牛)、"虫类"(如蛟龙蟒蛇蚊蛾、蝉蝎虾蟆壁虎)、"花类"(如牡丹芍药海棠、芙蓉玫瑰木香)、"树类"(如松树柏树椿树、栗树桑树椐树)、"草类"(如如意沿墙灵芝、吉祥马鞭龙须)、"竹类"(如紫竹淡竹茆竹、灰竹天竹棕竹)①等数十种,涉及自然、社会的不同方面,分类精细,详略得当。

句式整齐也是该类教材的共同特点。一般以三言、四言、六言为多,个别句式长短不一者,也有一定的规则。如《启蒙切要杂字》道:"做农庄,雇长工,一年几两。作生活,要发狠,加你几钱。男耕种,女纺织,起家发达。做人家,实勤俭,广置田园。""浸谷子,拽田垯,拔秧拣稗。给子秈,乌节糯,早稻连枝。囤田阙,刨田垯,作埂开圳。涨楞沟,挖田角,翻青秒平。""石龙树,榕杉柏,坟茔坝首。扦芦皮,分桐子,峨勷砑头。栀子树,百结皮,田头田尾。棕皮叶,杨柳树,坍矶弯碡。""白荚豆,鸭子青,赤菉饭豆。竹鸡斑,葛藤黄,灰灰乌豆。昌化麦,横子麦,赤白二种。五斗担,红毛秈,矮白矮黄。"②全文五千余字,均为三三四句式,上下两句对仗,朗朗上口,利于习字者诵读识记。

计算也是农业生产中常见的需求。我国古代文明中数学成就较为突出,皆因生产之需要。明清徽州塾学日常计算教学以珠算为多。明朝休宁人程大位著成《直指算法统宗》17卷,集前人及时人珠算之大成,但百姓日用颇感繁难。他后来取其要者而成《算法纂要》,仍有4卷之多。事实上,徽州民间流传更为普遍的则是乡土塾师的各种节选本(图1-2)。如歙县南乡槐源柳亭方遂三抄写的《新刊桐陵详便用九章》中,首先是算盘样式,其次为"肆首真诀""心诀退法""如法总语""归法总语""还原"等口诀,再后即为各类典型算题。如"见人分账":"今有银二百六十五两三钱二分,作二人分之,问各若干。答曰:每人该银乙百三十二两六钱六分。法曰:二归一遍也。"又如"田中算稻":"今有田三亩二分,方取一弓,打稻二斤,问该若干。答曰:共该稻一十五旦(石)三十六斤。法曰:先将田三亩二分,在位,以每亩二百四十步田之,得七百六十八步,在位,却以稻二斤,化作三十二两,与田步相乘,得稻二万四千五百七十六两,十五数,不必乘算,但将二斤化作三十二两,每一两,每田乙亩,却以田三亩二分,在位,四八乘之也。"③当然,此类教材较为粗糙,不仅错字颇多(如"石"写作"旦"),语言也很随意艰涩(如"还有截深容易法,归乘不必用心机。每亩每两十五数,千斤

---

① 佚名.益幼杂字[Z].抄本(残),拙藏.
② 戴元枝..明清徽州杂字研究[M].上海:上海教育出版社,2017:233.
③ 佚名.新刊桐陵详便用九章[Z].抄本(残),拙藏.

莫度富人知"之类）。

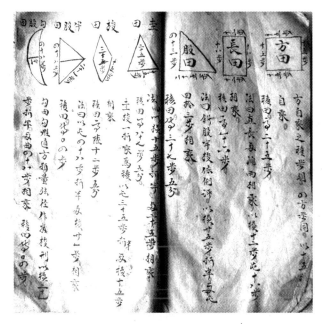

图 1-2　徽州私塾算术抄本

二、有关农业的乡土规则的熟习

徽州家（宗）族的资产保存与增值形式大体很传统，即以购置抵御自然与社会灾难能力强、价值保全程度高、管理简易的农业生产资料为主。在徽州人看来，农业生产经验可以粗疏与肤浅，但农业生产资料管理与经营则应严谨与细致。田地、山场、林木乃至耕牛等生产资料，因具有基础性、稀缺性与高价值性特征，在长期的经营活动中，徽州民众逐渐形成了一套较为完备且在当地被广泛认同的规则。又因徽州近千年来民风总体偏向文雅，虽注重气节，也尊重规则、易于理喻，因而颇为认同契约精神。民间各类与农业诸因素关联的文约，不仅撰写规范，且以事实上生效的契约原件或以应用文格式的"活套"等形式发挥"示教"作用，也成为徽州人在私塾接受农业职业教育不可缺失的一部分内容。

尽管有"千年土地八百主""百年土地转三家""十年之间易数主"之类的民谚与记载，说明土地等生产资料所有权的转移极为平常，但在徽州，民众对于家庭资产的继承还是高度重视的。基于诸子均分的地方习惯，通常在父辈年老之时，会委托妻舅、姑丈等姻亲及族中长者主持或作中商定分家意见，诸子抽阄，

最终形成分家阄书。此类阄书前言大体叙述分家缘由与原则,如"活套"《父立阄书》:

> 夫创业垂约者,父作之道;而光前裕后者,子述之孝。盖同居九世,景慕前贤,而一本万殊,亦理之自然也。切身生平艰苦备尝,幸承遗荫,笃生几子,今各完娶。奈身年迈,家盛事繁,难以总理。爰浼亲族,将屋宇产业并器皿各项,均作几股,门户粮税,照业支持。若我之膳食诸费,亦均承值。自阄分以后,各管各业,务要和睦,互为照应,幸勿阋墙起衅,强弱相欺,以干不孝之愆。弁序简首,愿尔鉴诸。①

阄书的后面部分即是诸子各阄的资产名录。以商为主的家庭多现金、股份、商铺与住房等产业;以农为主的家庭,开列的则多为山场、田地、屋宇以及大件家具。由于家产分配既强调均分,又防止随意流失,因而在山场、田地、房屋分配时,多有过细分割、相互拼搭、交叉分配等特殊举措。如山场多纵向分割,横向不过数长,纵向则从山脚直至山顶;田地则以远近、肥瘦等因素为据,切割品搭;屋宇多明确堂前共用,仅房间分给诸子;如果每子有两个房间,也不可"一柱到顶"(同单元不同楼层),只能"走马分"(单元、楼层均不同)。诸如此类,均为有意设置的防止日后向亲族之外流转的障碍,以收"祖业不致飘零,后嗣亦得攸裕"之效。

分家阄书也有"分单"等异称,其前一部分的内容也并非一成不变,会根据家庭一些特殊情况分别作出不同说明。如主盟人,多数为父亲,也有"不意尔父先我西游"而由母亲出面,或者径由兄弟"和气相啇"。父母双亲俱在或一方在世,有的"膳食诸费"需诸子承值,有的则采用提留某处产业收益专供的做法。需单独考虑的专项费用,除了父母长辈之膳食,也有祖祀、"门户神会等事"费用。诸子若均已成年或婚配,则家产均分即可,如尚有未成年或完娶的幼子,则未成家立业者还可另得一笔婚配之费(现金或其他类型的收益)。

即便个别没有亲生子嗣,在徽州也多有从亲族中选择继子的传统。同样,在承继文书中,也会对财产问题作出明确规定。如:

> 立承继文书某某②,窃以礼重承祧,律严继祀,是以祖祀宗祧为重

---

① 王振忠.徽州民间珍稀文献集成:第28册[M].上海:复旦大学出版社,2018:97.
② 原文为△,现统一为"某",后同。

也。嘅我某某为人笃厚,不幸而难嗣续,几有伯道之叹。今凭亲族,身愿着次(三)子名唤某某,年方几岁,出继与某某名下为嗣,以接宗祧。即赴膝前听渠抚教完娶。但其屋宇产业、门户祀事等项,俟其身后,尽属掌管。外人不得睥睨,身亦不得私恩。惟愿箕裘是绍,瓜瓞是绵。倘或寿夭不贰,各安天命,是乃两愿,后无悔议。兹欲有凭,立此继书大发为照。①

此一活套若从逻辑上看颇有瑕疵。既称"我"有"伯道之叹"(典出《晋书》,邓攸字伯道,为避战乱,带子、侄逃难。危难关头,弃子保侄。终身无子。时人为之感动),下文却说"出继与某某名下为嗣","听渠抚教完娶"。后面又是"身"(我,本人)"亦不得私恩"。但这并不损害其中有关财产的明确约定:在"我"生前,屋宇产业、门户祀事等项均由"我"做主;待"我"身故,才尽属继子掌管。外人无权觊觎,"我"也承诺不会"私恩"于他人。总之,"箕裘是绍""瓜瓞是绵"的血脉延续,必定要以一定的资产作为物质支撑。

由于日常生产与生活总伴随着某种不确定性,任一家庭都可能遭遇突如其来的严重困难,出于处置紧急情形的需要,田地、屋宇等高价值的生产与生活财产首先会成为变卖对象。因此,在徽州契约中,买卖类契约占比较高。如《卖契式》:

> 立卖契人某某,今因正用,自愿将祖授(自置)某字某号计田(地、山)税若干正,土名某某,熟田几亩(地、山一业),东至某处,南某,西某,北至某,四至之内,凭中出卖与某某名下,三面议定,时值价钱多少正,其钱即日收足,其业即交经管,其税任从早晚过割入户无异。如有内外人等争论,卖主自家承值,不涉买主之事。空口无凭,立此卖契为照。②

此契文十分简明,但对所涉资产的来源、字号、位置、面积、四至、业主、时值、收付、交割等项交代得十分具体而明确,并且对于可能存在的异议也作了责任划分。上符国家政策,下合民间常理。自然,这样的"活套"质量不谓不高。同样,如果买卖的是屋宇,对于其有关权益也会详细载明,如"几间几进,上并橡

---

① 王振忠.徽州民间珍稀文献集成:第28册[M].上海:复旦大学出版社,2018:108-109.
② 王振忠.徽州民间珍稀文献集成:第28册[M].上海:复旦大学出版社,2018:119-120.

瓦,下连地基及门窗户扇,四壁齐全,木石道路一切在内"。若出售的是牛马,也会在契约中写清"自家栏下"(非来历不明),"齿牙在口、四蹄、头尾、毛色无恙"等情。由于置产不易,通常徽州民众对卖田卖地并不热衷,如有一线可能,既能缓解困难又能避免财产流失的出典更为一般民众所接受。如以下的一份《典屋契式》:

> 立典契人某某,今将土名某处几间楼屋一堂,门窗户扇,四壁俱全,凭中出典与某名下前去居住,三面议定,典价钱多少正,其钱当日收足,其屋交明经管,听其卜吉入宅居住。谊(议)以几年为满,银不算利,屋不算租。届期满之日,原价赎回。不得强住,亦不得加典。是乃两愿,兼欲有凭,立此典契为照。①

无论怎样的时代,总有少数民众缺少足够的生产资料。在劳动力足以应付的前提下,受雇于人与租种土地都是极为平常的做法。当然,即便是此类并不涉及土地等资产所有权变动的经济活动,徽州民众也常以契约形式固定双方的有关责任与权益。如以下的一份《雇工人票式》:

> 立雇工票某某,今因家无生理,自愿空身雇到某宅。雇工一年,当议工钱多少。其钱络(陆)续支取。自雇之后,不得偷懒,务要尽心做事。或缺工失脱,甘认甘赔。或天灾不测,实安于命,不涉东主之事。尤恐无凭,立此为照。②

一般来说,无地之人如果家无牵挂,多受雇于人,既无自行料理生活之忧,又能净得一笔劳金。但对有家口牵累者来说,租田租地更为合适,毕竟一年当中除了在所租田地上耗费必要的劳动时间外,还有不少农闲时光可以另做打算。如果自身足够勤劳,又逢风调雨顺,单位产量能够提高,作物出山之日,只需将定额的"递年包还净豆(谷)""交还到门"即可。这也就是徽州民间租田地契或租山栽养松杉林木契较雇工契更为常见的原因。

聚族而居是徽州宗法社会谨严的重要标志之一,不少宗族拥有的资产,不仅维系着祭祀、神会、兴学、文会等重要的宗族活动,也与族众日常经济、精神生

---

① 王振忠.徽州民间珍稀文献集成:第28册[M].上海:复旦大学出版社,2018:120-121.
② 王振忠.徽州民间珍稀文献集成:第28册[M].上海:复旦大学出版社,2018:127.

活相关联。由于某种原因,族产等利益可能会受到外族等侵害,举族而争就成为必要。为谋求勠力同心,也就需要以书面的合同来保证族众的参与。如《合同大意式》:

> 立议合全人某某某某等,今因某事,宕废已久,若不亟为整理,将来贪怠不堪矣。爰集支众,从公酌议,议定照丁(股)派用,或有志者,量力批捐,以襄盛举。惟愿支众,不可妄生议论。倘有强顽辈违拗者,鸣鼓而攻之。俟某事告竣之日,合派支费未清,该各支(股)为首人自问。从此以后,皆要和气办事,不可瘠公肥己。设有私弊等情,一经查出,倍罚无辞。空口无凭,立此合墨几纸为照。①

揆诸实例,至少在明清两朝的徽州就并不少见。如明朝弘治、万历年间,淳歙方氏为霞坑真应庙庙产与80余亩祀田,与庙祝等人发生了三次争讼,前后影响达半个世纪之久。呈坎罗氏族人也在明朝嘉靖年间因在杨干的祖茔与僧人发生诉讼。这两起典型的争讼,都是个别族人出面号召,更多族人出钱出力才赢得官司。

农业生产对于气候条件的依赖度极高,温度与湿度都是关乎作物产量的关键因素。在科学技术还很落后的时代,期待上苍等神灵的庇佑是遭遇灾情时民众的第一反应。在古代徽州,祈雨是一种极为普遍的集体行为。其中,大量与文字有关的事项需要识文断字者参与,同样,此类专用文书格式也是一般徽州民众需要熟知的。首先是要发布《求雨帖》,说明发起人(首事某某等)、事由(为祈求雨泽,以甦禾稼事)与要求(切我境居多农业,兹值天时久旱,禾苗枯槁,是以阖村酌议,禁止屠沽,虔诚斋戒三日,于某日迎接某某尊神,祈求雨泽,自十岁起至六十岁止,各要谨备旗锣伞帐、铳炮香幡,齐至某某处点名,如有一名不到,照例罚)。相比之下,《求雨疏》要复杂、晦涩得多:

> 奏为大清国江南徽州府歙县孝女乡某某里社管居住,奉道恩雨,信士某某暨通众姓出财人等,是日投词祈求雨泽以救禾苗事。
> 伏以六事之责,商王不能无求;八蜡顺成,神圣乃为有赫。众等身居三农以营生,作种五禾而度日,全赖神力,大显匡扶。今各处禾苗,

---

① 王振忠.徽州民间珍稀文献集成:第28册[M].上海:复旦大学出版社,2018:107.

方值茂盛之际,将来耽苞出穗之期,正宜雨露调匀,万民欣幸。孰意天色高晴,日久不雨,各色禾苗渐渐焦枯。众等彷徨忧心,咸知人事之不修,酿作神天之怨恫。于是谨选黄道吉日,立发虔心,特斋保戒。奉道迎神恳祷,依科奉行,具录文疏,伏乞泗州大圣、祖师高真、坛神里社、十庙众神传上上天玉皇大帝案前投落,速令雷祖天尊、天师水国、发雨仙师、水府龙宫海藏、发雨龙王,即起乌云灌顶,雷轰电掣,大降甘霖,平风净浪,雨路全通,救苗复甦,民命有赖。一方咸叨宁静,五谷得以丰登。神尚鉴诸,无任虔功,恳求之至。奉

　　道主行恳雨。臣　　王　承行①

图1-3　徽州民间科仪书抄本

这类求雨疏不仅言辞谨严、情感真挚,还涉及典故(如商汤剪发断爪,祷于桑林,以六事自责,方解七年大旱)、古制(周代年末祭祀先啬、司啬、猫虎等八神谓之八蜡),对道教各路神灵也要熟悉。尤其成稿上的空白处,还须画上意义难明的"道符",让执笔者平添了不少神秘感与崇高感。

---

① 王振忠.徽州民间珍稀文献集成:第28册[M].上海:复旦大学出版社,2018:7-8.

三、对父老生产技术的接受

农业职业教育有很强的实践性,但由于生产对象如土地、作物等,因资源丰富而价格低廉,作物产量受温度、湿度等自然因素影响明显,具有不确定性,技术与劳动对作物产量的对应影响具有模糊性,作物生长周期长而具有阶段性。因此,农业职业教育在传统社会中未被看重,人们普遍认为无须接受专门的教育,只需依习惯做法操作即可。这类一代代从生产实际中总结出来的经验,通常以民谚、习俗之类的方式传承,后世生产者也往往在这样的传承中接受农业职业教育。

温度与湿度变化对农业生产的影响最为直接,不仅关系作物成长,也干扰人们劳作。在长年累月的观察中,徽州农民总结出一些规律,如歙县民谚中的"吃了端午粽,还要冻三冻"。"清明断雪,谷雨断霜。"①黟县民谚中的"冬至月头,卖被买牛;冬至月中,无被无絮暖温温;冬至月尾,卖牛买被"②,就是对节气与气候对应规律的揭示。除了这类长时段、稍显笼统的总结,民谚中更多的是对近期天气变化的预测,如歙县民谚中就有很多:"春天朗朗,出门带伞。""朝霞雨淋淋,晚霞大晴天。""春天不露白(下霜),露白一朝晴,三日露白到清明。""东虹日头西虹雨。""一日(雾)沙三日晴,三日沙雨淋淋。""蚂蚁搬家蛇过道,燕子低飞雨就到。""三月初一晴,蓑衣箬笠盖田塍;三月初一落,蓑衣箬笠背上身。""六月初一落,卖菜老婆戴金镯;六月初一晴,干死深山老树林。"③

反常的气候对作物生长的影响,徽州民众也有较多感知。歙县民谚"七月大,八月小,青菜萝卜吃不了",指的是农历七月是大月(30天),八月是小月(29天)的那年,萝卜青菜将是大丰收。"雪压菜心头,一年三年油;雪打油菜花,油坛全打光"④则是指冬雪与春雪对油菜收成有巨大的影响。黟县民谚"雪是麦家被,越压越喜欢。""正月雨,麦子命;二月雨,麦子黄;三月雨,麦子病"⑤,揭示了雪和不同时节的雨与冬小麦收成的关系。同样的气候对不同地域的影响也会有差异。歙县南乡多山地,北乡则水田略多,同样多雨,结果却是"北乡烂稻草,南乡收成好"⑥。

不同的作物在播种、管理、收获、储藏等方面有不同要求,这在徽州民谚中也有较多反映。歙县民谚有"要吃白米饭,谷籽年年换"的说法,强调更新种子

---

①③④⑥ 歙县地方志编纂委员会.歙县志[M].合肥:黄山书社,2010:1147.
②⑤ 黟县地方志编纂委员会.黟县志[M].合肥:黄山书社,2012:1697.

的重要性;"白露无青枣,寒露无青稻"①,意为青枣、稻谷最佳的收获时节为白露、寒露之后。绩溪人的"七寸油麻八寸粟",说的是油麻、粟栽种行株距的合适尺寸;"七月金八月银,九月十月是块铜",反映的是茶园秋锄管理时间与效果的对应关系;"七月长藤,八月长芋",揭示了山芋生长的时间规律;"有粪无灰,一季白栽;有灰无粪,只有一半"②,是因为有的水田酸性过重,需要撒碱性的石灰中和。同时,土壤肥力不足也须重视。黟县的"茶老一日,物老一时""夏前茶,夏后草",均指春末夏初气温快速升高对茶叶生长的促进,大致以立夏为界,其前后茶叶质量与价格大为悬殊。"清明浸谷种,谷雨下齐秧,小满插田到处忙"是水稻浸种、育秧、插秧的时间节点;"重阳不在家,端午不在外"是大蒜播种、收获的最佳时节;"寒露油菜霜降麦"是指油菜、冬小麦适时的播种时令;"社前萝卜社后根"强调栽种萝卜的适当时间;"头季不过节,二季不过秋,三季霜前收"是三季苎麻的最佳收获时节;"三年一挖山,两年一刨山"讲的则是山区油茶林垦复方法。在收藏上,黟县民谚"勤侬藏麦,懒侬藏豆",反映的是麦子比豆子容易长虫、不易储藏的事实。在家禽蓄养上,黟县的"麻三千,黑八百,黄鸡生崽不够打发客"③,说的是本地麻、黑、黄三种鸡种,产蛋率有较大差异。

　　一些劝导人们正确处理人际关系的民谚尽管与农业生产没有直接关联,但对营造和谐的家庭、邻里氛围颇有教益。如指导个人修养的:"龙门能跳,狗洞要耕(钻)。""学好三年不足,学坏一朝有余。""丢塌讨饭棍,忘记叫街时。"有引导处理亲属关系的:"秧好一半谷,妻好一世福。""亲兄弟,明算账。""家庭和睦一条心,黄土也能变成金。""儿孙自有儿孙福,莫帮儿孙做马牛。""有子不教,终身无靠。""三代不念书,好比一窠猪。""儿子有,女儿有,不如自己动动手。""少年不努力,老来开荒地。""上梁不正下梁歪,屋柱不正倒下来。"还有妥善处理邻里关系的:"上半夜帮自家想想,下半夜帮别人想想。""得理不让人,日后难做人。""劈柴看纹理,讲话凭道理。""骂不骂人过处,打不打人痛处。""一头牛,一路草。"④这些民谚大多结合生活经验,应用比喻、双关等修辞手法,形象地阐述道理。不少民谚在徽州各县说法未必一致,内涵却相差无几。

---

①④ 歙县地方志编纂委员会.歙县志[M].合肥:黄山书社,2010:1147.
② 绩溪县地方志编纂委员会.绩溪县志[M].北京:方志出版社,2011:1138.
③ 黟县地方志编纂委员会.黟县志[M]合肥:黄山书社,2012:1696.

四、有关乡土规则的遵循与实践

通常而言,农业类契约只是规定了最为基本的原则,至于操作还有很多细节与程序,而这也在一定程度上影响着利益的获得与分配。因此,很多宗(家)族都会在实践中形成相对成熟的办法,并将其纳入明示族中子弟的教育内容之中。

祁门县六都善和里程氏仁山门东房派的《窦山公家议》,就是一部包含了管理、墓茔、祠祀、田地、山场、庄佃和银谷等规则的典型族规家法,留存了明清两朝家族不断积累完善的资产等管理的操作实务。该族在经营实践中,认识到为政在人,人存政举。齐家之难甚于治国,关键在于是否得人。于是基于"家政归一"的原则,将窦山公所存未分析之各项产业,建立管理体系,完善操作制度,约为永守之规。对于族产的整体管理,该族采用的是集民主与集中、执行与监督于一体的综合管理体制:

> 管理众事,每年五房各壹人轮值,壹年事完,先期邀下年接管人算明,将所领家议手册填注明白,复别具一册,填下年接管人名。至中元会祭日,三献后,当年管理者捧手册齐至窦山公神前,置棹上,跪宣告文。祭毕,仍设神坛于月台,管理五人跪读誓状讫,接管五人剪牲歃血,以一其心,庶怀私者皆有所警矣。誓毕,每房家长一人同家众,将当年手册查果无弊,家长酌众议于功最款下书其多寡有无收匦,复将接管手册应值人名,令其亲书押号付领承管。或查出有弊,及接管非时,交代不明者,家长同家众即时举罚。①

"管理"是宗族管理事务的实际执行者,是一个由5人组成的领导集体,其成员由5房各自推选产生,任期仅一年。这就既照应到各房诉求,也防止某房或某人长期执掌而尾大不掉。其内部分工也不同,分别掌管银匦、钥匙、手册、印秤、什物,相互制衡,惟有全体到场,方能开展重要的工作,有效消弭了专权滥政的可能性。每年交接时,"管理同接管告家长家众,照依上年交递手册,眼同检点明白。如有失落手册一本并失一契一物者,接管务要告家长家众,即时追

---

① 周绍泉,赵亚光.窦山公家议校注[M].合肥:黄山书社,1993:13.

出,仍加重罚,方许交递。倘容隐不举,责在接管者"。"凡事属兴废大节,管理者俱要告各房家长,集家众,商榷干办。"监督系统则由各房家长同家众组成,主要环节在每年中元祭毕、新旧管理团队交接之时,以及议办族中兴废大事之际。家长及家众在监督之外也有一定的奖惩权利:"如有徇己见执拗误事者,家长家众指实从公纠正,令其即行改过。如能奉公守正者,家长核实奖劝,家众毋许妄以爱憎参之,以昧贤否。"① 将奖劝权仅授予家长,惩戒权却同时赋予"家长家众",显然充分考虑到了亲缘、地缘因素可能带来"多栽花、少栽刺"心理的负面影响。监督体系中特意安排了一种神秘力量,即窦山公的在天之灵。交接仪式上,不仅需在窦山公神前进行,还需分别跪宣"告文"与"誓状",接管的5人还"剪牲歃血",以表"同志协力、洁己虚心"的忠诚。《窦山公家议》随着十年开印一次、每次十册存匣的族规,成为程氏后裔了解和参与族中事务的重要教育资源。而"自备价银"即可同步印制用于家藏的规定,更使之成为那些热心于宗族事务的家庭的重要家教资料。

　　田、地、塘是徽州宗(家)族的主要资产之一,每年均有一季到三季不等的收益,往往成为关注的重点。如何有效经管以保证收益不外溢,不少宗族也在实践中积累了经验,并形诸文字。祁门六都善和里程氏就规定:购买田地,"管理"务必亲临查勘亩步、垃数、实租、税粮、时价,只有真实准确,"方许动支众银买业"。同时须记下某年某"管理"买受某人田等关键信息,以便接任者复勘,"倘亩步、租数有名存实亡者,有田少税重者,有滥增重价者,即系私契,接管者即告家长家众,将田退还原买管理,责令将原价加利还众,仍罚。其接管徇情不举,访出一体同治。"② 出租田地各产,必须有历年账册留存,各处田、地、塘等产业载录要素,不仅包括保甲、土名、字号、亩步、租数,还得细化到四至、垃数、佃人名目,各号内并预留空行以备填写每年收完、未收、缺欠,以及或监或让及原因等情况,以便日后查考。每年雨季之后,要查看各处产业塌、衈、边坡是否壅塞损坏。地处偏远不便者,更应经常踏勘地界,以防为地邻侵占隐瞒。为保证佃户租谷不积欠,各族都有具体要求。清末的歙县虹梁程氏德卿公匣规条就明确:"所有租谷必须年清年款,不得任佃户挂欠",假设有挂欠未清者,四司匣(一司账目、一司祭器、一司封条图书、一司钥匙租斗)"务于霜降之前追找清讫,毋得懈怠。倘尽九月不交清者,议定不论支丁、外姓,定于十月初一日,司匣将欠的名、欠租数目开汇清单,即请各分长到齐,公同严追,限以五日偿清。如敢放

---

① 周绍泉,赵亚光.窦山公家议校注[M].合肥:黄山书社,1993:13.
② 周绍泉,赵亚光.窦山公家议校注[M].合肥:黄山书社,1993:30.

刁不偿,即行呈官追究。所有费用,匣内开支。如实有挂欠租谷之佃,而司匣者不公同追找清讫,十月初一日又不汇单,不请分长严追,司匣与佃户定有通同之弊。所欠租谷,不论多寡,责在司匣四人照数赔偿。该佃之田,公同起回,另召人佃,不得容情"①。显然,这些琐碎细节,如无真切体验,是很难理解其意义之所在的。

山场养育林木,尽管收益较大,但树木生长周期长,管理难度也不小。尤其是面积广阔的山场,防偷伐、防火灾的难度很大。因而一般家庭或家族,除雇用专职护工看管,还会采用公告的方式宣传禁伐、鼓励举报。如"活套"类的《禁山场约》:

> 立禁约某某某某等,为禁养山场,以共(供)国赋事。盖国以民为本,赋以粮为重,故竭力田地,耕种禾苗,而禁养山场,栽培草木,上以输课于朝廷,下以充给乎家用。所关系亦非泛泛也。今本家有土名某某山业,向则禁养葱茏,近被绿林豪者牵引恶少,罔知禁养艰辛,不顾钱粮之出办,擅入山中,旦旦而伐之,遂致山场若彼其濯濯也。举目伤心,曷胜牛山之痛矣。爰出禁约,究则恕乎既往,惩必戒以将来。或有强徒,复行窃害,若得同人指名报知,或获赃据报信者,酬劳几钱,决不食言。有事本家承值,断不负累报信者。凡我在事之人,勤为巡缉,庶斤斧无害而萌蘖生焉。则钱粮有办,而民给攸赖矣。特此立禁,须至约者。②

禁约从山场禁养上涉国课、下及家用的角度,阐述了对于家国的意义,又引用孟子在论述性善时所举出的牛山林木被人伐尽、萌蘖遭牛羊啃光的例子,说明事态严重。在要求所雇员工"勤为巡缉"的同时,也希望得到"同人"报信,不仅表示将给予一定酬劳,还保证不会连累他人。可谓有理有据,语重心长。到了林木出售时日,由于需要大量壮劳力从事砍伐与运输,拼山给专业人员就成为较为普遍的做法:

> 立拼批人某某,今因为土名某某业内,松杉杂木一山,东至某,西至某,南至某,北至某,四至之内,尽行出拼与某某名下砍挖。三面议

---

① 卞利.明清徽州族规家法选编[M].合肥:黄山书社,2014:275.
② 王振忠.徽州民间珍稀文献集成:第28册[M].上海:复旦大学出版社,2018:103-104.

定,估值时价多少正。其钱当即收足多少,仍(余)者照票兑。其树除本家刮标存养几根外,余则任凭连根带杪或挖或砍,约在某时下山。但砍树搬运出入,倘有内外人等阻持,系身承值,不涉拼人之事。空口无凭,立此拼批为照。①

  事实上,在拼山契约商定与执行期间,山主仍有大量具体事务,首先要亲到山场清点数目、丈量围径,为存养树木削皮书写记号。其次要探听市值,准确估价。最后要监督拼山者严守拼约,切实保障收益的占有与分配。凡此种种,都是徽州普通民众在平时需要了解和掌握的有关农(林)业生产与管理知识。

---

① 王振忠.徽州民间珍稀文献集成:第28册[M].上海:复旦大学出版社,2018:130.

第二章 徽州古代商业职业教育

尽管我国古代官府长期奉行重农抑商的国策,但经济发展固有的规律并不因此失效。基于互通有无动因的商品经济依然在倔强地萌发与生长。尤其在徽州,由于人多地少的自然困境,徽州人走上营商之道,并因有效的商业教育,使徽商在明清时称雄我国商界三百多年。

第一节 徽州古代商业职业教育的背景

一、徽州人口压力逐渐增大

徽州自东汉末年设新都郡后,一直到唐中后期,人口不多,多数民众依赖当地资源解决生活问题没有太大困难(偶有南朝梁时"民赋税不登",太守伏暅"辄以太守田米助之"之例)。但一旦出现天灾,粮食必依赖外地。唐朝元和三年(808年)秋,卢坦出任宣歙观察使,恰遭旱灾,谷价日增,有人请他平抑谷价,他认为:"宣歙土狭谷少,所仰四方之来者。若价贱,则商船不复来,民益困矣。"[①]此距贞元十八年(802年)韩愈《送陆歙州诗序》所言"歙为富州"才6年。可知歙州有"富州"美誉乃韩氏安慰之谓。黄巢起兵后,军阀割据,"赋不属天子"。陶雅占据歙州一带二十年,兵革未歇,肆意增加民众赋税,致使歙州民众负担的税钱及税粮相比于邻近州郡高出数倍,"民则益贫"。两宋之时,虽当地百姓"力作重迁,犹愈于他郡",但居民外迁已较为常见,正如罗愿所言:"比年多徙舒、池、无为界中。"[②]

南宋以前的徽州人口数,尽管《新安志》均有所载,但因户数与口数之间的

---

① 司马光.资治通鉴·唐纪[M].上海:上海古籍出版社,2017:2677.
② 罗愿.《新安志》整理与研究[M].合肥:黄山书社,2008:16.

对应关系不明,很难直接引用。其中人口数最多为唐天宝时的 38 320 户,共 269 109 人,户均 7.02 人。经两宋之交的中原汉人第三次南渡,到南宋乾道八年(1172 年),全州 122 014 户,若以当时徽州城外户均 5.05 人计,则徽州总人数约 61 万。根据何炳棣研究,明太祖时、乾隆四十一年至道光三十年和 1953 年人口普查的数据比较有用①。明洪武二十六年(1393 年),徽州 125 548 户,共 592 464 人②;乾隆四十一年(1776 年)总人口数为 216.9 万;嘉庆二十五年(1820 年)为 247.5 万人,1953 年为 94.9 万人。③ 可见,从明朝中期到道光年间是徽州人口急剧膨胀的时段。

从征税田产看,南宋乾道时全徽州为 2 645 949 亩,洪武二十四年(1391 年)官民田地山塘为 2 416 700 亩,清乾隆时田地山塘共计 2 055 973 亩④。虽然以上均为征税数字,较实际数字肯定要小,且各县地、山、塘折算为折亩的比率也有差异,但田地数不能与人口数同步增长是可以肯定的。因此,明中期至清中期徽州人口激增与田地相对减少的矛盾日趋尖锐是不争的事实。

二、浓郁的外出经商风气

为缓解人口压力,徽州民众一方面向深山区迁移,另一方面则是外出经商。学界对于徽商形成,大致有比较一致的认识,即在明朝中期,外出经商已经在徽州形成风气。明朝万历年间的《歙志·风土》对这一时代变迁有极为精到的描述:

> 国家厚泽深仁,重熙累洽,至于弘治盖綦隆矣。于是家给人足,居则有室,佃则有田,薪则有山,艺则有圃。催科不扰,□□⑤不生,婚嫁依时,间阎安堵。妇人纺织,男子桑蓬,臧获服劳,比邻敦睦。诚哉一时之三代也!岂特宋太平、唐贞观、汉文景哉?诈伪未萌,讦争未起,芬华未染,靡汰未臻,此正冬至以后、春分以前之时也。
>
> 寻至正德末、嘉靖初,则稍异矣:出贾既多,土田不重。操赀交捷,

---

① 何炳棣.明初以降人口及其相关问题[M].北京:三联书社,2000:113.
② 曹树基.中国人口史:第四卷[M].上海:复旦大学出版社,2000:149.
③ 曹树基.中国人口史:第五卷[M].上海:复旦大学出版社,2001:101.
④ 马步蟾.徽州府志:卷五之一[M].南京:江苏凤凰出版社,1998.
⑤ 可能是"盗贼"。

起落不常。能者方成,拙者乃毁。东家已富,西家自贫。高下失均,锱铢共竞。互相凌夺,各自张皇。于是诈伪萌矣,讦争起矣,芬华染矣,靡汰臻矣,此正春分以后、夏至以前之时也。

迨至嘉靖末隆庆间,则尤异矣:末富居多,本富尽少。富者愈富,贫者愈贫。起者独雄,落者辟易。资爱有属,产自无恒。贸易纷纭,诛求刻核。奸豪变乱,巨猾侵年。于是诈伪有鬼蜮矣,讦争有戈矛矣,芬华有波流矣,靡汰有丘壑矣,此正夏至以后、秋分以前之时也。

迨今三十余年则迥异矣:富者百人而一,贫者十人而九。贫者既不能敌富,少者反可以制多。金令司天,钱神卓地。贪婪罔极,骨肉相残。受享于身,不堪暴殄,因人作报,靡有落毛,于是鬼蜮则匿影矣,戈矛则连兵矣,波流则襄陵矣,丘壑则陆海矣,此正秋分以后、冬至以前之时也。①

从明朝建国到弘治年间,已历百年有余。累世承平,使徽州"家给人足,居则有室,佃则有田,薪则有山,艺则有圃",自然经济的优势得到展现,成为可与唐朝贞观、汉朝文景媲美的"三代"之世。此时徽州即便已有经商之人,也不成气候。谁知仅过了二三十年,这里就出现"出贾既多,土田不重"的变化。嘉靖皇帝在位的45年里,徽商进入大发展阶段,"末富居多,本富尽少",商品经济带来的繁荣将传统的农业经济挤下神坛。尽管《歙志》作者并未说明徽商的经营区域,但借助其他资料可知,徽商活动区域主要以长江中下游为中心。徽商是徽州人摆脱本土生存资源匮乏困境而向外拓展的主力军。

这样的情形一直延续到三百多年后。清朝末年,官府曾就徽州社会进行过较为详尽的调查,其中外出经商风气之盛依然清晰可见。如歙县,"歙俗十室九空,中人之家子弟踰十龄辄学贾于外,比长则数岁一归以为常。不轻去其乡,其尽室以行从而迁徙者盖寡。俚谚有之曰:'歙县千年归故里。'"又如休宁,"此邦人多外贸,乡贤金忠节集中尝屡及之。就今日而论,北乡之龙源、北山,东乡之十五、(十)六、(十)八都,南乡之临溪、汊口及高枧以上诸族大半商于汉口,或来年一归,或隔二三年一归,视水陆之远近而定。至苏、杭、沪、甬一水顺流,往者尤众"。再如祁门,"祁门近城一都,居民大半经商赣、浙、沪、汉诸地。东乡向分内外,类营商在外又游宦者多,故住居多流动。南乡、西乡风情最古。北乡农家

---

① 张海鹏,王廷元.明清徽商资料选编[M].合肥:黄山书社,1985:23-24.

者流,只知稼穑,不务诗书,故住居多固定。近有不避险阻,远游万里之外者,此亦民情变易之一证"①。

三、经商对职业培训的需求

如果说我国商业鼻祖王亥是因为首创服牛驯马技术,用牛车拉着货物赢得长途贸易先机的,那么,稍后历史上著名商人如范蠡、子贡、白圭,则是因其心胸、学识、谋略而致富的。但所有这些,都必须以知识为基础。在农、工、商三业中,唯有商业对从业者的文化素养有更高要求,且获得商业知识、商业技能、外域风情、地理交通信息等也需要进行专门培训。在明清知名徽商中,由儒入商者占据较高比例就是证明。正如清朝康熙年间徽州汪鸣时在其所编的《商贾格言》中言:"士农工商,各执一业,后生既不能读书为士,不能习农工之业,则其为商也必矣。然商贾之道,未有不学而能知也。"②

进入民国,这样的情形越发显得清晰。如婺源,"除农民外,经商的却也不在少数"。庆源村是该县北乡一个数百户聚族而居的村落,山重水复,向有小桃源之号。到民国二十四年(1935年),该村创办的庆源私立辉二小学已毕业五期学生共32名。男生27名中,有20人步入商界,其中前往上海者10人,到汉口、乐平各3人。从年龄看,13岁6人,14岁7人,15岁5人,16岁1人,而进入中学就读者仅5人(4男1女)。该校"校务报告"说明了原因:"学生家庭,为了要解决生计问题,他们不能不在子弟到了相当年龄的时候,忍心把他们的子弟从学校里撤回,改送到外面谋生去。"该校特别校董、商人詹励吾在《本校十周年的沿革史略》中更指出:"据族谱所载:唐代始祖来此卜迁,原为隐居不仕想过那半耕半读生活。的确,以庆源山川的秀美,居此真够飘然作出尘之想,而愿与外人老死不相往来。但可惜后代子孙繁衍日多,山中瘠地不够耕种,谁能真个空着肚子来做与世隔绝的隐士,于是不得不成群地出外谋生,我们这些父老兄弟就成为在外地所谓徽商的一部。"这样的乡村实情,甚至使得私立辉二小学特地进行必要的教育改革:"不需要的教科,尽可废去,以节省宝贵的光阴;……商人的子弟加授商业簿记、尺牍,及各种商业上需要的知识,使他们出了学校之日,跑到店里去,马上便可以应用。"③当教育主动呼应商业的需求,在某种程度上

---

① 刘汝骥.陶甓公牍[M].芜湖:安徽师范大学出版社,2018:217,227,253.
② 王振忠.清代徽商编纂的三种《商贾格言》[J].徽学,2020(1):19-31.
③ 王振忠.20世纪30年代徽州的现代教育与乡村社会[J].江海学刊,2019(4):33-35.

也正反映了商业职业教育的不可或缺。

第二节 徽州古代职前的商业教育

一、私塾传授的商业基础知识

"前世不修,生在徽州,十三四岁,往外一丢。"这是反映明清两朝很多徽州男性不得不背井离乡谋生心路的民谚。徽州男子外出之前,通常会有接受三五年私塾教育的经历,这也是很重要的职前商业教育。塾师有意识地前置通识培训,使其初步具有从事商业活动的职业意识和知识基础。

徽州私塾使用最为常见的识字教材,就是此阶段最为重要的商业职业教育材料。首先是最基础的识字环节,编者与塾师会将商业活动较为常用的生字集中教读。如《易见杂字》中,将农工商常用字分为十篇95类,其中行商为第八篇,下列17类:拼木类(如邀同伙计、合做买卖、央托牙人、讲定价目)、树木类(如杉树柏树、株树枫木、楠木樟木、苗竹纱枋)、斫树类(如打铸斧号、立议合同、拣选吉日、开山用工)、拕树类(如搭桥开路、安桩立叉、抄山放碰、起担揪扛)、装簰类(如斫巴斫鼻、劈做线口)、篱缆类(如买竹起篾、竖搭缆架、打成篱缆、曲作成窝)、蓬舍类(如篾白打蓬、箬皮絮夹、削撑使戗、浸藤绞扎)、放簰类(如落碓捅坑、揪作成绑、下缆继缚、赶水赶浆)、做梱类(如弯树穿底、直树扎腰、搭做戗眼、竖起前朳)、抽分类(如芜湖南京、二关抽分、各样报单、不怕光棍)、苏州簰类(如缕起样簰、单条面木、杜脚正脚、次脚碎货)、瓜州簰类(如棋盘散把、做豪猪仓、馒头堆儿、小把乱仓)、粮食类(如收拾财本、定夺船只、早稻晚稻、糯谷籼谷)、腌鱼类(如红曲盐水、腌作红鱼、风鱼咸鱼、干鱼鲞鱼)、渔猎类(如张梁做槎、渔者为之、纱罩罾网、搓索装箭)、杂货客类(如绒线花针、鞋头面布、锡钮耳环、戒指镯串)、贩炉底类(如贩卖炉底、高炉扇烧、取铅取铜、取银灰坯)。坐贾为第九篇,下列8类:杂货类(如铅铜铁锡、笔墨纸砚、头绳发总、网巾边梢)、纸马类(如灯草蜡烛、苍木速香、火纸皮纸、尖纸六甲)、屠户类(如猪环绳索、尖刀屠刀、破肚取脏、猪肝猪肠)、腐酒店类(如黄叶煎浆、浸豆磨豆、浸米做酒、拌曲按掌)、荤店类(如肥羊腊肉、线鸡壮鹅、牛肉牛脯、鸡腊鸡油)、素食类(如索面粉皮、酥饼糖饼、炒米发豆、面筋麻饼)、典当类(如真纹出入、认票取赎、凉巾毡帽、笔墨不当),烟墨类(如桐油灯草、竹枧松明、真烟造墨、水胶成匣)①。对比各种不同的杂字课本,笔者发现在选取经商项目上多有不同。如上引《易见杂字》对行商部分,较多篇幅用于木商的经营领域,从树木种类、拼青山、斫树、挖树、放簰,再到过税关,直至在苏州、瓜州一带贩卖,几乎整个经营过程均能反映,可能该杂字的使用区域正是徽州木商经常涉足的区域。而近似的内容在其他徽州商业文书也可见到,如发现于歙县南乡曹氏文书的《日平常》抄本:

为木商,最获利,水里求财岂容易,虽然造化赖五行,也要经营会算计。

拼青山,须仔细,百千万数划估值。兑价开山择吉辰,议字拼批要先立。

数目清,码细记,斫挖拖放须人力,水火二字早夜防,牌[簰]到江干才可喜。②

同时,杂字所及风俗在徽州民间也普遍存在,即具有很强的现实感与在场感。如绩溪农事习俗中,若进深山斫树,多结伴同行。上山,挂"老郎",请山神。下山不言回家,讲"草鞋翻翻边吧"③。这与《易见杂字》斫树类"拣选吉日,开山用工"的选字意义相近。至于杂字中的"立议合同",在徽州民间契约中,"拼批""拼约""拼契"之类也极为常见。

在私塾阶段,塾师在识字之外教授的另一重要内容是计算。识数与计算能力对于商界从业人员极为重要,正如《便蒙习论》所称:"读书之要文章也,生意之要算法也,得闲须用心习学精熟。盖算者买卖纲领也,为人不知算法,犹如皓月无光,岂有不学者乎?"④在此,作者将计算能力看作"生意之要""买卖纲领",是做生意最为关键的要素。而不知算法,无异于"皓月无光"的比喻,虽然夸张,也还适当。结合留存至今的诸多晚晴和民国初年徽州私塾零散资料判断,绝大多数私塾的计算知识与技能训练尚停留在基本口诀、指法和简单应用题练习的层次。正如《日平常》中所述:"入学初,先数目,一二三四与五六,七八九数且为零,十百千万总大数。量一石,是两斛,十斗便为官石足,俗名半斗是五升,合勺

---

① 戴元枝.明清徽州杂字研究[M].上海:上海教育出版社,2017:225-227.
② 王振忠.徽州人编纂的一部商业启蒙书:《日平常》抄本[J].史学月刊,2002(2):107.
③ 绩溪县地方志编纂委员会.绩溪县志[M].北京:方志出版社,2011:1367-1368.
④ 王振忠.抄本《便蒙习论》:徽州民间商业书的一份新史料[J].浙江社会科学,2000(2):132.

抄撮至圭粟。秤一斤,两十六,八两便是半斤足,一两十钱钱十分,厘毫丝忽没处错。……十分寸,十寸尺,十尺为丈四丈定,直长横阔丈杆量,田地丈量用弓尺。"①

二、杂字中的择业与商业道德渗透

识字教材也对从商者的职业信念有所影响。在《日平常》抄本中,有着这样对士农工商不同职业的认识:"普天下,农为本,徽俗之人生意盛。实有余利足养家,虽言逐末执业正。""士为上,农为本,工商执业都为正,四民从古至于今,各安职位终身定。……总言之,人生世,勤俭有功儿戏废,读书惜寸惜光阴,农工商贾宜立志。"②学界普遍认为,在徽州,"商何负于农""贾何负于儒"的呼喊与实践,是明朝王阳明"心学"在徽州得到广泛认同的结果。其实,对于普通百姓来说,官府重农抑商政策也好,社会鄙视贬低商人也罢,相对于个人生存与家庭生活来说,都无甚紧要。只有当一批商人成功地聚积了巨额财富,已彻底摆脱了可见时段内的饥饿与贫困,他们才从心底升腾起谋求较高政治地位和较多社会话语权的热望。也只有此时,他们才会试图寻找理论依据去为商人的职业尊严发出自己的声音。因此,明朝中叶徽州出现大批富商是徽州士商观念改变的阶级(层)基础,王阳明"心学"在徽州的传播只是为徽商提供了争取"翻身"的理论武器。实际上,除了极少数在生意场上颇为成功的徽商的后代,很多资产处于中等规模的徽商,还是希望后代通过"从儒"实现身份的改变。这种徽商因其社会地位变化而对"商""儒"生发出的未必相同的态度与感情,只有置身其间才能理解。但不管如何,对社会下层子弟灌输"工商执业都为正"的观念,对于激发个体潜质、改善当地民生、促进社会发展等都是利大于弊的。

杂字类教材除了孝敬亲友(如"父母之恩等天地,公婆宗祖本源亲""兄弟本为一体,莫存尔我之心")、和睦乡里(如"出入守望相助,和睦乡里处仁")、勤劳节俭(如"游戏无益,勤俭有功""手头窄狭,节俭节用")等一般意义上的道德要求外,也还有职业道德上的教诲。如《启蒙六字杂言》提出:"士农工商技艺,各务本业精专。士当爱民护国,农务及时宜勤,百工手段精巧,商贾需要精心。"此即术业有专攻、宜各专精一业的要求。《新刻易见杂字》也认为:"鬻售贳贷,市廛之客,平心正直,君子交易。物有好歹,价有高低。"意即买卖双方应对货物质

---

① 王振忠.徽州人编纂的一部商业启蒙书:《日平常》抄本[J].史学月刊,2002(2):105.
② 王振忠.徽州人编纂的一部商业启蒙书:《日平常》抄本[J].史学月刊,2002(2):104.

量、价格比照而观,有君子之风,公平交易。《启蒙杂字》则云:"生意活动,历练钻心。交接主顾,童叟无欺。认真习礼,厚重志诚,盘点管总,出入公平。"①此类要求总体上与徽商"以义为利""童叟无欺"的经营理念一致。

第三节 徽州古代商业的岗位培训

一、传统师徒制的引领

对徽州乡村社会有过一定体验的胡适,曾对家乡成群结队的学徒走进各地商铺开始新的人生之旅有过清楚的描述:"我们徽州人通常在十一二三岁时便到城市里去学生意。最初多半是在自家长辈或亲戚的店铺里当学徒。在历时三年的学徒期间,他们是没有薪金的;其后则稍有报酬。"②学界研究表明,徽商中以"小本起家"为多数,其从业者起初都曾有过做学徒的经历。其实,即便有亲友关系,成为学徒也需要一定程序,毕竟不仅涉及未成年人几年光阴和未来的职业发展,而且与生死也颇有关联。因此,凭中联络、签订合约成为徽州人普遍认同的手续。如《荐保学徒关约》"活套":

> 立关约某某为某某特央荐保至某某宝号习业,订定三年为期。惟三年内须遵守一店(行)规,听从约束,不得擅自中止另习别业,否则向荐保人追还饭食资等。如有不守店(行)规,行为不端及错误银钱、货物等情,由保人赔偿,随时辞歇。并向保人追还饭资,不得推诿。此系三面议定,各无异言。恐口无凭,立此关约存照。
> 　年　月　日立关约　某某　原籍　荐某某　现寓　保某某③

学徒进店后,拜老板或管事(经理)为师,即为学生或小倌,开始按照传统师徒制习艺。起初的工作通常是做辅助性或服务性的杂事,尽管与核心的商业技能训练看似不大相干,却常常被老板、师傅看作磨练心性、养成规矩不可或缺的

---

① 戴元枝.明清徽州杂字研究[M].上海:上海教育出版社,2017:124-125.
② 胡适.胡适口述自传[M].合肥:安徽教育出版社,1999:2.
③ 王振忠.徽州民间珍稀文献集成:第28册[M].上海:复旦大学出版社,2018:194.

重要环节。歙县新馆人鲍绍翔的经历就是类似的案例。他十四岁到杭州习贾。起初半年，每日"惟供洒扫"，他担心学不到真本领，乃私下对同伴说：我等在此，谁不肩负双亲厚望？可惜现在师傅不教怎办？我等不如约定，谁有受教之得，务必相互转告，那样，我等在此一日就好比有两日之效。他的师傅"闻而嘉之，遂尽教"。徽州商书《便蒙习论》也对学徒提出诸多具体要求："人家子弟，习学生意，无论店之大小，必须尽力而为之：必须清晨起身，洒扫精洁。呼唤作事，即当立起应对去做，不可推诿迟误，事毕回明。到夜间，小心火烛门户，切不可忽略。临睡之时，衣带鞋袜，整齐放好，非惟起身快便，而夜间仓猝之际，亦不致慌忙。至于宾客往来，认识人面，装烟泡茶应酬，凡事不可贪懒，又不可违拗方命也。"学徒要谦虚，如"凡生意之人，当谦逊虚心，可谓正理，不可自足。倘矜己之能，以为凡事人皆不如我，则骄傲之心日增，怠惰之心渐长，责之无益，如此之人，岂可能长进乎？"要诚心受训，如"现在之人，俱是长者，遇一事而来教训，或有错误而痛责者，须当认作好人，当以师礼待之，彼必尽心告汝，则汝智能日新，将来亦作人师矣。倘不受训，人亦不言，尔之智能俱无，终为下流。倘生意一歇，耽搁亲友处，被人惹厌，有何面目见人？"对同事要和众，如"凡店中同事诸人等，宜当和好。彼有怒心气色，笑颜待之"。也要谨言，如"凡同店之人及亲友交接一切言语，总要留心谨慎，不可面是背非，将有作无"。要专心正务，如"凡店中倘遇闲时，不宜闲走，不宜看书，恐用心书上，来人不觉，失物不知。看书、小说、奕棋、斗牌、掷骰等事，切不可为"[1]。《便蒙习论》的原作者当为商界资深人士，这些经验之谈也常常是老板与师傅的日常要求。

学徒前三年无薪俸，仅给少量零用钱，无假期，白天干杂活，晚上学算盘、记账。不尽力、不守店规或屡教不改者，即由家人或保荐人领回家，乡里多讥称"茴香（回乡）豆腐干"。后三年称中班、半作，起半薪，视能力逐年加俸。中班站横柜，试习业务。在此期间，核心的商业技能在师傅引领下，也在逐渐熟悉。当然，不同行业的商品知识与经营要义差别很大，熟练掌握所耗心力与时间也多有不同。从目前存世的有关商业文献推测，典业与棉布业可能对商业知识与技能的要求更高，因为这两业现有多本明清时代内容颇为丰富的商书被发现。如棉布业4种商书中，除山西布商所编纂的清钞本《布经》八卷外，其余3种（佚名著《布经要览》二卷、安徽省图书馆藏《布经》抄本、复旦大学王振忠教授所藏《布经》）皆出自徽商之手。其中的《布经要览》，可能是作者以其师傅程维新的心得

---

[1] 王振忠.抄本《便蒙习论》：徽州民间商业书的一份新史料[J].浙江社会科学，2000(2)：132-134.

为基础编成的,涉及看布奇诀、刷经路道、白布指示总论、青浅毛布总论、复布下缸细辨纱线式、磨布要诀、各省取货等内容。内中对于诸多关键诀窍均有详细介绍,如"看布小技":

> 吾师维新程先生披云:要端坐正容,澄心静念,按时而取用,须要合宜。当知早晨精气充足,防午后眼力昏迷。察坐处之晦明,知移步而改形,勿胶柱以鼓瑟,勿吹毛以求疵。勿喜而高褒,勿怒而贬降,知用度缓急,明时势权宜,视春夏秋冬之风气,辨东西南北之路道。须知历久,广见广闻,博究根源,能识假真,心安神定,优劣自判。①

上引程维新的"看布要诀",要求看布者坐姿端正、内心宁静。以上午精气充足时为宜,忌午后头昏眼花时执业。须考虑光线明暗、角度变化产生的误差。要区分出春夏秋冬四季布匹的差异,辨别出东西南北区域产品之不同。而这样精湛的技艺,自然不是三五年学徒经历即可练就,非"广见广闻,博究根源"不可。

二、家庭(家族)前辈的职业指导

中产以上的徽商通常也具有家庭(族)链的特征,除了财富累积的支持作用外,守成者对创业者经营理念的继承与发展也是很重要的因素。而这类形而上的思想、观念、作风的传承,并非通常师徒三五年的相授即可实现,还需以血缘、亲情为认同基础,多年亲身相随为基本途径。因此,徽商通过自身言行持续对继承者在事业上的影响,也可看作商业职业教育的方式之一。

明代徽商汪忠富,善于经营。他反复告诫随从经商的长子:"职虽为利,非义不可取也。"其同宗的汪忠浩,在淮泗一带从事商贸,"无烦奇胜,举辄中志",经营谋略有目共睹,不唯"宫室器具焕然一新",且"田园山薮甲于乡间"。当他年过花甲退养山林时,也对接替经理商务的儿子说:"如曹职虽为利,然利不可罔也,罔则弃义,将焉用之?"②徽商素来"以义为利",对充满诱惑的"利"的取舍依据就是是否符合"义"的底线。因此,诸如汪忠富、汪忠浩的言行,就是以亲训的方式,向后辈从商者传递商业道德。

---

① 王振忠.从新发现的《布经》抄本看明清时代商书之编纂[J].徽州社会科学,2016(3):31.
② 王世华.薪火相传[M].北京:北京时代华文书局,2018:217.

商海波诡云谲,动荡不定,只有掌握一定规律才能获得较为稳定的收益。这些来自多年商海实践的经验极为宝贵,同样也是徽商传承的重要内容。明朝歙县竦塘人黄赐,奔波于齐鲁吴越之间,经商颇有成就。其子黄明芳,年方十七,即跟随黄赐"经营江湖,往来南北"。在黄赐长期的训导下,黄明芳"心计之妙,素号老成者有所不及"①。同时代的歙县王干人王子承,不远数千里至四川经商,深耕厚植四十年,不仅家产"卒致巨万",更因处事公、识人体而深孚众望,被誉为"王长者""王封君"。对于跟从他经商的诸弟诸子,他总是"分授刀布,左提右挈,咸愿与之代兴,各致千万有差"②。可见,诸弟诸子最终各自能有成千上万的丰厚回报,不仅仅是王子承给予了最初经营资本的支持(将自己的资金分让出去),更重要的是他对诸弟诸子营商要略的指导。又如明朝歙县槐塘商人程长公,他在浙江为盐商打理日常商务,对市场变化洞若观火,深为同业诸人所看重。在职期间,就有数位家乡弟子跟随学习,即便他归老山乡,"诸弟子自千里外,犹从长公"③。

也有一些营商理念虽然不是施教者主动用语言、文字、行动等方式表达出来,但"蓄而不发"的考量实则是一种更为高明的传承技巧。清朝婺源县段莘人汪拱乾,天资聪颖,从小习商,"精会计"。对于经营商品的选择,取人弃我取之策,结果"往往利市数倍"。虽然广置田宅,但生活节俭,"自奉菲恶"。他的几个儿子受他"不得鲜衣美食"的告诫,也能努力守成。常有人向其借贷,也能慷慨出借,只是"立券时,必载若干利。因其宽于取债,日积月累,子母并计之,则负欠者俱有难偿之患"。一日,几个儿子私下议论:"昔陶朱公能积能散,故人至今称之。今吾父聚而不散,恐市恩而反招怨尤也。"汪拱乾听说后,大喜,对诸子说:"吾有是念久矣,恐汝辈不克体吾志耳,是以蓄而不发。今既能会吾意,真吾子也!"于是检出借券数千张,召来欠债之人,当着众人之面将借券付之一炬。自此以后,诸子个个能自经营,家家丰裕,传其孙曾④。

三、商人的自觉学习、积累与实践

同古今一般职业的从业人员技能提高路径相同,个体的自觉习练、总结是

---

① 张海鹏,王廷元.明清徽商资料选编[M].合肥:黄山书社,1985:86.
② 汪道昆.太函集:(一)[M].合肥:黄山书社,2004:370.
③ 张海鹏,王廷元.明清徽商资料选编[M].合肥:黄山书社,1985:141.
④ 张海鹏,王廷元.明清徽商资料选编[M].合肥:黄山书社,1985:169.

很重要的一种形式。虽然这是零散、长期、随机的过程,但由于是认知主体发自内心的学习需求在驱动,因此其效果不容忽视。

第一,对民间一般舆论的了解与认同。由于徽州社会从商者众,即便在民间艺文中,规劝学徒之作也不少见。最有影响者当推清朝黟县程煦所作的《桃源俗语劝世词》,其中有对"生意人"的一段劝词:

> 生意人,听我劝,第一学生不要变。最怕做得店官时,贪东想西听人骗。争工食,要出店,痴心妄想无主见。这山望见那山高,翻生硬把生意歇。不妥帖,归家难见爹娘面。……倒不如听我劝,从此收心不要变。托个相好来提携,或是转变或另荐。又不痴,又不呆,放出功夫擂柜台。店官果然武艺好,老板自然看出来。看出来,将你抬,超升管事掌钱财。唔从无心求富贵,富贵自然逼人来。①

这段文字告诫学徒要忍受从业初期身体的疲惫、精神的紧张乃至心理的失落,坚定"茴香豆腐干,不能自己端;吃得苦中苦,方为人上人"的徽州古训。事实上,上引劝词中的基本思想也是大多数学徒长辈的意愿,他们也会通过多种方式传达相似的道理。如民国初年在上海店铺学做生意的某徽州学徒,在写给叔父的信中,描摹了自己的感受:"第二日姑丈就送(侄男)进店,拜经理某某为师。店中生意颇大。因先生性情急躁。侄进店日少,本事毫无。心慌意乱,又生又吓,比家中有天地之别矣。"在致父母信中,他诉说了商店经营概况及本人的担忧:"现今商场大局,因去年先令吃亏,转拆不便,本年来以致各处钱庄倒闭。银根之紧,无过于今日矣。男店中生意,因各项节省,尚能竭力维持。看来明年失业之人,当不少也。"其叔父回信时,再三叮嘱:"昔人云:河水宽则井水宽。但河水紧于井水,无过于今日矣。吾侄店中生意既然很好,事事勤劳要紧。俗云:吃尽苦中苦,方为人上人。吾侄在店,只要时时勤俭,不要懒惰,同事最宜和气,如自家兄弟一般。不要开口骂人、伤人父母、讨人便宜。切嘱切嘱。"其父母在回信中先是分析形势,"明年失业之人不少,此必然之势也。银根之紧,系由钱庄倒闭。钱庄倒闭,是因去年先令吃亏"。进而提醒,"吾儿当时时追念,银根之紧急,事事须着意节省"。同时也明确表示,"儿欲另易码头,无如各处情形相同何。依愚之见,倒不如守旧。只要学业不荒疏,自有赚钱之一日"。最后则

---

① 黟县地方志编纂委员会.黟县志[M].合肥:黄山书社,2012:1732.

是毫无商量余地式的指令:"儿在商界立身,幸照我法行之。切切此嘱。"①这些往来书信虽为个案,但表露出的徽州父老对在外学艺后辈的关切与劝导则是极为普遍与持久的。

第二,对业务文献的关注。相较于职前教育内容的基础性、学徒期间专业训练的一般性,不少专项知识与技能具有一定的精、尖特征,通常由极少数卓越的业内人士将心得、要义等形诸文字,再经整理、完善、传抄,始得在业界传播。徽州商界从业者对于此类文献多情有独钟,或购或抄,随身携带,反复揣摩。珠算在普及后,迅速取代筹算成为最重要的计算方式,尤其对于商人来说,意义更非寻常。明万历年间,自幼即对珠算生发浓厚兴趣的徽州休宁人程大位,也正是基于自身"弱冠商游吴楚"的切身感受,才有他多年"遍访明师,绎其文义,审其成法"之举。在"归而覃思于率水之上"的二十年中,他"参会诸家之法,附以一得之思,纂集成编。诸凡前法之未发者明之,未备者补之,繁芜者删之,疏略者详之,而又为之订其讹谬,别其序次,清其句读"②,才纂成《直指算法统宗》17卷。这部集当时我国珠算算法之大成的著作,不仅介绍数学名词、度量衡单位以及珠算盘式图、珠算各种算法口诀,更主要的是列举了各种应用题及解法,涉及田亩、仓窖、堆垛、河渠、墙堤等生活生产中经常遇到的计算问题。因此,《算法统宗》既有科学性,更具实用性。刊行之后,风靡全国,"海内握算持筹之士,莫不家藏一编,若业制举者之于四子书、五经义,翕然奉以为宗"③。徽商作为明清我国商界翘楚,自然也对该书的购藏与应用颇为上心。

另一类是徽州较为典型的契约格式样本。契约精神是明清徽州社会的重要特点,民众对社会生活中较为重要的交往都试图以文本方式将利益相关方的责任与义务固定下来。而在商业经营中,诸多不同活动在契约中有着各异的表达。为保证文本思虑周密、措辞谨严、表述清晰,不会因似是而非或遗漏带来日后的纠葛,徽商对较为规范的契约格式也颇为看重。如为拼凑足够的原始资本,小户人家就可能选择合资的途径,就有《合伙议据》:

> 立合伙议据某甲某乙某丙某丁,彼此缘系戚友(或称知己),禀气相孚,合力营业。今于某年某月在某某地方,合开某某字号(或行、庄、店、栈),各出资本,每股计银元若干元正。某甲认定几股,某乙认定几

---

① 王振忠.徽州商业文化的一个侧面[J].复旦学报(社会科学版),1999(4):86-88.
② 程大位.算法统宗校释[M].合肥:安徽教育出版社,1990:1012-1013.
③ 程大位.算法统宗校释[M].合肥:安徽教育出版社,1990:5.

股,某丙(丁)认定几股,合成资本银元若干元正。议定官利常年一分起息,每年揭账,三年总揭。得有盈余,作几股分派。除照本股数分派外,其余以几股酬总经理之劳,以几股酬管理银银(钱?)账目之劳,其余几股,视有出力伙友公议酌酬。倘有亏缺,仍照资本股数听派。各相允洽,永无异言。欲后有凭,立此合同议据四纸,各执一纸存照。

一议官利常年一分起息,每年年终支取,不得预先,亦不得提用资本。

一议号中各货出入归某某经理,银钱账目出入归某某经理,倘有徇情之处,惟经理是问。①

经营过程中,流动资金等若不敷,通常会走借贷之路。于是就有简要的《借票式》:

立借票某某,今借到某宅某某名下本银多少正,其利几分行息。递年交楚,不得短少。尤恐无凭,立此借票为照。②

倘若个人资信不足,有时会找第三方担保,有时则以货物抵押,因此有了《抵押借券式》:

立抵押借券某某,今自置某货若干件,抵借到某某银行实银若干两正,订明每百两若干起息,准于几个月期本利清还。如有拖欠,任从某银行将货抵偿。如有不足,仍须向某某追补。各无异言,恐后无凭,立此抵押借券为据。

立抵押借券人某　保人某　见证人某某　某货物几件存贮某栈,值钱若干两。栈单、保险单并存银行③

货物运输是一件既耗时更耗资的差事,而且还有安全风险。徽商多根据需要分别雇请脚夫、驼(驴)夫、车夫、船夫、轿夫承担。常见的《雇船票式》:

---

① 王振忠.徽州民间珍稀文献集成:第28册[M].上海:复旦大学出版社,2018:191-192.
② 王振忠.徽州民间珍稀文献集成:第28册[M].上海:复旦大学出版社,2018:124.
③ 王振忠.徽州民间珍稀文献集成:第28册[M].上海:复旦大学出版社,2018:192-193.

> 立船票人某某,系某县某处人。今将自己民船一只,揽载某客某物若干,载至某地交卸。三面议定船钱水脚银多少,当日先收银若干,余银到彼处地方找足。自上船之后,所装货物小心遮盖,不得上漏下湿。如有疏失等,是船户甘认赔偿。恐口无凭,立此雇票为照。①

徽商初始创业,大多租用当地现成房产用于经营与生活,乃有诸如此类的《租市房据》:

> 立租市房据某某今因营业之屋,凭中租到某某地方某某记市房一所,计开门面楼房几间,坐落某某省某府某县某都某图某里。言定每年租价若干元正,当日先付定洋若干元正,嗣后凭折按月交付,决不迟延短少。租价如欲增减,须凭市面盛衰,临时再邀原中妥议。恐后无凭,立此租市房据存执为据。②

由于经营重心、能力等方面出现变化,将商铺等业暂时出租也是徽商经常遇到的情况,因此会用到《顶首契》:

> 立顶首契人某某,凭中某某,今将自己名下橱柜、招牌、家伙、器皿等物,情愿凭中让替与某人名下开张生理。当得顶首钱五百千文,言定四十年之后,倘某人自欲开张,兑还顶首,即点还原项等物。如有添装物件,凭中公估认偿。彼此不得刁难。恐后无凭,立此合同顶首,各执一纸为照。③

尽管徽商整体上经济实力雄厚,但实际上,其中大多数中小商人只能维持家庭的日常温饱。由于各种原因出现经营亏损的不仅大有人在,且颇为常见。在对神灵普遍尊崇的社会氛围中,通过演戏等方式以娱神,进而祈福求财,当然可以理解。比如《许戏文》:

> 惟我本里主坛,鱼山胜景,庙古由今,四方赖佑,万户咸宁,有求必

---

① 王振忠.徽州民间珍稀文献集成:第28册[M].上海:复旦大学出版社,2018:125.
② 王振忠.徽州民间珍稀文献集成:第28册[M].上海:复旦大学出版社,2018:190.
③ 王振忠.徽州民间珍稀文献集成:第28册[M].上海:复旦大学出版社,2018:138.

应,无不虔心。今弟子某某开张某店,贩茶扶身,茶卖上海,血本未归。戏许一本,伏愿显灵,早归转运,后叩酬神,焚香预告,降格来灵。①

上引的这类契约"活套"抄本,广泛存在于徽商之手,成为他们时常阅读和征引之物。而这样的活动,从大教育的视角论,自然也可看作商业职业教育的一种形式。

第三,是对个体实践经验的积累、归纳与提升。经商是一项综合性很高的社会活动,就理念论,有"以义为利"的价值观、"人无笑脸休开店"的交际观、"敏而好学"的学习观、"敦孝悌以重人伦"的礼仪观等;就基础技能论,涉及书、数、言、听、观、记等项;而专业技能更因经营项目不同而颇为繁杂。此外,四时气候、八方地理、风土人情、时局动态,无一不与经商相关。能在商海中举重若轻、纵横捭阖者,必定胸中有大局,能将日常生活中的细微变化放置在系统的社会结构网格中加以观照,必定有敏锐的观察力、精细的分析力和果敢的决断力。这种综合能力只能在经营中靠自身实践、总结、提炼和发展。徽商群体因有数百年的积淀,加上文化基础总体不错,因此,在个体的自我业务教育上多有可圈可点之处。其中,最能反映徽商对个体实践经验积累、归纳与提升的,首推各类商业书籍,尤其是商编路程图记。

目前所见徽商的商编路程图记,有多次刊行的,如黄汴的《天下水陆路程》(即《一统路程图记》)、憺漪子的《天下路程图引》,更多的是私家保留的抄本与写本。其中有关长江水运的徽商商编路程资料目前就已发现十数种。对此,王振忠先生研究成果颇多②。现存商编路程有两类,一是保留早期形态的纯文字的路程,另一类是后期加配插图的路程图记。其起源,皆为商人的日常所需。如明代隆庆年间休宁约山人黄汴积集27年之功而成的《天下水陆路程》,其动因即为商途中遭遇的窘境:"余家徽郡万山之中,不通行旅,不谙图籍,土狭人稠,业多为商。汴弱冠随父兄自洪都至长沙,览洞庭之胜,泛大江、溯淮、扬,薄戾燕都。是年,河冰彻底,乃就陆行,自兖至徐,归心迫切,前路渺茫,苦于询问。"正是在从北京经兖州、徐州南行的陆路上,他亲历了问路之难、之苦,黄汴由己及人,"乃惕然兴感,恐天下之人如余之厄于歧路者多也"。于是,他"后侨

---

① 王振忠.徽州民间珍稀文献集成:第28册[M].上海:复旦大学出版社,2018:248.
② 参见王振忠:《清代徽州与广东的商路及商业》,载《历史地理》第十七辑;《瓷商之路:跋徽州商编路程〈水陆平安〉抄本》,载《历史地理》第二十五辑;《清代徽商与长江中下游的城镇及贸易》,载《安徽大学学报》(哲学社会科学版)2019年第1期。

居吴会,与二京十三省暨边方商贾贸易,得程图数家,于是穷其闻见,考其异同,反复校勘,积二十七年始成帙,分为八卷,卷有所属"。可见,当时各地营商者中早有记载沿途路况等信息之习惯,这也为黄汴集全国主要商路之大成提供了便利。由于《天下水陆路程》中"道路之远近,山川之险夷,及风波盗贼之有无,靡不洞其纤悉",犹如"九州地域在指掌间"[①],因而很快风行商界。

  随手记载行商地理社会等信息的传统在徽商中普遍得到重视。清朝道光年间,歙县芳坑茶商江有科经营从广州出洋的外贸徽茶,在数次往来徽州与广州的过程中,他留下了《徽州至广东路程》札记一册。札记的方式依然比较传统,仅以从徽州到广州商路为主线,记载沿途 550 处城镇村庄及相互间隔里数,对水路、旱路衔接,个别地方的神庙祭拜、社会治安也有所涉及(如地名"鹅颈头"下注"行船小心","大漳河"下注"蚊虫营安船防盗","大庙峡"下注"有娘娘庙,敬神防盗"),并且对沿途关卡的报关纳税及各种需索记录详细[②]。显然,这些都是沿途对行商最大的挑战因素,记载下来不仅对自己是提醒,对来者也是难得的经验或教训。江有科之孙江明恒也留下了一册《沐雨栉风》。还有一本《万里云程·徽州府歙县至广东省路程》也可能来自芳坑茶商。直至民国十七年(1928 年),在湖北蕲州新中国工业社就职的一位徽籍人士邵振之,还在《徽侨月刊》第 16 期刊载征稿启事,发起编辑以徽州为中心的旅外往来路程一册,以便旅途使用。虽然不知是否成功,但由此不难看出,尽管近代交通工具与路线更新的浪潮已经扑面而来,但徽州旅外人士对传统路程类资料的需求,以及记录、整理的高度自觉,依然不能低估。换言之,徽州商界从业者的职业素养的自我完善内驱力,不因时代变迁而有太多的消解。

---

① 杨正泰.明代驿站考:增订本[M].上海:上海古籍出版社,2006:199.
② 张海鹏,王廷元.徽商研究[M].合肥:安徽人民出版社,1995:590-591.

第三章　徽州古代其他行业的职业教育

在徽州,除了农商两大主业外,其余职业虽然门类众多,但从业规模并不大。根据技艺对文化知识和理论依赖程度的强弱,大致可分为两类:一是以一定的文化与专业理论知识为储备的职业,如医、师、卜筮、堪舆等;二是基本以操作技能的熟练程度为职业者,如木、竹、铁、砖、石匠等日用百工。两者在职业教育上也多有差异。

第一节　以文化与专业理论为基础的职业教育活动

一、徽州医学教育的形式与内容

出于人类健康保障的需要,即便在远古时代,人们也对有关动植物的药性及缓解人体痛苦的行为产生兴趣,此即后世医药学的滥觞。我国在西周时期,就已有专业的医科人员,且医学教育也同步出现。此后至近代医学教育输入前的三千余年中,医学教育的形式与内容逐渐丰富。从施教主体性质分,有官方教学与私人教学两大类;就其方式论,大体上有师承、家传、学校、自学、游学、医会等模式。在徽州,限于早期资料的缺失,只能从宋代以后才有大致的概貌可以被追溯。

官方培养医学人才早已有之,到了体系颇为严密的唐朝,机构更为庞大。据《大唐六典》记载,中央太常寺内设太医署,置太医令、丞各2人,下分置医、针、按摩、咒禁四类,各设博士1人,由助教、师、工若干人辅佐,同时教习诸生习艺。以医博士为例,诸生先习《本草》《甲乙脉经》,再分体疗、疮肿、少小、耳目口齿、角法五科习业。因各科服务对象人数、难度有异,通常20人中,学体疗11人,学疮肿、少小各3人,学耳目口齿2人,学角法1人;学体疗者需7年,学少小及疮肿需5年,学耳目口齿、角法者需2年。对于诸生的考试与录用方法一如国子监,如读《本草》者令其识别药形、药性,读明堂者令其验图识穴位,读脉诀者令其轮流把脉。博士每月组织测试,太医令、丞按季一试,年终则由太常丞主持考试。倘若诸生业务精进,达到现任医(针、按摩、咒禁)、师、工水平,有缺即补。但若学习年限达到9年且尚无成绩者,则退回原处。可见唐朝中央层面的医学教育制度颇为谨严。

在地方上,唐朝时无论是上州,还是中州、下州,均设"医学博士一人"①,或正九品下,或从九品下。其职责除了以当地所产百药诊治百姓疾病,也有教授诸生的要求。《大唐六典》就指出,上州除医学博士外,设助教1人,学生15人;中州设助教1人,学生12人;下州不设助教,学生10人。当然,制度的订立与实行是两个不同的范畴,无论各朝均存在较多差异甚至多有抵牾。在徽州,尽管根据明洪武十七年(1384年)地方医政机构"医学"有设"府,正科一人,从九品。州,典科一人。县,训科一人"②的要求,明初官办医疗体系得以迅速设立,并以救治贫病和应对瘟疫为中心正常运营,代表朝廷履行医疗保障职能。"但自明嘉靖后,情况发生了巨大的变化,由于固定处所、资金来源等缺乏而整体走向衰落,徽州府县官办医疗逐渐废弛,至清代,除婺源等个别地方外,新安地方医官基本淡退历史舞台。"③且因该职"设官不给禄",地方政府支持也有限,没有资料证明其对当地医务工作者的培养产生了太大的积极影响。

相比之下,民间医学不仅对民众伤病疗治作用更大,且传承有序。在医学技能传承方式上,家传所占的比例最高。因为医学理论精深,且病人的疾病表现与病体个性差异也较大,非长期精研和实践不能达到较高水准,而家传的方式正好能满足这样的需要。加上在医界资源相对缺乏的当时,掌握一门医技就可能获得较为优越的生活条件和较为崇高的社会声誉,而相对封闭的家传性质也在最大限度上防止医学资源的随意扩张,形成家传医技的区域垄断。因此,在徽州医界中,家族链是极为典型的特征之一。

较早的家传事例是北宋歙县张氏家族。首先是张扩通过赴外求学的方式获得医技。随后,其弟张挥从兄习医,在当地名气颇高。张挥传医技于其子张彦仁,张彦仁又传于子张杲。张杲撰著《医说》,记载宋以前名医116人,论述针灸、诊断等内容,是一本高质量的医史传记。他又耗时五十余年而成《秘方奥

---

① 欧阳修,宋祁.新唐书:卷四十九下[M].北京:中华书局,1975:1317.
② 张廷玉.明史:卷七十五[M].北京:中华书局,1974:1853.
③ 万四妹,刘伯山,王键.明清新安地方医官探析[J].北京中医药大学学报,2017,40(7):548.

旨》。这些重要医籍也同他的随诊方剂一样,成为当时与后世重要的医技职业教育的专业资源。稍后曾被擢升为翰林医官的休宁凤山人吴源,受业于其父吴豫,且祖上数世都精于医。明朝时,黟县城西人余淳从善针灸的其父余时启习医,尽得真传。歙县"江子振善妇科,传其术者九世"。歙县岩镇人方音"尝喜禁方",医术精到,"子一诚,传其业。其后有德甫、嗣塘、孝绩、孝儒,世以医著"①。清代黟县叶家湾人吴百祥身为监生,却精通医学,尤擅儿科,其子吴毓春,孙吴培基、吴郁文承续其业,获知县赠额"幼科世业"。清代休宁人董士迪、董震金父子,精于妇科。若从宋代其祖上获得医学博士衔算起,已世业30代之久。有学者统计,新安世医家传3代(不含祖术传孙者)以上者63家,涉及316人,其中明清世医54家,医家286人②。另有学者统计北宋以来,新安世医家传3代以上至15代乃至30代者共139家,名医300余位③。也有一些医者虽不是近亲,但生活在同城或同村,且同姓,又皆精于同科,也可以视为"宗族链"的代表,如明朝"洪廷镇、洪钦铭、洪文衢、洪少冈皆郡城人,精疡医","吴福仕、吴静川、吴晴川、吴继川皆徐村人,精疡医"④。当然,也有父子同业却非家传的特例,如明朝歙县人程尧夫,其子惠生,均在当地有医名,但"父子道不相师,各有奇效"⑤,颇为特殊。

师承与家传有一定的相似性,差别就在于师徒之间是否存在亲缘关系。将没有亲缘关系的师徒以师承方式剥离开来考察,能够更为细致。史籍之中较早师承的事例是北宋歙县人张扩。"张扩,字子充,少好医,从蕲水庞安时游。同学六十人,安时独喜扩。后闻蜀有王朴善脉,又能以太素知人贵贱祸福。从之期年,得衣领所藏素书,尽其诀,乃辞去。"⑥尽管蜀医王朴的有关资料阙如,但被誉为"北宋医王"的庞安时乃湖北浠水世医出身,《宋史》有传,传中也记载他有弟子李百全为桐城人,因此,张扩被收为其弟子也存在可能性。元朝时,曾任全州学正的歙县人鲍同仁对于针灸术有一定研究,作有《经验针法》。其后,他的弟子洪徽甫"传其术"。明朝,黟县人黄古谭随祁门人汪机学医。清朝,歙县梓坑人叶昶,王家宅人王学健,皆从冯塘名医程有功习医;溪东人叶本青"幼粥于坦平寺,从主僧习疡医";蜀口人曹启悟"从嘉兴名医程玉田习外科,尽传其术"。郑村郑宏绩"精喉科,为南丰黄明生弟子"⑦。清代休宁人程履新追随华亭(今松江)名医李士材学医,学成之后,就在吴中一带行医多年。拜师学医的

---

① ④ ⑤ ⑦ 许承尧.歙县志·人物志·方技.
② 冯丽梅.医学地域化:明清吴中医家与新安医家比较研究[D].北京:北京中医药大学,2007:27.
③ 王键.新安医学流派研究[M].北京:人民卫生出版社,2016:380.

年限多不确定,但一般不会短于3年。清代休宁人何鼎亨,仰慕万安名医俞圣瑞医术高超,由儒转医,历时六个春秋才领略诸科宗旨。其中缘由,一是医学与那些纯粹的手工技艺传承相比要复杂得多,学习时间自然要长一些;二是学生之间知识基础、智力水平、努力程度存在较大差别;三是个别医家尽管已经接受了徒弟的拜师,但出于对徒弟性情把握不住的担心,不会一开始就倾心相授,而是会考察较久的时段。明代祁门人饶进,学医于休宁丁氏。尽管饶进为人淳笃,起初,丁氏并没有传授片言只语。饶进白天为师父种植菜蔬,夜间挑灯苦读医术。年余,丁氏才相信其孜孜不倦源于真心,于是口授亲传,将毕生医技传给饶进。

游学是师承中较为特殊的一种情况,即师徒间不存在亲缘关系,但也不同于常见的终身受于一师,而是在多区域的流动中不断拜师学艺,最终成为名家。明朝休宁城西人汪副护,少年攻儒,中途改业医学,先事于祁门名医汪机。学成之后,他远游姑苏、京口一带,一边行医,一边遍访名医高手,博采众家所长。渠口人汪汝柱,少年立志学医,在家乡拜师期满后,也游历于苏州、常熟间,多得名医指点,治病出入于东垣、丹溪诸法之间,别有新意。孙一奎起初经商于浙江丽水一带,路遇士人传授秘方,用之多验,有感于父亲一世体质羸弱,于是弃商从汪机弟子、黟县人黄古谭业医。出师后,他认为索居窥观无益于广询远览,于是西游彭蠡、庐山、沅、湘,东访三吴,凡知有所长即往请益,历时三十余年,医名大著,所作《赤水玄珠全集》获评很高。清代歙县槐塘人汪宏,14岁问学于休宁程姓医生,此后又先后求学于陈思槐、周浩川,前后长达20余年。

自学医术在徽州古代也有较多例证。自学医术通常以习儒转攻医业者为多,因他们不仅文字功底深厚,且多已熟读经典,对古代基础医学理论容易理解。如明朝休宁临溪人吴士龙,性情敏慧,少年习儒,于琴诗剑画无所不通。改医后,对《内经》多有精研。也有业商者改习医学,一则徽商大多有较好的文字基础,二来在外出经商过程中,出于保护自身健康的需要,他们也对医学更加留意。如歙县岩镇人方音起初在淮阴经商,但对医术颇感兴趣,"尝喜禁方"。一次,"见书生孙一松穷饿,赠以钱,不告姓名,一松私问从者,识以去。后音适越,一松遇诸途,跪拜邀至家,谢以金,不受,乃出秘方授音。音术从此入神"①。这是兴趣基础上自学成家的典型。类似的例子不少,清朝歙县郑村人郑于丰,"暇辄习医,尝于萧沛间得喉科善本,遂精其术"②。后其子郑宏纲习

---

①② 许承尧.歙县志·人物志·方技.

喉科益精。

随着明代全国政治局势的稳定,经济的恢复,交通条件的改善,尤其是商品经济得到超越前代的大发展,商人、士人的活动范围日趋扩大,一些区域性的政治、经济中心成为集纳各类人才的要地,专技人员固定的集会交流成为可能。明代隆庆二年(1568年),我国最早创建的医学会"一体堂宅仁医会"也就在祁门人徐春甫的发起下应运而生。徐春甫出身于诗书之家,父、祖俱业儒。早年他也攻举子业,因体弱多疾遂改攻医,师事当地医家汪宦。在太医院任职期间,他参照当时较为普遍的儒士学术研究组织"文会"形式,联络客居北京的各地医家46人(其中皖籍21人,如徐春甫、汪宦、巴应奎、支秉中等,多为徽州人),创办"一体堂宅仁医会",目的在于"心集众思",开展学术交流。"宅仁医会"制定了诚意、明理、格致、深证、规鉴、恒德、力学、讲学、辨脉、处方、存心、体仁、忘利、自重、法天、医学之大、戒贪鄙、恤贫、自得、知人、医箴、避晦疾等22条协会条款,作为会员自律的基本准则。从该医会录中可以看到,医会成员之间不仅交流医术,更强调医德的修炼,对推动京师等地医学发展起着一定作用。

除了带徒亲授,医家还会间接介入医学职业教育,其主要途径有五。一是汇辑医案。早在汉代,就有名医淳于意将治疗25例比较特殊病例的辨证、立法、处方用药的连续记录汇集一起,称《诊籍》。此后,医家都有将自己所治疗的病案记录整理为医案者(见图3-1)。这些宝贵的一手材料,经过爬梳、深研,会给后来者提供不少启示。徽州医家对此也很重视。明代祁门名医汪机,一生诊治病人无数,其习医弟子随侍身旁,记下了大量的临床治验医案。其中一位弟子陈桷,后来将其汇编成册,名为《石山医案》,成了后世研究汪机医学思想的基础性资料。

二是搜集民间验方。早在东晋末年,山东泰安人羊欣出任新安郡守,前后在任13年。他"素好黄老","兼善医术,撰《药方》十卷"[1]。日人抄本《经方小品》称其著作"是元嘉中于新安郡所集,皆是江东得效者,于世仍可即用"[2]。倘若此说可靠,则当时徽州不仅行医者众,且多有书面方剂、心得存世。类似于羊欣这样在民间收集并揣摩、实践者也非少数。清代休宁竹林人汪汲,搜罗了临床各科150条疑难怪证的验方,汇为《汇集经验方》,选方简易,药物平常,适用民间选用。

---

[1] 沈约.宋书:列传第二十二[M].北京:中华书局,1974:1662.
[2] 李济仁.新安名医考[M].合肥:安徽科学技术出版社,1990:7.

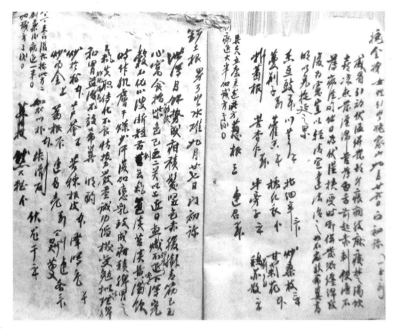

图 3-1 徽州民间医家医案

三是整理古代医籍。宋代太医院编的《圣济总录》,总共二百卷,卷帙繁多,印刷不便,流传不广,到明朝时就较为罕见。明末定居休宁的歙县人程林在淮阴见到手抄本,便花了一年时间进行整理,精选验证药方,编成《圣济总录纂要》26 卷,篇幅大量缩减,便于医者查阅利用。清初休宁人汪昂的《本草备要》也是采集诸家本草文献资料后简辑而成,但为了方便读者辨识各类中草药,附图达 400 余幅。该书流传甚广,与其体例精当颇有关系。

四是注释医籍。很多先代经典医著,因内容简要,叙述语言具有时代特征,且历代流传过程中也多有舛误,因此,后世不少著名医家都曾为之注释。东汉末年张仲景凝聚毕生心血写就的《伤寒杂病论》,原书失散后,王叔和收集、整理、校勘,复原了其中《伤寒论》部分。由于该医著宋代以后被视为经典医籍,影响很大,为之作注者也多。清代徽州休宁人王廷相就曾历时十年为其作注。同县人汪时泰著有《伤寒经晰疑正误》12 卷,详细考订了历代诸家对《伤寒论》条文的辨疑正误。

五是自著医籍。相比于语言对信息的传递,文字作为载体意义表达更精准,且借助纸本媒介,无论印刷扩散还是历世保存,原作者的思想都会有更大的可能得到后世继承。因此,无论师传还是家传,医家自著医籍都很常见。清代休宁人何鼎亨,素精幼科,又让两子随同学医,日夕室讲教诲。不料长子早逝,何鼎亨担心所传不广,殚精研思,著成《活法启微》3卷,半个世纪后由其次子何雍源筹资刊印面世。明代祁门人陈嘉谟对本草学悉心研究,他认为:"不读本草,无以发《素》《难》治病之玄机,是故本草也者,方药之根柢,医学之指南也。"①鉴于历代本草学诸书多未得其宜,如《大观本草》意重寡要,《本草集要》词简不赅,《本草会编》内容驳杂,互相矛盾。遂以诸书为底本,互相参补,别其异同,结合教授门徒之讲稿,由弟子叶裴、鲍倚等协助,耗时六载,五易其稿,编成《本草蒙筌》12卷,为初涉医林者提供了一部质量上乘的本草入门书。妇科虽然重要,但涉及人体私密,很多医家不愿留下更多文字,因此该科专著不多。清代休宁人汪嘉谟博访群书,精择方论,间附己意,纂成《胎产辑萃》4卷,流传后世。不少徽州医家早年攻儒,文学修养很好,在撰著医籍时,不仅注重其科学性,甚至为便于流传和普及医学知识,也在通俗性上多有考虑。清初休宁人汪昂的《汤头歌诀》就很典型,他选用常用方剂三百余种,编成七言歌诀二百首,文字平易,也朗朗上口,是初习者常用的入门教材。

二、徽州术士的职业教育

在人类认识自然能力极为低下的时代,出于对自然的敬畏而生发出诸多禁忌。商周时期,出现了职业术士,上自朝堂下至民间,发挥着巨大作用。甚至在隋唐之际,太医署还专门设置咒禁博士,在咒禁师、咒禁工协助下教授咒禁生,传授以咒禁祓除恶、厉、凶、绝诸邪魅的技能。在徽州民间,同样有着根深蒂固的鬼神信仰。远古时期,生活在这里的越人"信巫觋,重淫祠"。其后,虽中原汉人大批入迁,对越人风俗进行改造,但鬼神崇拜的习惯仍存:"风水之说,徽人尤重之,其平时构争结讼,强半为此。"②歙县"不惮卜兆,厚亲是存。闰岁驱疫疠而赛社,三月泛舟以招魂。"③祁门有"水碓隘河身,磁土伤龙骨"④之说;婺源"铁矿产于浇岭……凡入穴,必祈祷于神,不幸而覆压者有之。"⑤绩溪"丧服,依古用疏麻。惟俗甚惑风水"⑥。因而在徽州民间,也长期存在着一批以堪舆、算命、画符、卖狗皮膏药等为业的江湖术士,正如明末清初学者许楚在《拟〈徽州府志〉小

---

① [明]陈嘉谟.本草蒙筌.
② [清]赵吉士.寄园寄所寄:卷十一.康熙本.
③ [清]洪玉图.歙问.昭代丛书本.
④ [清]周溶,汪韵珊.祁门县志:卷五风俗.同治十二年刊本.
⑤ [明]彭泽,汪舜民.(弘治)徽州府志:食货二.
⑥ 绩溪县教育志编委会.绩溪县教育志[M].北京:方志出版社,2005:365.

序》中所言:徽州"民生其间,势必轻去其乡,以贾代耕,所由来也。即士之上者,亦未免出走而耕砚,次耕术,又次耕技"。因为"夫砚与术、技,皆田也"①。直至民国,歙县南乡的职业分类中,"地理类"仍与作山、木匠、竹匠、针匠、铁匠、铜匠、锡匠、画匠、医生等并列,是较重要的一种。由于其与农、商、儒、艺等传统主流行业存在较大差异,又长期处于隐秘的状态,"支离妄诞,非儒者所屑谈"②,其职业技能的传承难以为常人所知晓。

江湖术士内部有着细密的分工,堪舆、星命、当相与儒、医、僧、道并称。"当相者"又分巾、皮、李、瓜、风、火、区、遥八门,合称"八大相"。巾行号称有"三十六巾",如批账算命、六壬课、王文卦、测字、隔夜算命、用尺子量手算命、用绳子量手算命、衔鸟算命、敲铁板打铁盘算命、弹弦子算命、拉琴算命、抽牌算命、租房或住庙里相面、不开口相面、立于墙边门外相面、用副使走乡相面、用活络句和借用字相面、在地上测字、在台桌上测字、走茶馆走街测字、写蛤蜊测字、板上墨蓝画测字、走乡游人家测字等。皮行号称有"七十二皮",如台上设药瓶治病、台设药瓶用锉锉药卖、地上铺药瓶卖药、手摇虎撑用长布招牌背于身上走街卖药、先以铁锤自打后卖药、用力自割臂后卖膏药、卖象皮夹纸膏、不取钞以香换膏药、执招牌走街带治病卖药、摆草药摊、卖吊虫丸、卖吊虫不挂虫、卖参三七、散药入水成丸卖、卖黄色起榜头浸酒治病、卖眼药、卖假龙骨、卖眼打弹子、治毒疮卖春药、卖药糖、敲锣卖药糖、锉药入糖当面煎熬、预做药糖成长段临锯片卖、卖空松药糖、先做戏法而后卖药等。江湖术士的行当之细,一则在职业设计时,都力求与他人有别,以拥有"专门家""独尊"的社会地位;二因精力有限,故专攻一术,以求达到精深的极致状态;三则与其职业的家庭内部传承制度有关。

徽州江湖术士的职业入门大致有三种情形。首先是从师。如明朝休宁人汪龙,致盲后从道人学卜筮术,"奇中,倾动中朝四方,远近至者,日无虚刻……日数卜,卜得数百钱……久之,积钱帛数千。"③明代歙县丛睦坊人汪恩因"得青乌秘书于张宗道,遂精其术,自葬其先俱获吉壤",结果引得李德贞、赖文俊、董德彰诸人均自江右来歙,"相度其营葬处留题作识"④。而同治《祁门县志·方技》记载,明朝洪武年间,仅祁门一地从青阳张宗道学青乌术并入传的就有郑英才、汪仕周、陈伯齐等三人。

---

① 王振忠.徽州社会文化史探微[M].上海:上海社会科学院出版社,2003:76.
② [民国]吴克俊.黟县四志:卷七.
③ [清]何应松.(道光)休宁县志·人物·方技.
④ [民国]许承尧.歙县志·人物志·方技.

其次是自学,尤以习儒者为常见。其中,既有著名的学者,如宋代婺源人程显道,乃业儒世家,少从休宁黄氏学,"经史子传通贯无隐,阴阳医卜亦靡不究"①。元代婺源人胡炳文"既长,笃志朱子之学,上溯伊洛,凡诸子百氏,阴阳医卜、星历术数,靡不推究。四方学者云集"②。同样,也有不少以儒为业的底层人士如设帐授读的塾师。明代歙县小溪人项化中,中秀才后,授徒为业,"尝习堪舆、日者术,凡青囊、日者诸书,靡不悉究。"甚至"日跋涉山水","生平攻本业者什二,谈日者、青囊什八"③。此类情形直至清末民初在徽州依然极为普遍,如胡适之母冯顺弟的真假两份婚配八字分别是中屯的塾师和上庄塾师胡月吉所批。

三是家传。术士是一种比较理想的职业,不仅有较高社会地位(百姓往往以"先生"或"先"尊称),且经济收入不低。清朝黟县人汪毓金"素善命卜,设肆通衢";何兴德"精星命地理之学,设肆黟城,其门如市"④。歙县东乡梅墅人黄天与,精于星舆医卜,曾经出游淮南,"舟舣维阳,维阳人争趋伯子所,就活其生","发家数千金"。⑤ 明代歙县柘林人方泰福,"精阴阳星术",游历浙江,"尝捐资重建会稽东浦桥"⑥。部分术士在获得当地社会承认的职业"资格"及由此带来一定利益回报后,就试图将这样的职业优势一代代保持下去,从而改善整个家族的生活状况。因此,该职业的传承也具有相当浓厚的家族链特征。休宁富溪程氏15世程仲"学精地理,求者纷然";17世程翼祀"精风鑑,著有《白衣相法》五卷,闽坊购刻行世";22世程国学"少治举业,后习堪舆,老受冠带儒士"⑦。民国《歙县志·方技》记载精通"日者"(选择吉日):"田宏政,郡城人,精选择之术,子孔步能继其学,传至曾玄。"拙藏歙县烟村渡谢敏功"玉树轩"的便笺上就印有"谨白":"新安歙西田干老竹园真老长房谢芝生,男圣言、孙辉运、曾孙步青、元孙景三、来孙敏功、昆孙禹九、仍孙衡度,世传日期精选。""本轩自祖秘传选吉,由田干分寓水南烟村渡,历年已久,于辛卯年为歙邑张县尊详选吉期,蒙赠'星学心传'金字匾额。赐教者认明为记。"民国《歙县志》也评价其能"世守其业"。

---

① 程瞳.新安学系录[M].合肥:黄山书社,2006:239.
② 程瞳.新安学系录[M].合肥:黄山书社,2006:231.
③ 方承训.复初集:卷三十三.
④ 吴克俊.(民国)黟县四志:卷七.
⑤ 王振忠.徽州社会文化史探微[M].上海:上海社会科学院出版社,2003:82.
⑥ 戴廷明,程尚宽.新安名族志[M].合肥:黄山书社,2004:115.
⑦ 程瞳.新安学系录[M].合肥:黄山书社,2006:339,336.

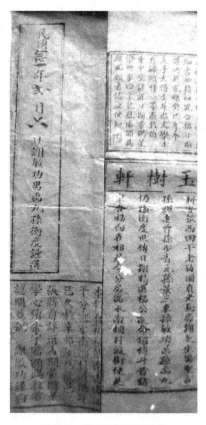

图 3-2　歙县玉树轩用笺

江湖术士在职业技能的传承上，著作依然是重要的方式。据民国《歙县志》方技类人物记载，仅明代歙县精通堪舆并留有著述者，就有叶致远的《堪舆正论》、鲍清峙的《地理举隅》、江鼎的《一粒粟》、程梦香的《尺牍》、方智的《堪舆浅注》。除了这类专业的著作，也还有个别从业者留下如《江湖备用切口摘要语》《建典日用叨口》《江湖一点血》等入门类写本，既为日常自用，亦备流传子孙，方便后世执业参考。

江湖术士有一套自成体系的语言系统，即隐语。隐语也称切口、春点、行话、市语、方语，是民间社会各种集团或群休出于各自文化习俗与交际需要而创制的一些以遁辞隐义、谲譬指事为特征的特殊的语言讯号。江湖术士为保守职业秘密，营造一种神秘氛围，使用隐语极为普遍。从隐语结构看，构词形式主要有四种。一是语音构词，即利用汉语语音特点和语音材料，通过反切、谐音等特殊的语音手段，使民族共同语的语音形式扭曲变形而构成隐语。如看相称番霜，赌钱称堵子，枕头称沈头等。二是文字构词，即利用汉字结构特点，运用拆字或改字手段的构词方法。拆字如背称为北月,鼻称为自田,江河称为工可;改字如船称为般,龙称为尤,马褂称为焉欠。三是修辞构词,即运用修辞手法来创造新词。比喻式构词如烟筒称为燻筒子,女性的口称为樱桃,夫妻称为盖底;借代式构词如车称为轮子,读书人称为笔管生;婉曲式构词如灯称为亮子,乳称为求子;夸张式构词如面称为千条子,塔称为钻天子,穷极称为水天水地;比拟式构词如父称为日宫,洋钱称为月老;摹绘式构词如鼠称为穿梁子,雪称为飘白;释义式构词如帽称为顶上,炮称为轰天;引用式构词如天称为上浮,洞称为桃源,水称为龙宫。四是句法构词,即运用造句法的方式构成隐语新词。谓宾式如在船上挖缺称为探底子,走乡游人家测字算命称为闯窑口;偏正式如状元称为上甲子,府官称为中瓜子;并列式如傀儡、舞狮、木扒戏、地吼戏等称为银子蓬,妓女称为九七。对比我国其他地区发现的历代隐语资料,徽州术士使用的隐语在结构上并无十分特殊之处,很多构词在手法上都基本一致。这表明:由于汉语共同语在全国长期处于主导地位,使各地区、各阶层人士,在创造和使用本地区或本行业通用的隐语系统时,都无法摆脱其巨大影响。

  尽管堪舆、算命之类在徽州民间有着巨大而持久的社会需求,但在有着深厚儒家文化氛围的这里,孔子不语"怪力乱神"的示范依然产生深远影响,以至不少徽州强宗巨族在这类事务面前表现出令人难以理解的两面性:一方面对于祭祀神灵、先祖充满着高昂的激情,另一方面对于其执业者又常予贬低。清朝光绪年间绩溪县南关许氏宗族懋叙堂的家训要求子孙"务正业",言明"正业止有士农工商四条路"。至于地理之类,认为虽非邪术,因"恐学之不精,误人不少",力主"切不可图其事之安逸而轻学以害人",甚至说"受人饮食财物而反害人,不如乞丐"①。言辞颇有过激之感。

第二节 以技能操作为基础的职业教育活动

  相比于师、医、巫、卜诸行,基本靠体力与手工操作技能为基础的手工百业,不仅于民生更为需要,且从业队伍也更为庞大。由于该群体的整体文化素养偏低,技能训练难度较师、医等要低,因此,其职业教育方式、过程相对简单,留存

---

① 卞利.明清徽州族规家法选编[M].合肥:黄山书社,2014:38.

资料也同样稀少。

一、徽州百工及其职前的通识教育

徽州民间百工之多,是随着生产与生活需要的不断扩大,以及商品经济的发展而逐渐扩充的。到了清代,主要工种就有屋匠(木匠)、瓦匠、砖匠、石匠、茧匠(棉花匠)、攀机匠、染匠、裁缝、赶毡匠、郁结匠、销银匠、钉秤、漆匠、车匠、竹匠、箍桶匠、榨匠、伞匠、笔匠、揸纸匠、棕匠、皮匠、水碓匠、雕匠等,小众一些的还有鑯鸡(线鸡,即阉鸡)、劁猪(劀猪,阉割猪的睾丸或卵巢)、犝牛(即阉牛)、补锅、磨镜、鞔鼓(蒙鼓面)、穿灯、结网、剃头等。这些在徽州私塾一些自编识字教材中也常有所见,如《益幼杂字》中的"工类"列有以下诸业:

装金塑像鞔鼓　铸钟洗玉琢砚　扎笔印书造纸　制墨销银销皮　捍毡褾褙刻字　舣船撑船破磨　箍桶摩镜织机　钉戥钉秤钉碗　补锅劈篾辫篶　杀猪劁猪打猎　结网捕鱼背纤　抬轿挑箩做伞　琢针埠头断头　斛手媒婆稳婆　伴婆卖婆银匠　铜匠铁匠锡匠　瓦匠木匠弓匠　箭匠石匠皮匠　漆匠车匠鐰匠　雕匠染匠机匠　刷染裁缝长工　货郎剃头修脚①

撮诸徽州民间事实,《杂字》所列百工的确涉及徽州民众日常生活和农业、养殖等生产的器具制作、加工、服务等领域。

徽州民间教育具有明确的目的性。即便尚在孩童年幼之时,也会进行一些早期的粗浅职前教育。如《益幼杂字》在"裁缝类"后编辑的生字是"裁衣经布刮浆、喷水摺裥插摆、缉边贴边改造、修旧缝绽划补、熨斗烙铁皮指、针箍引线裁尺"②。清咸丰五年(1855年)歙县舟滩(今金滩)汪文瑶肄业所用《杂字略编》中罗列的百工及作业事项更为齐备。如:

石工支事:开石宕做门岩　凿石柱做门限　阶级阶檐　石磉橐底　明堂墙脚　石板横牌　凿磨砻剔磨槽　做碾砣打石塔　作碓坝砌埠头　卷桥洞铺桥面　砌栏杆作坑堨　结水堰堨石路　剜埔白井栏

---

①② 佚名.益幼杂字.抄本,残,拙藏.

穿竖牌楼　刻石碑砌坝首做坟门

铁匠支工：锄头　两股锄　草刨　斧头　镰刀　弯刀　剪刀　刮刀　剔刀　火锹　火钳　锥子　毛钉　铁尺　秤钩

木匠工件：雕梁　画墨　破木　起工　架枋　桁条　脊柱　照壁　楣栅　桌凳　机凳　浴盆　碗架　斗桶　风车　稻斛　包厢

锡匠行当：茶壶　酒鳖　锡钟　香炉　花瓶　烛台　锡瓮　烟盒　粉盒

竹匠工干：斫竹　破篾　菜篮　灰篮　蒟篓　畚箕　簸米　焙兜　粪箕

砖匠事体：竖屋　盖瓦　砌墙　雕凿　画花　袱驮　鳌鱼　批灰　上墁①

此类杂字所收，一类是百工制作的器具（如锡匠的茶壶、酒鳖、锡钟，铁匠的锄头、两股锄、草刨、斧头、镰刀，竹匠的菜篮、蒟篓、畚箕、簸米、焙兜），另一类是百工主要的活计或工序（如石工的开石宕、做门岩、凿磨砻、作碓坝、卷桥洞，砖匠的盖瓦、砌墙、批灰、上墁，木匠的雕梁、画墨、破木、架枋，竹匠的斫竹、破篾）。若单纯从编辑识字教材的科学性来说，所列生字未必非常合适，笔画既多又杂，识记难度大，日常使用率也不高，其中还夹杂为数不少的俗体字甚至生造字。但较多的杂字都有相似的选辑，除了相互借鉴、前后因袭外，最重要的原因还是要在有限的正规教育年限中，结合识字进行职业启蒙。为了实用性而放弃科学性与准确性，应该是在近代教育科学理论与知识尚未传入我国的历史大背景中，比较自然的一种选择。

与识字同时渗透的还有职业道德教育。首先是职业选择上的警示。素重宗法制度的徽州社会，对于民众选择传统而正当职业的要求在族规与家训中比比皆是。民国初年歙县吴越钱氏的宗族家训八则中，第六则就是"严术业"即"人生无恒产者，必有恒业。所谓恒业，耕读其上也。读书而不达，则退而教授乡里，以收笔墨之获。教授之外，或习医方，以享仁术之利。其次也，若不能读，又不能耕，则于百工技艺之间，必择一业以自处，甚而至于力作营工以自活。勤作虽劳，获利虽菲，能精而专之，即恒业矣，而其心亦不失为恒心也"②。因此，识字课本《日平常》云："或经营，或手艺，作买作卖寻生理，道路各别养家同，第一

---

① 佚名.杂字略编.抄本，残，拙藏.
② 卞利.明清徽州族规家法选编[M].合肥：黄山书社，2014：42.

耕读为上计。"①但事实上,无论何种社会形态与阶段,都存在少数为私利而藐视法制公德的行为,甚至有人将其作为一种职业。徽州民间《备用六言杂字》抄本就历数若干违法的地下职业:"贼盗偷窃拐略,抢掳强劫扣棍。撬门拱锁挖阙,猜枚掷骰行令。耍叉舞棍挥枪,拳打脚踢毙命。"此类偷盗、抢劫、赌博、习武行径,不仅违反朝廷法度,更败坏乡里秩序,徽州民众素以严明的宗法秩序而自豪,历来不容此类。因此,《杂字》作者以依法处置的程序指出其严重后果:"告到官府相验,尸首臭烂难闻。商量计策逃走,躲缩拘拿罪人。充军问徒绞斩,连累爹娘右邻。拖妻弃子号哭,再悔当初不应。"同时警告少数可能漏网之徒:"此等无良之辈,便见天地难容。不是本人现报,必定祸延子孙。"②对于醉生梦死、贪图享受者,也直言相斥:"游手好闲,不务生理。如此之人,禽兽何异?"③劝诫与恐吓结合,既入情也入理,自然对心智尚未健全的年幼孩童有一定的触动。

其次是专务本业的告诫。徽州虽为山区,但在明清商业大潮下,职业选择余地还是较多。总体而言,多数的"山僻庄居"中,"农夫多,樵子多。若梢为俊异,又为服贾他乡者多,工艺亦间有之,而惟诗书之士不多觏。"即便如此,徽州宗族对族众职业发展的要求是"专务本业"。清宣统歙县义成朱氏祖训指出:"心专者自入巧,艺多者断不精。""俗语曰:行行出状元。言乎居业者造其极,即莫与争能也。使浮慕于其外,谓此业不足为,辄见异而思迁,恐迁之又不足为,是谓'不安分'。使浅尝于其中,谓此业不能为,每偶涉而即止。既止矣,更何能为?是谓'不成器'。人而不安分、不成器,尚得谓为人乎哉?"④民国初年祁门县河间凌氏家训中也有类似"精技艺"的要求:"凡人之艺,一则精,二则杂,三则废。故曰:'智多则愚,技多则拙。'必然之理也。……工于艺者,必精致坚固为上。日计不足,岁计有余,虽佣工之人犹然,况自佣工而上者乎?自今工艺不止一途,但当各守己业,终身不变,庶几为治生之长策矣。无常业者,罚之。"⑤杂字也有颇多与此相一致的内容。《启蒙八言杂字》认为:"九流医为魁首,三教儒者为尊。士农工商技艺,各务本业专精。士当爱民护国,农务及时宜勤。百工手段精巧,商贾需要精心。"⑥《新镌八言杂字》主张:"人系三寸立身,事乃人之所

---

① 戴元枝.明清徽州杂字研究[M].上海:上海教育出版社,2017:215.
②③ 佚名.备用六言杂字.抄本,拙藏.
④ 卞利.明清徽州族规家法选编[M].合肥:黄山书社,2014:82.
⑤ 卞利.明清徽州族规家法选编[M].合肥:黄山书社,2014:48.
⑥ 戴元枝.明清徽州杂字研究[M].上海:上海教育出版社,2017:186.

行。万物惟人为贵,须知自重莫轻。士者悬梁刺股,农者勤力耕耘。工者专精巧作,商者划算劳心。人生惟此四业,总是为利求名。""耕读虽然为大,百艺亦可营生。生意不拘大小,须当日进分文。若是闲游自在,岂不坐食山崩。"①《日平常》则云:"手艺多,难兼备,学者专心须立志,百艺不如一艺精,自古贪多嚼不细。一艺至,终身计,不可二三以自弃,语云薄艺胜良田,懒惰游闲何可济?"②此外,"处事谋生之道,莫嫌事务烦心""量大终须发达,器小必定无能""得退步时退步,得饶人处饶人"之类有关静心、雅量、宽容的内容也在杂字类教材中偶有所见。其目的都是希望这些"圣贤道德蕴奥,经书义理深渊",能够通过塾师早期的启蒙,实现"达者由乎心悟,智则可以相传"之效。

二、传统师徒制的职业教育活动

与师、医技艺习得途径相对多元不同的是,百工技艺的传承基本脱离不了传统师徒制的轨道。黟县有"不经匠,不像样"的民谚,意思是未经拜师学艺的工匠,手艺多不正统,劳作多难称成功。黟县"学匠三年,抵不到匠家子孙"的说法,更是认为家传手工技术相对更好。这与《礼记·学记》中"良冶之子,必学为裘;良弓之子,必学为箕"的道理颇为接近,正如孔颖达疏:"积世善冶之家,其子弟见其父兄世业陶铸金铁,使之柔合以补治破器,皆令全好,故此子弟仍能学为袍裘,补续兽皮,片片相合,以至完全也……善为弓之家,使干角挠屈调和成其弓,故其子弟亦睹其父兄世业,仍学取柳和软挠之成箕。"相比之下,匠人子弟由于耳濡目染,往往能更早入门。

一般而言,兄弟较多之家,在读书无望、经商无路、田地有限的情形下,多有遣送子弟学艺之举。习艺项目的选择则各有打算。镦鸡、劐猪之类虽然体力要求不高,人很清闲,但社会需求有限;杀猪多在过年之前,平常极为少见。这类行当只适宜于农闲时作为主业的补充。漆匠、织布匠、成衣匠体力消耗不大,晴天不晒,下雨不淋,但业务量也不多,需考虑家居附近已有匠人的数量。木匠、砖匠、竹匠、铁匠、石匠制作的器具既多也大,需工较多,但对身体素质要求很高,还需吃苦耐劳。在父母做主并征得子弟同意后,家长通常就得暗自物色师傅。最受欢迎的是那种手艺、脾气、口碑都出众的师傅,不仅活儿接得到,技艺

---

① 戴元枝.明清徽州杂字研究[M].上海:上海教育出版社,2017:194.
② 戴元枝.明清徽州杂字研究[M].上海:上海教育出版社,2017:216.

也学得好。通常为日后能得到师傅尽心调教考虑，尤以与师傅有某种亲缘等关系为佳。之后再托人介绍，如果得到师傅应允，则正式择定日子拜师。徽州民间素重凭据，此类涉及子弟终身的大事自然也需要三头六面谈妥并形诸笔墨。如较为常见的《投师文书式》：

> 立投师文书人主盟某某，今因年岁荒歉，家计艰难，毫无生色，凭中言定，自愿将男某某年方几岁，拜到某师名下，习学某匠营生，听凭为师教训。三面言定，议定三年为满，贴补大钱若干，须做三年，两无出入。不可背师逃走，甘罚银洋几元以作饭米之资；兼有师傅不肯竭力教训，照例倍罚，以作东道之资。两无异言。此系各各情愿，并无威逼。倘遇天灾时气，各安天命。恐口无凭，立此投师文书存照。①

此类契约对于学徒习艺期间的双方有关重要事项均作出规定。首先是生命安全。在石匠、砖匠、木匠等生产活动中，均存在山岩塌方、高空坠落、重物挤压等威胁生命的险情，尽管师傅、东家会尽力防范，但难保万一。文书中"各安天命"的约定，就将徒弟的生命权完全交给了自己，倘若遭遇不幸，只能怪罪"天灾"或"时气"不济。其次是习艺年限。通常，砖、木、石、竹、油漆等行业都是3年，个别地区或行业会较长，如绩溪县学裁缝需要5年。再次是待遇。拜师之后，徒弟随师傅上工，东家供饭；不上工，师傅供食。第一年无报酬，第二年不定期由师傅给零用钱，过年师傅给压岁钱（此即文书中"贴补大钱若干"之义）。最后是双方义务。徒弟需"听凭为师教训"，即便劳作极为辛苦或遭受处罚，也"不可背师逃走"，否则徒弟家要"罚银洋几元"补偿师傅"以作饭米之资"；同样，如果师傅对徒弟听之任之，"不肯竭力教训"，也得"照例倍罚，以作东道之资"。只是徒弟"背师逃走"容易认定，而师傅"不肯竭力教训"很难举证，最多是徒弟亲属在背后发发牢骚而已。学徒期满，由学徒摆酒谢师。此后，如随师傅做工，俗称伙计，可拿全工价。如果徒弟独自行业，师傅则赠以主要工具。

徽州百工的传统师徒制具有三大特点。一是师承关系具有固定性，即一旦进入师门，便不可随意中断，更不可主动背离师傅另换门庭。倘若出现身体不适等意外情形，方可中止师徒关系。如果还想习艺，必须另选手艺，否则不会有师傅接纳。二是师承关系具有永久性，即徒弟对师傅敬重的礼节需用一辈

---

① 王振忠.徽州民间珍稀文献集成：第28册[M].上海：复旦大学出版社，2018：167.

子的时光来回报。从拜师之年开始,一年端午、中秋、春节三节徒弟必须送师傅节礼,直至师傅、师娘过世。师傅家有婚丧嫁娶的人生大事,或有起屋建舍等大型劳作,徒弟应该主动义务助工。师傅承接的事务繁忙,徒弟宜应招即到,当然工资不会短欠,其或师徒也会签订《匠雇徒弟》之类的合约:"立雇约人某某,今雇到某人替身在外做作某业,一年议定工钱若干。其钱按月交付。如抽拔工夫,照数扣除。立此一纸为用。"①徒弟结婚或有其他喜事,须请师傅出席,并在座次安排上坐头桌首席(俗称"上位头")。三是师承关系具有尊卑性。传统社会有"一日为师,终身为父"的说法,反映在百工的师承关系依然成立。无论师徒,终其一生,其相应的尊卑身份改变不了。学徒三年,徒弟不仅出工比师傅早、收工比师傅迟,用餐还得比师傅吃得快,菜品也品尝得少。除了与手艺有关的劳作不能少,还得帮忙师傅处理家务或承担沏茶、备烟、烧水、倒夜壶等个人事务。即便出师另立门户后,在师傅面前也必须毕恭毕敬,小心奉陪。

三、借助文献传承的职业教育活动

在我国古代,很早就有专门记载某一门类技术的典籍,如宋朝李诫的《营造法式》,不仅是当时该门类专业技术的规范,也是技能传承的重要文献。但是,对于徽州绝大多数日用百工来说,他们的产品只是为了满足百姓日常生活与生产的基本功能,其服务方式也以上门加工为主,用户对于产品质量要求并不高。这样的低水平与个性化的需求,对工匠的职业技能要求也就不会高。因此,当传统的师傅口授身传模式大体能够保证技艺的传承时,以识字为基础、以相关科学技术原理为支撑的职业教育就显得意义不大。当然,当加工项目的单体较为庞大,或产品要求极为精致与复杂,或产品需要在更为广阔的市场上由顾客自由选择时,对技能的水准要求就会提高很多。此时,借助文献传播、传承的职业教育方式就显得很有价值。

在近代以前的徽州,需要工匠借助文字、图形等完成技能传授的,一类是大型项目,如造房、建桥、修塔等,以木匠、石匠、砖匠为多。

就木匠而言,一般木匠师傅使用的重要技能传授依据是鲁班尺。即在最常见的曲尺上,除了传统的寸,又融入了风水文化的丁兰尺等标尺,既能度量、矫

---

① 王振忠.徽州民间珍稀文献集成:第28册[M].上海:复旦大学出版社,2018:138.

正构件的高低、宽窄、长短与角度,也从相应的刻度中满足求吉、避凶的心理。徒弟若能使用自如,也就意味着基本掌握了该技能。但若建房,则要慎重得多。无论是"单推刨""双推刨""照后房""三间箍桶""半边俏""独间厅""通转屋"等多种比较简易的徽州普通民居,还是开间三五间、进深有三四个天井规模的更为宏大的祠堂、庙宇、官衙,木匠大师傅都会借助一种专用工具——丈杆来设计,并指导伙计、徒弟加工。在大木划线前,先将整个建筑的面宽、进深、柱高等标注在木制长板条上,这就是丈杆。将各构件尺寸也标在另外的长木条上,就是分丈杆。复杂的丈杆上会标注出许多刻度,如面阔、进深、柱高、出檐、榫卯位置等关键数据,准确而细致。这就相当于现在的设计图。伙计与徒弟再以丈杆为依据,按尺寸在木料上放线,再加工即可。由于各木构件都根据一个模数,即柱高或斗口来进行加工,只要模数一定,其它构件的尺寸也就定了。这套本领木匠是需要多年历练才能熟练掌握并灵活应用的。此外,上梁等仪式上的师傅口诵赞语也通常借助文字记录与传播,这在徽州民间实用抄本中多有所见。如:

> 一把利市满天开,拜请鲁班下凡来。东家拣选吉庚日,起造万载大楼台。今年造起尚书府,明年造起状元坊。四面八方都造起,东家贤名天下扬!梁啊梁,你生在何方!生在四川峨眉山上。鲁班先师到此一看,树杪金丝盖顶,树柢九龙盘根,此树正好作梁。派了廿四位徒弟,金斧砍,银锯拉。梁头倒在五湖四海,梁尾搭在十里长江。龙王看见,少了三分潮水,急急忙忙,摇摇摆摆运梁来到作坊。鲁班先师东头吊一线,长命富贵。西头吊一线,子孙满堂。鲁班师拿了金玉丈杆,东头量到西头,不长不短;西头量到东头,不短不长。鲁班师大显身手,锛锛成对,斧斧成双,精雕慢刻,粗刨细光。左边雕了龙头凤尾,右边刻了狮子剔牙;龙头凤尾出宰相,狮子剔牙掌朝纲。……①

造石桥的大师傅是石匠。徽州明清两朝修建的大石桥很多,无论是屯溪的镇海桥还是歙县的太平桥,都是由不同的石匠班子分包承建的。在其承建过程中,也会形成一些文字与图式等资料。尽管其最初的目的还是作为项目进展与事后评估的依据,但无论其过程还是其后的流传,也会附带产生职业技能传承

---

① 歙县文化局编纂委员会.歙县民间艺术[M].合肥:安徽人民出版社,2006:141-142.

的效果。如现存于民间的屯溪镇海桥的维修示意图上,就标示出洞宽、券高等基础数据。祁门历口的利济桥在清朝光绪五年(1879年)重修,局董汪光森留下的《局董日记》中记载,该桥由旌德鲍宏告、王双喜,太平薛社贵、叶功大,婺源鲍锦云、鲍蹙华,祁门程顺全、陈树林等四班作四股分包承建。各类石材规格明晰:洞石二面放阳,装讹平正,以二尺阔起数,一寸两锥;洞石接缝背上以五分至一寸为率;不子鞋尖布袋口石,装讹平正,以一尺七寸起数,一寸两锥;桥面石、礅石,一寸三锥①。双方协议中的这些规定,尽管按现代工程的要求而言是极为简陋的,但对一贯缺少以数字为逻辑起点的我国传统技艺传承来说,还是颇有价值的。

相对来说,造塔比建房、造桥难度都大许多,因为在缺乏近代起重设备的条件下,高空建筑的物料提升都需要很高的专业支持。岩寺文几塔兴建于明朝,塔顶的覆盆、鼓墩、仰盆等构件均重逾万斤,承担塔顶兴建职责的吴慎斋,亲往金陵迎请塔工陈泰、陈功并弟某三人来岩寺相助。塔工的方法是"用杉木数千章,周塔身为井字架,高二百五十尺,几出云霄之上。上立天车,横施天秤,以巨木为衡,络石廿四杠为权,诸器逐次称举而上,不觉艰巨。"而此法乃因"有祖授支架上顶图本"②。可见,高超的家(族)传技艺传承通常都有"秘籍"为媒介。该塔到清道光初年维修时,也是"上至塔顶下至塔地内外一切重新",以总计二万工、每工工食共计制钱210文的额度承包给苏州吴县塔师徐廷宣的,要求是"自修之后保固三十年,如在三十年以内有大损坏系廷宣自备资斧带人到徽修理,风雨小伤不在此例"③。徐廷宣是香山人,此地自古出建筑工匠,擅长复杂精细的中国传统建筑技术,人称"香山帮匠人"。其班组共47人,含徐万通等木作10人、张定丛等水作29人、王士龙等铁匠3人,甚至连医生兼司佃作、买办兼司出入账目、司府、司杂事、打杂等人员都由他在苏州组班。徽人程廷扬在督工过程中形成的《重修水口文几塔纪略》,也保存了很多核心技艺。如"地轮"的安装:

> 地轮一具,中心柱高九尺,对心五尺,周围用杉木细柱十二根,上下两头用杂木装成,如绞丝车式。嗣后盘运重料,恐有失事,外加细柱十二根,较之内柱每头长一尺,逐根以钉订之。其中心柱两头以铁心、

---

① 康健.晚清徽州乡村社会的公共工程建设[J].徽学(第十二辑),2019:97,98.
② [清]佘华瑞.岩镇志草·利集·吴慎斋义士造塔顶纪略.
③ [清]程廷扬.重修水口文几塔纪略.清道光抄本.

铁箍并寿山福海等件全副。地轮棚中心地下安茶园方石一块,中坐福海一块,再将地轮安于棚之中心福海石上,使地轮车动活泼。①

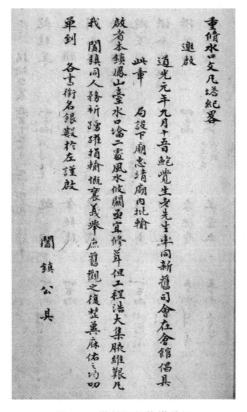

图3-3 徽州民间修塔笔记

再如塔身四周立柱的"冲接"之法:"两柱齐竖,冲接柱者冲接柱系塔身,箍者系塔身,箍接一根即系一根栏木,冲接柱木上用四人互相照应,以一人上树杪,手脚箍住树身,腰间系一麻索,名曰保命索。以索带住树身,俟冲接之木系好,再松腰间之索。下用八人或七人捺索运料,自下至上,皆如此法。……东边接有两根即从西边竖立,西边接有三根又从东边冲接,如此两边互相冲接系好。"②程廷扬所记(包括吴慎斋家谱、佘华瑞《岩镇志草》所载),虽非专为匠人传承着想,但对保存技艺、方便后世重修等还是颇有价值的。

另一类是产品需要靠市场竞争的行业,如徽州的墨业与茶业。

①② [清]程廷扬.重修水口文几塔纪略.清道光抄本.

明清两朝,徽州墨业发达。由于其产品具有市场广阔但单个使用者用量不多的特点,因此,必须借助庞大的市场方能保持常态化生产。为在同业间的激烈竞争中获得市场优势,产品质量、组织管理、营销手段成为重要因素。明朝末年,方于鲁的《方氏墨谱》和程君房的《程氏墨苑》不仅请名家绘图、刻印,还约请董其昌等名家作序,既是宣传品,也可以看作当时墨业技艺水平的记录。

到了清朝,以婺源墨商为代表,留存了大量有关制墨作坊在原料选购、配制、加工、生产组织等方面的图文资料,而这些材料的起草者与汇编者的意图也十分明确,即族内传承,提高质量,保持竞争优势。约在清初由婺源县岭脚村人开设于湖南衡阳的詹有乾墨号,存世有《墨业准绳》抄本。书中记录有配方,如可治小儿惊风、咽喉肿疼及各类无名肿毒的"八宝药墨丹方",由"五石清烟五十两,麝香壹两,冰片二两,明谅牛胶四十二两五钱,熊胆二具,琥珀二两,珍珠屑二两,玛瑙二两,黄连二两"①制成。抄本也有对和烟石臼、做墨棹、做墨凳、墨担、火棹板、洗水墨板、和烟槌、捣墨坯铁槌、烘墨腰式筛、称墨称、蒸坯甑、蒸胶用铁小耳锅、放和成墨坯用瓦鉼等"制墨器皿"尺寸及用法的详细介绍。对制墨诸多程序的基本法度也规定明确,如"和烟两人,计和四百两,分作四臼,每臼打杵三折:头折每人二百八十杵,二折每人二百四十槌,三折每人二百槌;伏天头折每人减四十槌,二、三折每人减卅槌"。甚至对工徒经济待遇也记载细致,如填字"做墨徒工满乙千〇八十,结学徒工银拾两,酒钱每日四文,记存帐上,以防不学。满司盘串等项,如由家间倩来之徒弟,贴串元八钱;近来湖北来学徒者,贴串钱壹千文;亦有本地者,不贴酒钱,算至满工日止,存在帐上,满工后逐月派钱"②。同为婺源岭脚的詹彦文墨庄《徽墨烟规则》抄本中,也载录了管理墨局中司事、司作、做墨司、填做司、柜伙、做墨学生、填字学生、柜上学生、刻印和修坯各色人等的详明、严格的规章制度,内容同样涉及其职责、操守、薪俸、岁时节俗三餐饮食酒醴等项,如"填做司每月每人酒钱壹百廿文;填做客司初到,归中棹吃饭三天,每日酒钱七文,兴工后酒钱照上;柜伙每月酒钱贰百十文,学生待毕业后方给;填做司徒每月月福六次,见人亥[猪肉]四刃[两],如愿折钱者,无论肉价之低昂,只折钱二十文;柜伙及司作、刻印、修坯人等,每月正荤六次,四刃[两],小荤六次,肉贰刃[两];时节规矩之外,加折钱文。原期安静息事,毋许

---

① 王振忠.晚清徽州墨商的经营文化[J].复旦学报(社会科学版),2015(1):108.
② 王振忠.晚清徽州墨商的经营文化:婺源詹有乾墨号《墨业准绳》抄本研究[J].徽学研究(黄山市徽学会内刊),2013(1-2):11.

私自沽添,猜拳恣闹。如违,罚普号月福,本号请客不在此例"①。所有这些,都是对徽州墨业从业家族后继者进行技术、管理教育的基本素材。

与墨业相似的还有茶业。直至民国时期,徽州茶叶的初加工仍由茶农独自完成,其加工技术培训基本在家庭内的实操中完成。尽管此前也有零星茶叶制作工艺文字留存,如明朝末年曾任徽州推官的湖南常德人龙膺,在目睹了松萝山大方僧的手艺后,记载了松萝茶的制法:"用铛摩擦光净,以干松枝为薪,炊热,候微炙手,将嫩茶一握置铛中,札札有声,急手炒匀,出之箕上。箕用细篾为之,薄摊箕内,用扇搧冷。略加揉挼,再略炒,另入文火铛焙干,色如翡翠。"②但此类多因文人的闲情逸致,与纯粹的技艺教育、传承没有太多直接关联。

鸦片战争后,上海成为徽州茶叶外销的主要口岸,这进一步刺激了徽州茶农的生产热情。在屯溪专营茶叶收购、精制与运销的茶号数量多,规模大。当时,徽茶品种繁多,仅"洋庄"绿茶就有芝珠、圆珠、皮珠、生熙、熙春、娥眉、芽雨、生雨、松皮等几十个名目,每个名目又有正、副(次)之分。其加工程序繁复,从毛茶进号到出成品茶,一般要经过焓、筛、撼、扇、拣、拖风、下靛着色、上老伙等工序。因此,茶号职员也不少,最多可达数百乃至上千人,长期雇员有管号、茶司、司账、庄秤、看拣、管锅、毛秤架、打印、研靛、保夫、押帮、打杂、司厨等,还有大批抖筛、撼簸、拣茶、焓茶、风扇等临时工③。为确保成品茶质量,茶号对每道工序都制定了技术规范,且形诸文字。清朝末年歙县芳坑人江明恒的《做茶节略》手写本,洋洋洒洒上万字,就详述了毛茶精制过程中每道工序的技术要领及操作规范。如毛茶进茶号后第一道工序是"出小伙"(婺源称"拖潮渗"):

> 每锅1.85斤(松萝秤3斤或2斤半不等),香头二支半或三支不等。毛茶初下锅,嘱焓茶者晾风抖去酸热之气,香至八分或一支为止,再不可晾风。宜要用勤轻之手,反㨃车转摩焓,将火平倒,焓至半枝香。
>
> 灶头把作摸锅焓至香头两支七八分,打板摩样起锅,必然颜色漂亮青绿,而且紧结不碎。所进庄之毛茶不可久堆秘龛,本来青绿有被

---

① 樊树志.古代中国:传统与变革[M].上海:复旦大学出版社,2005:261.
② 叶羽.茶书集成[M].哈尔滨:黑龙江人民出版社,2001:240.
③ 李琳琦,吴晓萍.新发现的《做茶节略》[J].历史档案,1999(03):114.

秘作热变为红黄之虞,恐壤坏卤门,务宜赶快收火装箱秘罐为要。①

显然,《做茶节略》之类文献,是在我国古代作坊向近代企业转型过程中形成的重要文件,其价值不仅在于一般意义的技艺、管理指南,实际上也是当时十分重要的职业教育依据。

---

① 胡武林.徽州茶经[M].北京:当代中国出版社,2003:152-153.

第四章 徽州近代职业教育的出现

随着西方近代科学技术的传入,我国社会经济活动和社会管理日趋细致化、网络化,传统的职业技能培养方式也开始受到挑战,因此,近代意义上的职业教育在我国沿海地区出现,并逐渐向内地扩展。在这样的大背景下,徽州近代的职业教育帷幕也徐徐拉开。

第一节 徽州近代职业教育出现的背景

一、国内职业教育制度的变革

在洋务运动推进过程中,为培养能生产、管理、使用近代新式军械等设备的人才,清朝中央和地方陆续开办了一些近代专门学校,如同治五年(1866年)开设的福州船政学堂,光绪七年(1881年)开办的天津水师学堂,光绪八年(1882年)创设的广东实学馆(后改名广东博学馆,再改办为广东水陆师学堂),光绪十一年(1885年)开设的天津武备学堂,光绪二十一年(1895年)创办的湖北武备学堂等。这些学校虽然培养的主要是军备技术和军事管理人才,但也属于近代意义上的职业教育范畴。

同时,为及时了解、吸收西方近代技术,以培养翻译人才为主要职能的方言馆也出现了,如同治元年(1861年)设立的京师同文馆,二年设立的上海广方言馆,三年创办的广东同文馆等。稍后启动的政府派遣留学生项目,其学习内容也基本设定在军政、船政、步算、制造等实用技术领域。随着洋务运动向民用领域扩展,又创立了以通用技术人才为培养目标的新式学堂,如光绪二十二年(1896年)附设的山海关北洋铁路官学堂。在中外通商规模和深度达到一定程度后,出于海外商业竞争的需要,蚕桑、商务、农林等领域的人才培养提上日程。

光绪十九年（1893年），武昌自强学堂的商务门，光绪二十二年创办的江西高安县蚕桑学堂，光绪二十三年（1897年）创办的浙江西湖金沙港的蚕学馆，以及光绪二十八开设的山西农林学堂，都是顺应时代需要的典型。

但此时的新式职业学校尚属星星之火。一方面，其发展遭遇社会陈旧思想与势力的干扰而困难重重；另一方面，有识之士和近代产业对其迅速扩大又充满期待。直到清末学制改革，清朝中央政府的支持态度才明晰起来。光绪二十九年十一月二十六日（1904年1月13日），清廷颁布《奏定实业学堂通则》，就兴办实业学校的诸多细节作了明确规定。关于其意义，《通则》明示：

> 实业学堂所以振兴农工商各项实业，为富国裕民之本计；其学专求实际，不尚空谈，行之最为无弊，而小试则有小效，大试则有大效，尤为确实可凭。近来各国提倡实业教育，汲汲不遑，独中国农工商各业，固步自封，永无进境，则以实业教育不讲故也。

按照其设学要旨，实业学堂分实业教员讲习所、农业学堂（含水产学堂）、工业学堂（含艺徒学堂）、商业学堂和商船学堂。各类均分高、中、初三等，其程度各对应高等学堂、中学堂和高等小学堂。《通则》还要求：

> 各项实业学堂，各省均应酌量地方情形随时择宜兴办。而实业补习普通学堂、艺徒学堂，尤足使广众人民均有可执之业，虽薄技粗工亦使略具科学之知识；所以厚民生而增国力，为益良非浅鲜。各处中小学堂内可便宜附设，增筹经费无几，各省务宜及时兴办。至实业教员讲习所为实业学堂师范所资，尤为入手要义，万不可置为缓图。①

虽然新学制改革是中央的决策，但地方上因各种原因而实施缓慢。光绪三十二年（1906年），学部不得不再次行文各省，督促举办实业学堂：

> 照得教育大旨，厥有三端：曰高等教育，所以培养人材；曰普通教育，所以陶铸国民；曰实业教育，所以振兴农工商诸实政。……中国地利未尽，工艺未精，商业未盛，推求其故，由于无学。……为此通行各

---

① 舒新城.中国近代教育史资料：中册[M].北京：人民教育出版社，1981：742-743.

省,一律遵照奏章筹设各项实业学堂,按照地方情形,先设中等、初等实业学堂及实业补习普通学堂。此外尤应多设艺徒学堂,收招贫民子弟,课以粗浅艺术,俾得有谋生之资。应转饬各府厅州县,无论城乡市镇,皆应酌量筹设。①

此后,各地政府及士绅兴办实业教育的活动才普遍出现。

二、安徽实业教育的起步

就全国而言,安徽省开办实业教育的活动起步既迟,发展亦缓。冯煦的《皖政辑要》在勾勒这一历程时,也不无遗憾与无奈:

> 皖省包罗潜、霍,襟带江、淮,地沃野丰,百产富有。天然之品,米称大宗,每岁出口,以数百万石计。然水利不讲,时有水溢之灾;森林不兴,实酿旱干之患。赋税何出,生计日艰。工商因之交病,则以无实业教育之知识。……皖省今日不特高等农业未有端倪,即中等农业亦不多见。其已经成立者,仅太和、阜阳两县,而实业又止蚕桑一科。太和中等蚕桑学堂由忠勇营徐诚修等于光绪三十三年正月开办,学生四十七名,常年经费以书麦捐款充之。阜阳蚕桑学堂不分阶级,于部章未合。由知县刘昌彝创办,光绪三十四年正月开学,常年经费以烟酒税项下拨支,学生二十三名。
>
> ……芜湖之铁花,无为之纱灯,制精矣,而其用不宏。青阳之纸扇,舒、潜之竹席,品佳矣,而其细已甚。他若泾县之纸、歙县之墨、建德之竹屏、桐城之秋石,其运赴各省者,久为商界欢迎,所惜者止数大宗,利源仍未尽辟;……三十二年翰林院编修赵曾重呈请开农工实业预科,究以绅股无着中止。有之,自省城中等工业学堂始。该堂于光绪三十四年十一月经提学使沈曾植开办,分本科、预科两级。……并酌量本省情形先设染织一科,其毕业年限,普通学科如部定。事当创始,无取铺张,一教员率设数科之事。设正、副监督各一员,提调一员,收支兼庶务一员,掌理堂中一切事务。以牙厘局筹议公所拨款为常年

---

① 璩鑫圭,童富勇,张守智.中国近代教育史资料汇编·实业教育师范教育[M].上海:上海教育出版社,1994:10-11.

经费,学生三十七人。①

以上所述,虽然还有差错和疏漏(民国《南陵县志》卷八记载,该县"蚕桑学堂在县署南,光绪三十二年就降福殿痘神庙改设"。又:民国《阜阳县志》卷六记载,"乙巳年创办蚕桑学堂,堂长宁继恭,地址即南城市镇小学"。光绪三十一年是乙巳年,即1905年),但总体情况就是如此。

值得注意的是,即便是已经兴办的实业学校,其运转也时时处于困难之中。最主要的制约因素是经费短缺。太和县的官立中等蚕桑学堂,资产1597两;岁入978两,岁出1191两。阜阳县的官立蚕桑学堂,资产1750两,岁入无稳定款项,由烟酒税项下指拨;岁出1333两。安徽省官立中等工业学堂资产4000两,岁入6050两,岁出7056两。② 三所学校无一不是在赤字下勉强维持。

截至清朝覆亡,安徽全省的实业学堂仅11所。具体见表4-1。

表4-1 清末安徽实业学堂一览表③

校名	校址	性质	创办人[负责人]	学生数	起讫时间	备注
阜阳初等学堂	阜阳县	官立	刘昌彝	23	光绪三十一年至宣统三年	设蚕桑科
南陵初等蚕桑学堂	南陵县	公立	俞××	29	光绪三十二年至宣统三年	设蚕桑科
太和初等蚕桑学堂	太和县	官立	徐诚修	47	光绪三十三年至宣统三年	设蚕桑科,原为中等实业学堂,宣统二年改为初等
亳州初等蚕桑学堂	亳县	官立	不详	46	?至宣统三年	设蚕桑科
舒城蚕桑讲习所	舒城县	官立	赵凤诏	38	光绪三十三年至宣统元年	设蚕桑科
芜湖工艺学堂	芜湖县	私立	不详	32	光绪三十二年至?	学生数为宣统二年数

① 冯煦.皖政辑要[M].合肥:黄山书社,2005:540-541.
② 冯煦.皖政辑要[M].合肥:黄山书社,2005:575.
③ 陈贤忠,程艺.安徽教育史[M].合肥:安徽教育出版社,2006:394-395.

续表

校名	校址	性质	创办人[负责人]	学生数	起讫时间	备注
寿县初等工业学堂	寿县	官立	不详	23	不详	学生数为民国四年当事人回忆
桐城工业传习所	桐城县	私立	姚联奎	10	光绪三十四年八月至？	
安徽中等工业学校	安庆	官立			光绪三十四年十月至？	
仁寿中医学堂	巢县	私立	祖坤	不详	光绪三十一年至三十三年	
徽州茶商公立初等农业学堂	休宁	公立	吴永柏		宣统二年	

三、徽州的教育形势

近代以前，徽州一些有远见的地方官员，也曾利用书院等现成的教育机构从事临时性的职业培训。如清雍正十三年(1735年)，绩溪知县王锡藩建敬业书院讲授蚕桑技术。当然，王锡藩的这种举动，并非说明其对职业教育有超前或足够的认识，而是因为粮食与桑、麻、棉的种植，是朝廷统治之基础，是百姓民生之命脉，也与其政绩紧紧联系在一起。道光年间，绩溪县教谕沈练(平陵人，今江苏溧阳西北)与妻陈氏，刊布《培养桑树法十九条》和《饲蚕法六十六条》，传播栽桑、养蚕、缫丝技术多年[①]，也属于少见的早期官府或官员出面的职业教育个案。

清末徽州全府情形又当如何？光绪三十三年(1907年)下半年，新任徽州知府刘汝骥在向上司汇报到任三个月来力行筹划的八件事，即革除恶习(徽俗之最恶者曰迷信、曰嗜赌)、实行戒烟、速结词讼、严惩差役、整顿学堂、改良巡警、兴修文庙、试办农林[②]。其中与教育相关者即"整顿学堂"。原因是早在其前任时，徽州各县地方兴办的新式小学堂，因经费多来自民间杂捐，主办者又屡有借机敛财之行，引发多起民众与士绅或士绅之间的冲突。而"试办农林"也不过

---

① 绩溪县地方志编委会.绩溪县志[M].合肥:黄山书社,1998:714.
② 刘汝骥.陶甓公牍[M].芜湖:安徽师范大学出版社,2018:157.

是开垦荒山,种植林木。可知,那时在徽州掌控话语权的主政者眼里,创设徽州近代职业教育的重要性还有待观察。

但就在次年,戴英在休宁县隆阜创办了徽州近代第一所职业学校——休宁初等农业学堂。宣统二年(1910年)二月,徽州茶商公立初等农业学堂也在屯溪阳湖设立,成为清末徽州仅有的两所职业学校。从历史上看,徽州近代的职业教育有基于传统教育的深厚土壤,在新潮汹涌的国内大背景中,由民间与官府力量互相促进而产生的。

宋元以后,徽州人多以经商为生,但本地产品的外销,除了茶、木为大宗之外,墨、砚、罗盘、漆器等数量有限,所有的生产均依赖于家庭手工劳动。随着茶叶在国内市场的稳定,特别是近代以来在国际市场上的畅销,屯溪逐渐成为徽州茶叶精制、外销最重要的集散地,打响了"屯溪绿茶"(即"屯绿")的品牌,赢得了"茶务都会"的美名。每年茶季,屯溪茶号林立(据不完全统计,光绪二十二年,即1896年,有136家),制茶工人逾万人。如资本达25万银圆的孙吉夫,最盛时雇用茶叶工人1 475人。光绪二十九年(1903年)屯溪精制、外运茶叶15万箱。在其带动下,传统产业略有扩大,如光绪年间屯溪胡开文墨店从业人员100余人,年产量万余斤。屯溪另外一些近代工业也因此先于徽州其他地区出现,如光绪三十四年(1908年)陈朗耀在屯溪首创裕牲布厂,年产棉布1 300余匹。同年,戴鸿声、吴济东创办鸿济缝纫实业公司,引进长、圆缝纫机6台;次年,两人又合办鸿济线袜公司。商业也因工业繁盛而发展[①]。粮行、典当业的休商,盐栈、建筑业的歙商,绸布、百货业的黟商,菜馆、纸墨业的绩商,茶业的婺商,酱业的青阳商,理发业的安庆商,瓷器、木业、漆业的江西商,打铁、补锅、锡业的浙江商,都在这里成帮结伙,各有地盘。正是在近代工商业的经营活动中,一些有远见的徽州人萌生了兴办近代职业学堂的愿望。也惟有当时的他们,才具备投资的实力。

作为徽州知府和各县知县,虽然中央及省署一再要求开办职业学堂,但他们不得不面对经费筹措等具体的难题。为避免事端、稳定局势,也只得暂时将相对次要的教育搁置一旁。当然,一旦获得可以推进的机会,他们也会给予力所能及的支持。比如,徽州茶商公立初等农业学堂,就是吴永柏等茶商投资者遵照知府刘汝骥的要求而由普通小学堂改建的。而从随后刘汝骥与该校多次往复的信函中,也能体察到作为官府代表的刘汝骥的深切厚望。

---

① 黄山市屯溪区地方志编纂委员会.黄山市屯溪区志[M].北京:方志出版社,2012:409,432.

还需要注意的是,徽州有着其他地区少有的、适合教育发展的深厚土壤。徽州素有敬畏文化、崇尚教育的传统,宋朝以来,官学、书院、私塾等办学单位遍布各地,民众的整体素养一直较高,对于新式职业教育也就容易形成认同。20世纪初,徽州民众对开办私立和公立小学堂的热情也很高。光绪三十年(1904年)正月绩溪绅士程宗球兄弟首先在仁里开办私立思诚两等小学堂,次年全府开办有小学堂5所,光绪三十二年(1906年)增加12所,光绪三十三年(1907年)新增16所,光绪三十四年(1908年)还开办3所,总数达到了40多所。① 因此,徽州虽然人口总数有限,但社会上存在一批基本符合进入初级职业学校学习的同等学力的少年,这也是近代徽州职业教育出现和发展的现实需求之一。

第二节 休宁初等农业学堂

一、创办的背景

徽州近代第一所职业学校诞生于光绪三十四年(1908年)的休宁县隆阜珠里,是当地实业家戴英创办的休宁初等农业学堂。

第一所职业学校之所以没有如普通新式学校(新安中学堂)、师范学校(紫阳师范学堂)那样首创在徽州的政治中心歙县,主要是两个因素影响。第一是经费。新安中学堂和紫阳师范学堂均为"徽州府立",尽管每年能从两江总督得到甲午年(1894年)后所增加茶厘额外款项5 000两,原紫阳书院学款年息也有4 000余元,但两校的正常经费还仍有缺口。为彻底缓解经费紧张问题,进士、新安中学堂创办者许承尧联合歙县人、内阁中书程锦龢,向知府及省府提出开征锡箔捐以弥补办学经费的请求,虽然得到徽州知府黄曾源的批准,却遭遇商人的抵制,征收3个月,所得不足46元,而开支却近83元,两抵尚亏36元多。随后,许承尧等又提出征收珠兰花捐一案,更引起部分乡绅不满,以至光绪三十三年(1907年)正月接任徽州知府的刘汝骥不得不出面调停。刘汝骥认识到,为解决学堂经费问题,"若再事罗掘,恐反对者愈有所借口,不得不慎重以出之"。并提出,"体察情形,欲教育之普及,仍以改良私塾为先着,现已饬劝学总

---

① 方光禄,许向峰,章慧敏.徽州近代师范教育史[M].芜湖:安徽师范大学出版社,2013:10.

董实力奉行"①。同样,在歙县、休宁、绩溪,当时均有多次地方民众与乡绅以及乡绅之间因办学经费筹措而起的纠纷。因此,无论是徽州府还是府属各县,由官府开办一所职业学校几乎是不可能的。

第二个因素是地域及受其影响的观念。作为千年政治中心的歙县县城,虽然距离重要的商业码头渔梁仅两三里,但当地民众的思想观念依然很传统,将读书与仕进结合很容易,但要将读"新"书与农工商等职业联系起来,则很难被接受。而屯溪则不然。虽然其仅为休宁属下一个镇,但随着鸦片战争后上海口岸的开放,这里逐渐成为徽州茶叶精加工和外运的中心,本地居民单一的构成被打破,外来的务商、务工人员带来的新思想、新文化,使得当地居民的传统观念有些消解。同时,以茶叶精加工为核心的产业链逐渐延长,新文化、新知识、新技能在各行业的激烈竞争中显示出的价值也越来越为人们所认同。

戴英(1878—1949)就是集上述两要素于一身的关键人物。戴英字琴泉,隆阜人,早年中过秀才,青少年时期曾随父亲游历江浙之间,这样的经历使他改变了传统读书人常见的人生道路。他开始转而从事工商两业,并尝试运用新的技术和手段。他集资创办肥皂厂、布厂、油坊等企业,担任总经理;又创办农业公司,造林栽桑。早期的成功,让他积累了创办学校的资本,也看到了通过办学扩大产业的希望。

二、学校概况

在目前所见资料中,休宁初等农业学堂的校名有几个版本。《黄山市志》称"初等农业学堂"②,《黄山市屯溪区志》称"休宁县立农业初等小学堂"③,丁佳丽认为是"休宁公立初等农业学堂"④。《黄山市屯溪区志》记载似有问题。其一,清政府光绪二十九年底(1904年初)颁布的《奏定学堂章程》中,凡有程度之别(如初等、高等,初级、优级)与专业之别(如师范、农业、商业、商船等)并列时,均以程度列前、专业排后。故只有"初等农业学堂"之称,而不宜有"农业初等学堂"之名。其二,该校若为"县立",当由休宁县政府投资,戴英只是受政府之委派担负管理之责。从前后行文看,即便是该志编者也未必能认同这一点。

---

① 刘汝骥.陶甓公牍[M].芜湖:安徽师范大学出版社,2018:158.
② 黄山市地方志编纂委员会.黄山市志[M].合肥:黄山书社,2010:1287.
③ 屯溪区地方志编纂委员会.黄山市屯溪区志[M].北京:方志出版社,2012:965.
④ 丁佳丽.20世纪初至抗战前徽州近代教育的发展[D].合肥:安徽大学,2013:23.

目前笔者所见记载该校的最早资料是民国十二年(1923年)的《安徽通志稿·教育考》,该志记载也很简略,仅有校名"休宁初等农业学堂""公立"等信息①。很有可能是,虽然该校是戴英所创,但他的公司是集资而办,严格说当时也有"公立"(此含义非今日之"国有"意义)的色彩。丁佳丽的说法估计是她自己将"公立"的性质嵌入名称。当时开办的学校,也大多冠有地名。

休宁初等农业学堂设蚕业科。光绪二十九年底(1904年初)清政府颁布的《奏定初等农工商实业学堂章程》(以下简称《章程》),规定了初等农业学堂的办学宗旨、招生对象、教学科目等内容:

> 设初等农业学堂,令已毕业于初等小学者入焉;以教授农业最浅近之知识技能,使毕业后实能从事简易农业为宗旨。……每星期钟点视学科为差,三年毕业。
>
> 初等农业学堂之普通科目凡五:
>
> 一、修身,二、中国文理,三、算术,四、格致,五、体操。但此外尚可加地理、历史、农业、理财大意、图画等科目。
>
> 初等农业学堂之实习科目,分为四科:一、农业科,二、蚕业科,三、林业科,四、兽医科。
>
> ……
>
> 蚕业之实习科目凡八:
>
> 一、蚕体解剖,二、生理及病理,三、养蚕及制种,四、制丝,五、桑树栽培,六、气候,七、农学大意,八、实习。②

初等农业学堂在程度上相当于高等小学堂,故招生对象为"年龄13岁以上、已毕业于初等小学堂者"。考虑到当时初等小学堂尚属新生事物,其毕业生也极为罕见,《章程》也留有余地:"应变通准13岁以上、15岁以下已略读经书能执笔作文者入堂学习。"估计休宁初等农业学堂就读者绝大多数属于后者。

---

① 陈贤忠,程艺.安徽教育史[M].合肥:安徽教育出版社,2006:395.
② 璩鑫圭,唐良炎.中国近代教育史资料汇编·学制演变[M].上海:上海教育出版社,1991:444.

据有关志书介绍,该校文化课以教授初等小学课程为主,但教材偏少。因公司有实践基地,所以注重栽桑养蚕实习,每期须实习3个月。

后来,戴英的实业破产,资金周转出现困难,民国元年(1912年),休宁初等农业学堂停办。

从朝廷的意图看,为节约经费与设备,降低师资选聘的难度,初等实业学堂"应附设于中等各实业学堂及普通中、小学堂",如果要另行专设,"则当仿中等各实业学堂章程办理"。大约与此同时,绩溪官立东山高等小学堂也就附设了实业班,设普通、农业和商业三科[①],但学生仅有10人。这也是绩溪县近代职业教育的开端。

第三节 徽州茶商公立初等农业学堂

徽州茶商公立初等农业学堂(以下简称"徽茶公立初农")是清宣统年间由茶商捐资创办于屯溪阳湖的一所初等农业类职业学校。虽然创办以后,培养目标、办学宗旨屡有变化,但在清末民初时局动荡之中,尚能坚持办学,也实属不易。

一、徽茶公立初农的创办

该校的创办经过,时任徽州知府的静海人刘汝骥,在其《徽州府详办初等农业学堂文》中有非常详细的介绍。

宣统元年(1909年)4月间,徽属茶业董事、花翎知府衔洪廷俊,举人、拣选知县、歙县人程恩浚,举人、议叙知县程道元,花翎同知衔、歙县人吴永柏(即吴俊德)等,为"造就茶商子弟""力图改良、振兴实业",提议于屯溪附近的阳湖择地建校,开办茶商两等小学堂,并向茶税总局申请补助常年经费,结果获准"在于二成茶税项下岁拨银一千两以资补助"。[②]

洪廷俊、程恩浚、吴永柏都是当时著名的茶商,也是屯溪公济局的重要绅董,乐于从事社会公益事业。在得到当局同意开办两等小学堂的批文后,他们

---

① 丁佳丽.20世纪初至抗战前徽州近代教育的发展[D].合肥:安徽大学,2013:23.
② 刘汝骥.陶甓公牍[M].芜湖:安徽师范大学出版社,2018:187.

迅速开会筹办学堂,确定了"规模大备、学科完全"的建设目标。首先是定校址、建校舍。吴永柏将自己计税的二亩二厘三毫二丝一忽土地捐出供建校之用,士绅孙富垣也助地计税七分一厘二毫一丝七忽。建筑费由洪廷俊捐助英洋壹千元,吴永柏捐助英洋壹万零六百九十七元零二分七厘。吴永柏还被推为堂长,所有校舍建设、经营等事务,悉由其主持。

经近一年的努力,新建校舍基本完备。众议定校名为"徽州茶商公立崇正两等小学堂",按清政府颁布的《奏定章程》要求制订校中规则,聘请"宗旨纯正、学识优长"教员数人,开办费共动支洋八百零九元四角四分二厘。学校的常年经费由四部分构成:茶税总局于二成茶税项下每年拨银1 000两;茶商会议认可,于各茶号每引加抽银洋二分,每年约抽1 000元;钱业认捐每年补助银洋400元;各茶铺认捐每年补助银洋100元。并定于宣统二年(1910年)2月28日招生开课,3月13日举行开校典礼。

洪廷俊等人将学课、章程、职员、教员履历、薪水,学生人数各种表册,以及开办情形等禀报徽州知府,请求立案给示保护、刊发钤记,并札饬休宁县一体给示后,徽州知府刘汝骥一方面对于"该绅等输资建校,并筹定常年经费,热忱能力深堪嘉慰",同时却认为:"惟现在实业待兴孔亟,体察徽州情形,农林蚕三科目尤为当务之急,原拟两等小学似不若改为初等农业学堂。"并表示"如虑学生程度不齐,并准设立豫科二年,再行升入本科,与大部原奏及招考限制章程皆相吻合"。希望举办者立即会同商议后答复。

接到知府的指令,洪廷俊等人再次会商,认为"公立两等小学本为振兴实业起见,上年请拨茶厘款项,曾经声明拟先造就普通学业,然后徐图扩充。今绎批示,皆职等始愿所及而未敢骤请者",乃议定:

> ……学生程度不齐,暂分甲乙丙三班。甲班为农业本科,先授以蚕业实习科;乙班为农业预科,二年毕业后授以农业实习科;丙班为初等小学简易科,四年毕业后授林业实习科。查教员吴清望曾在浙江农业学堂肄业有年,即请教甲班学生,于普通外注重蚕学本科,俟稍有成效,仍随时添购图画仪器、实验地段,并再聘专科教员,以求完备。所有原拟两等小学名称应即改为"初等农业学堂",现在学堂工程尚有待改添之处,除常年经费外,永柏自愿筹补,不致支绌。……①

---

① 刘汝骥.陶甓公牍[M].芜湖:安徽师范大学出版社,2018:188.

随后,知府批饬照办。学校定名"徽州茶商公立初等农业学堂",所需钤记,学校自行摹式付梓。

3月13日,徽茶公立初农举办开学典礼,知府刘汝骥亲自参加。"亲诣行礼,进教员学生而嘉奖之,复肫肫以耐劳苦、去骄奢相勖勉。"接着,他视察了全校,见"校舍器具,轮奂一新,附近空气清澄,青碧葱郁,又有菜畦十余亩,适足留为实验场圃之用",很是高兴,希望"徽州实业教育当以此校为先河,校舍规模亦当以此校为巨擘"。同时要求学校将"建筑工用细数及捐地估价实数造册",以便向省府"吁请奖叙以昭激劝"①。因为清光绪二十九年(1903年)的《奏定实业学堂通则》第九节规定:各省官员绅富,有能慨捐巨款报充兴办实业学堂经费者,或筹集常年的款自行创设实业学堂者,或指明报充官派出洋实业学生学费旅费者,应量其捐资之多寡,分别奏请从优奖励,以为好义急公者劝。《广益丛报》对此也有一篇《徽州兴办农学》的专门报道:

> 徽人素善经商,而茶商开通最早。加以徽府太守刘公热心实业,提倡农林蚕三科,谓徽郡亟宜兴办。茶商亦知茶业与农学密切相关,即于屯溪附近之阳湖,遵饬开办一农业学堂,由该堂长吴君俊德助地四亩,助洋一万余元,又由休邑议员洪君其相助洋一千元,并孙君富坦(原文如此——作者注)助地柒分,建筑校舍。吴君俊德一力担任,今已落成,于3月13日开校。来宾参观不下千人,太守率以下行政官皆至。太守临行,犹谆谆勉励诸生,并告职员教员以振兴实业为当今拯亡之道,热忱滂渤,现夫眉宇,以视当年杭州太守林公迪臣有过之无不及焉。②

当时正在该校就读的歙县三阳坑人洪宝儒在其题为《徽州农业学堂开学记》的习作中,对开学典礼的大致情形也有相应记载:

> 国家欲人材辈出,商务发达,必以开学堂为要。然国朝自变法以来,学堂林立,即我徽之新安中学、紫阳师范及各镇小学堂,亦可足观(师改为:"亦有可观")。其于人材固已辈出,而商务尚未发达。(师添

---

① 刘汝骥.陶甓公牍[M].芜湖:安徽师范大学出版社,2018:188.
② 佚名.安徽:徽州兴办农学[N].广益丛报·纪闻·中国部,1910(235-5).

"何也"?)夫商务之发达,必以振兴实业为要,实业之兴,必以农业为先。而(师改为"况")我徽婺源之木名闻全国,即茶出数亦多,因培植未精,获利不厚。今刘公热心提倡农业学堂于阳湖,为实业之起点。余人投入(师改为"吾辈求学"),惠蒙收录,于宣统二年三月十三日开学,太守自来参观,各学堂亦来庆祝。官长六七人,职员十余人,教习七八人,学生四五十人,谒孔子行三跪九叩礼及唱谒孔歌(师改为"谒圣唱歌"),毕行(师删此二字)见官长、职员、教习三鞠躬礼(师改"三鞠躬礼"为"咸遵礼节")。及诸生行相见礼(师改为"诸生相见亦互相行礼"),然后开会。来宾与堂长、教习登坛上演说,唱歌摄影,肃肃雍雍,诸生退入自修室。下午太守回署,吾等整队至船旁送行。太守勉我辈曰:"好好用功!"既而归校,自思曰:此校为徽州之第一校,此日为本校第一日,我辈当为新安学生之第一等,即余亦须为本校之第一名也。①

洪宝儒提及的开学典礼上摄影一事,在知府刘汝骥的私人信函中也得到验证。大约开学月余,农业学堂主管学生学习、生活的监学兼教员吴宏绪,将照片及纪念品寄给知府。刘汝骥收到后,愉快回函:

> 顷奉惠书及纪念品、照片各件,均拜领敬悉。河干拜别瞬已月余,想学生与日俱进,又当刮目相看,欣慰无似。管子有言:"地宜不任,草田多秽,其国谓之饥国,其君谓之寄生之君。"每诵此言,辄为浃背。大江以南徽国实为奥区,稍于讲求,树一获百,可操左券。诸君皆劭学巨子,治生、求学,原不分为两事,总以习劳去奢为主脑,愿诸君及学生交相奋勉也。照片光线不甚合宜,衮衮诸公皆非本来面目,鄙人亦非故我,一粲。附寄详稿请查阅。手布敬复。②

应该说,刘汝骥对于徽州的新式教育很重视,他不仅亲临新安中学堂监考,多次对紫阳师范学堂学生的禀告予以有理有节的回复,与徽茶公立初农的关系也较亲密。大约在当年暑期之前,徽茶公立初农将学生考卷奉寄知府,请求阅示。刘汝骥也有回函:

---

① 洪宝儒.国文习作.拙藏.
② 刘汝骥.陶甓公牍[M].芜湖:安徽师范大学出版社,2018:213.

伻来奉手书及本科预科学生考卷,均拜读悉。鄙人智憎菽麦,又闇于新知,年来为案牍所困,大有不殖将落之思。谬蒙诸公推重,愧何可言？惟结习未忘,最喜与二三同志商量旧学,又最喜读少年英发文字,各科试卷容细读,再行奉上。又闻贵校学生至今未放假,尤为之称赞不已。郡城官立学校已久矣阒其无人矣。附寄小园王瓜四十条,聊佐嘉蔬以消盛暑。此瓜种子来自敝乡,色深碧,皮棱起,瓤子小,与本地产腹大皮皴黄者迥异。鄙人手自栽种,所获甚丰,老农入市卖瓜辄夸口曰:"人家瓜皆苦,我家独甜。"鄙人亦不脱此种习气,选种改良粗有一得,敢请大实业家一鉴定之。手布敬复。①

言辞之间,刘汝骥毫无官府大员的架子,自谦地评价自己"智憎菽麦""闇于新知",甚至还将自种的"王瓜"(疑为黄瓜)40条惠赠。此情此景,无论古今,的确少见。

二、专业与招生

根据光绪二十九年(1903年)颁布的《奏定初等农工商实业学堂章程》(以下简称《章程》),徽茶公立初农学制为三年,"须选年龄十三岁以上,已毕业于初等小学堂者"入学。考虑到各地新学初办,尚难有合格的初小毕业生,《章程》又特别规定:"应变通准十三岁以上、十五岁以下已略读经书能执笔作文者,入堂学习。"②在徽州,因传统厚重、风气闭塞,新式小学堂的创立过程比较迟缓,从光绪二十九年(1903年)最早创办婺源县官立高等小学堂,到光绪三十四年(1908年),全徽州府共有小学堂约40所。显然,此时创办的徽茶公立初农很难在徽州本地招到足额的初等小学堂毕业生,降格以同等学力而获准入学者大有人在。

洪宝儒就是未获初等小学堂毕业文凭者之一。大约在宣统三年(1911年)上半年,他的一项申请就因先前无文凭而未果,年少气盛且才华尚可的他愤愤不平,在写给二叔祖的信中大发牢骚:

　　……侄孙今年因肄业于农校,以先未由初等毕业,为部所驳。胡

---

① 刘汝骥.陶甓公牍[M].芜湖:安徽师范大学出版社,2018:214.
② 舒新城.中国近代教育史资料:中册[M].北京:人民教育出版社,1981:748.

我国之造就人才,只求名而不求实,新其耳目,而不新其人心;论其资格而不广其程度,故人才不得脱颖而出,腾光而耀,令人有告退之心而无求进之想。……①

当然,有所谓"告退之心"的他,终究没有相应之行。原来,徽茶公立初农的一位教员告知,歙县西乡的一所小学原先也未获准立案,其学生也未能获得毕业文凭,后经主办者禀告申明,方才如愿。这无疑让洪宝儒看到了一线希望:

曾祖母大人尊前:
……月考试虽屡列前茅,然以未从初等毕业而来,为部所驳,将来仅可毕业兴学,不能毕业受奖。承校中老师代为设法,思歙县西乡有一校,亦未立案,其学生亦为部驳,由创办学堂者,将形情告知县令,由县令禀明学宪,始可毕业受奖,如是钺夫叔乃与孝先公相量仿行,钺夫叔至歙西查其法,和学务所、教育会长一仝禀县立案。请县令代为声明,若能成功,则不独我幸,亦我村来者之幸也。其成败如何,容后再禀。暑期大约在六月六日,而曾孙之回家,大约在初十左右。……②

宣统三年(1911年)二月,徽茶公立初农有升级为中等农业学堂之举:招收中等农科本科、预科各一个班,班额30人。当时商务印书馆出版的《教育杂志》有这样一则报道:

徽郡山田绵茶,实业急待振兴,旧岁茶董洪廷俊,倡议捐资设立农业学堂,又有茶董吴永柏,助洋万余元,建立校址。于去年三月招生开学,校规极为严肃。彼时以实业萌芽,仅设初等农业学堂,招本预两科生六十余人。今年茶商复众力鼓吹,拓开农业中学堂,招本科合格生三十余人,预科合格生三十余人,并添聘专科教员数人云。③

学校升格也得到了清政府学部的核准,在民国六年(1917年)《教育公报》第4年第8期上,列有《前清学部核准有案各中等实业学校一览》,其中安徽省仅有两所,一所是办在省会安庆的中等实业学堂,另一所就是茶商公立中等农

---

①② 洪宝儒.信件草稿.拙藏.
③ 朱有瓛.中国近代学制史料:第二辑下册[M].上海:华东师范大学出版社,1989:200.

业学堂①。

按照《奏定中等农工商实业学堂章程》规定,"设中等农业学堂,令已习高等小学之毕业学生入焉;以授农业所必需之知识艺能,使将来实能从事农业为宗旨,以各地方种植畜牧日有进步为成效。每星期钟点视各学科为差;预科二年毕业,本科三年毕业"②。从洪宝儒在宣统三年(1911年)2月29日写给曾祖母的信中,可以初步判断,徽茶公立初农对于报考者的毕业资格有着严格的把握:

>……现在农校由初等而为中等,学生皆高等小学之毕业生。曾孙因未由高等小学毕业,故不等混入。须待明年毕业,然后始可入中学。而校中学生,大约有百余之数,近因屋宇狭小,添筑讲堂,一时不能齐备,故开课月底。曾孙等皆各在自修室温习旧课,以效孔子温故知新之道。……③

他在同一时段写给其先前的老师(位南夫子)的信件中,不仅详细介绍了徽茶公立初农扩招的情况,还热情邀约早先的同学前来报考:

>……生等入校后,忽此校又扩为中等农业学堂矣,招生卅名,又设中等预科一班,招生亦卅名。遥想宝宪、宝珀二位同学之资格,相当中等预科,五年卒业,可得中等奖励。虽然谚有云曰:岂谓功名始读书。而当今之世,欲为高等社会之人,非学不可。况农校规则严谨,且弟子欲得切磋,想吾师必能赞成之。如入农校,则弟子当先为之报名,于廿左右赴屯可也。现时农校,因改中学,屋宇狭小,增筑讲堂,须月杪始能上课。弟子在校,列初等本科之班,须由明年毕业,始入中学。宝宪、宝珀等欲来,名目虽分为二,实同弟子一班也。……④

扩招后的徽茶公立初农规模有6个班,百人左右。但是,新招的中等本科生很快就出现了退学风潮。其中原因,或许与校规严格、课业繁多、学生难以适

---

① 璩鑫圭,童富勇,张守智.中国近代教育史资料汇编·实业教育师范教育[M].上海:上海教育出版社,1994:50.
② 舒新城.中国近代教育史资料:中册[M].北京:人民教育出版社,1981:749.
③④ 洪宝儒.信件草稿.拙藏.

应有关。洪宝儒写给老师的信中说:

> ……今年农校扩为中等,已于二月廿四招考中等本科生,廿六行开学礼。许太守自来参观,似较去岁开学,则略逊光荣矣。现时分六班上课,同学颇不乏人。惟中等本科生,外习甚深,自入校后,屡以规严课紧,大起风潮,无故退学,现已为校外人矣。其事不知将来如何。容后再禀。……①

为此,徽茶公立初农不得不在4月再次补招新生:

> ……三月月考,幸列前茅,后尤当加功以求进境。校中今年扩为中等,而中等学生则以课繁而退学。现时又另招新生矣。招考开课,尚未卜为何日。容后再禀。……②

三、课程与教材

《奏定初等农工商实业学堂章程》对于初等农业学堂开设的课程有大略规定。其中,普通科目五门:修身、中国文理、算术、格致、体操。此外,可以酌情增加地理、历史、农业、理财大意、图画等科目。农业、蚕业、林业实习科目各为八门,蚕业为蚕体解剖、生理及病理、养蚕及制种、制丝、桑树栽培、气候、农学大意、实习;农业为土壤、肥料、作物、农产制造、家畜、虫害、气候、实习。各地可根据当地情况将有关科目取舍分合,以提高针对性。徽茶公立初农的课程设置因未发现相关档案,只能从个别学生留存的材料中略知一二。

"中国文理"一科在我国教育史上少见。光绪二十九年(1903年)颁布的《奏定初等小学堂章程》规定初小科目八门,其中有中国文字,"其要义在使识日用常见之字,解日用浅近之文理,以为听讲能领悟、读书能自解之助,并当使之以俗语叙事,及日用简短书信,以开他日自己作文之先路,供谋生应世之要需"③。同年颁布的《奏定高等小学堂章程》规定高小科目九门,《奏定初级师范学堂章程》确定初师十二科,其中都有"中国文学"一科,但由于两类学校的培养

---

① ② 洪宝儒.信件草稿.拙藏.
③ 舒新城.中国近代教育史资料:中册[M].北京:人民教育出版社,1981:415.

目标各异,该科目的教学具体要求有较大区别。高小的中国文学"其要义在使通四民常用之文理,解四民常用之词句,以备应世达意之用。"并要求"读古文每日字数不宜多,止可百余字","即教以作文之法"。① 而初师入学者,"乃年已长而文理已经明通之人",为使其能教育幼童,中国文学的主要内容有二,一是"为文之次第":文义、文法、作文;二是"教学童作文之次序法则":字法句法入门(文字换俗字、俗话翻文话、文话翻俗话),篇法入门(文气连贯、划分段落、反正分明),用心之法(空字令补、谬字令改、同字异用者令分析、题目相类者令用古人文调),扩充篇幅之法(正反前后兼说、多分条理、多设譬喻、引证群书),自然进功之法(熟读、拟古)。② 惟也在同年颁布的《奏定实业补习普通学堂章程》中,其四门普通科目里有"中国文理",并规定,"修身"一门"可附入中国文理教授之","中国文理、修身各科目,若学生平素在他学堂之学力有在本学堂所授之程度以上者,可酌缺之"③。由此可知,"中国文理"的程度大致上介于"中国文字""中国文学"之间,且偏重于实用。

洪宝儒是首届本科学生,在其留存的几册笔记中,封面分别标为《国文课草》《国文》《农校文科》的三册,以及封面未标的一册(笔者依内容暂命名为《信件草稿》),均应属中国文理一科;另有的《历史课本》《地理问答》各一册,表明徽茶公立初农的普通科目中增开了历史、地理;《生理问答》一册,从其内页标题看,当称《蚕体生理问答》,即"研究蚕体生活原理之书"。这与上文该校创办者首办蚕业、次办农业、再办林业的规划是一致的。该校还开设了英语课程。一位可能家在婺源上晓起的学生汪叔芬,留存下一本《徽属乙种农校杂俎》,内有"日语课程""英语练习",其中颇为有趣的是汪叔芬用婺源方言去注英语单词的读音,令人想象到一位少年学子面对陌生语言的无奈与勉强。④

在清末颁布新式学堂章程的时候,由于很多基础性的工作都缺少完成条件,教材、器材等教学的基本需要都难以满足,因此,相关的要求或缺失,或模糊。以规定最为明晰具体的《奏定高等小学堂章程》为例,《章程》明确教材的只有修身、读经讲经两科,不仅规定了书目(修身讲《四书》,读经讲经讲《诗经》《书经》《易经》《礼经》),还明确了注本(分别用朱、朱、蔡、程、郑注),甚至少数还特别推荐了版本(《诗经》用湖北局刻朱子《诗传》)。此外,均无规定。因此,徽茶

---

① 舒新城.中国近代教育史资料:中册[M].北京:人民教育出版社,1981:431.
② 舒新城.中国近代教育史资料:中册[M].北京:人民教育出版社,1981:669-670.
③ 舒新城.中国近代教育史资料:中册[M].北京:人民教育出版社,1981:768-769.
④ 刘伯山.论徽州传统社会的近代化[J].学术界,2006(6):149.

公立初农不可能使用全国或全省统一的教材。教师授课内容,均由学生抄录。从洪宝儒的存书看,《国文课草》《历史课本》用的都是"崇诚学堂"统一印刷的红格本,文字工整,改动极少,似为学生抄录的课文。

从内容看,《奏定初等农工商实业学堂章程》未明确历史科目的具体内容,《奏定高等小学堂章程》则这样表述:

> 其要义在陈述黄帝尧舜以来历朝治乱兴衰大略,俾知古今世界之变迁,邻国日多,新器日广;尤宜多讲本朝仁政,俾知列圣德泽之深厚,以养成国民自强之志气,忠爱之性情。[1]

洪宝儒的《历史课本》共155课,除第1课《历代国号歌》、第155课《中国之前途》外,其余均按照朝代更替顺序来介绍各朝大事。统计内容归属,则为:上古1课,五帝2课,夏朝3课,商朝3课,西周10课,东周20课,秦朝3课,西汉16课,东汉4课,三国两晋南北朝10课,隋朝1课,唐朝14课,五代十国8课,北宋18课,南宋8课,元朝1课,明朝9课,清朝19课。总体看来,教材内容选取均为历史上的重大事件、制度或重要人物,尤其对于清朝历史,也并未过多歌功颂德、回避过失与耻辱,从各课课题可以概见:《世祖定都》《三藩之变》《郑成功》《康熙之治》《尼布楚条约》《西北开疆》《西南征讨》《嘉庆朝之内乱》《鸦片战争》《发匪之乱》《捻回之乱》《北京条约》《中俄新界》《重定新疆》《收复伊犁》《中法之战》《甲午之败》《戊戌维新》《拳匪之乱》。即便从课文看,叙述也大致公允。如对十年前的"戊戌维新"事件的介绍,全文为

第一百五十三课 戊戌维新

自甲午败后,外人凌侮益甚。德据胶州湾,俄据旅顺、大连湾(皆盛京省),法据广州湾,英据威海卫。光绪愤甚。会主事康有为屡上书请变法,遂得信任。旋擢用新进,锐意变法。停科举,兴学校,奖励书报,打开言路。仅三阅月,而太后听政,黜新党,诛志士(六志士:谭嗣同、林旭、刘光第、杨锐、杨深秀、康广仁等),康有为与徒梁启超亡海外。朝政复旧。[2]

---

[1] 舒新城.中国近代教育史资料:中册[M].北京:人民教育出版社,1981:431.
[2] 洪宝儒.历史课本.拙藏.

《国文课草》共39篇,题目前无序号,绝大多数文章属"论",均在300字左右。论题都是中国历史上的事件、制度或言论,如《宋太祖置酒收兵权论》《元世祖禁汉人持兵器论》《将在谋而不在勇论》《作者七人矣论》等。与此相一致的是,洪宝儒的习作,基本上也是就中国古代历史事件阐发"议论"。如他的作文题目有《孔文子不耻下问论》《伊尹论》《武王伐纣论》《孟母三迁论》《程伊川先生每见人静坐便叹其善学论》等。而与他的学习生活有关联的,仅有《春夜晏游记》《学校宜重卫生说》《暑假后如何自修策》三篇,分量极少。

《地理问答》(第一册)是整理后的笔记,以问答的形式简明地记载了地理学的相关内容,如:

问:恒风、时风、变风,试各举其类。
答:贸易风、极风属于恒风,季候风属于时风,旋风、飓风属于变风。

全册笔记以天文地理学、地文地理学内容为主,如恒星、卫星与彗星,地球的形成、自转与公转,昼夜、四季,经线与纬线,气温、气压与降水,山脉、平原、岛屿、半岛、河流与海洋。人文地理学的内容较少,除人种与人口外,国内仅涉及货币、国债、学制、刑法、商埠、航路、邮电大略,国外仅有日本、锡兰经济比较,语言与文字,社会进化次序等数处。

《蚕体生理问答》也是整理后的笔记,以问答形式简明地记载了生物学的相关内容,如:

问:生物各有本能,蚕之本能何在?
答:据《蚕体生理论》,言食叶、作茧、化蛹、化蛾、交尾、产卵,皆蚕之本能。

其余涉及淘汰、细胞、生殖、发酵、昆虫的变态、拟态、野蚕与家蚕、蚕种等内容。惟笔记中有关知识的呈现次序颇为混乱,不知是教员讲授顺序问题还是学生整理不当所致。

虽然清末实业学堂无论初等、中等还是高等,普通课程中均无《乐歌》,但徽茶公立初农不乏歌声。在洪宝儒的《农校文科》习作本中,就有一首《放假歌》:

放假歌

```
            g         4/4
6 65 35 | 6 5 3 0 | 36 53 5 53 | 2· 0 32 |
光 阴 荏 苒  一 期 终   熏 风 暑 气 隆  届 假

1 6 1 2 3 5 | 2 — 5 2 | 23 21 6·0 | 65 35 61 |
归 家 省 高 堂   和 气 溢 门 墙   舞 雩 风 泳

23 2·0 | 3 1 2 25 | 3 2 1 0 5 | 2 23 1 21 |
好乘凉  温 故 学 不 荒   旧 植 孳 乳 初

6·5 1 0 6 | 1 2 32 i ‖
萌 长 来  时 更 腾 芳
```

在该页上，教员用红色笔将歌词首句改成"火云如沸捧骄阳，姱期合息藏"，"舞雩风泳好乘凉"改为"科头跣足且乘凉"，"初萌长"改成"新萌长"，并作了批语："诗逊于文，少作故也。"由此说明该校学生不仅唱歌，也常有作词的练习。

从洪宝儒的习作和笔记本上，也大致可以判断：徽茶公立初农的教员教学认真负责。洪宝儒的历史、国文课本，均有数处错字的改正、漏字的添补，从字迹的老练看，应该是教员所为。他的一册作文本上，共18篇习作，其中第一、二篇分别注有"二月卅日""桃月初四日"，表明教员布置作文的频率是一周一篇。每篇习作不仅有分数（十分制）、圈点、修改，还有眉批、总批。总批中既有"瑕瑜互见"这样的中肯，也有"冗长无精彩"之类直截了当的批评，还有"阁下校中高才生也，此次文又不甚出色"的遗憾，更有"抑扬顿挫，清辩滔滔，秉笔之间，若有挟素车白马而来者"。"'生知七曜历，手画三军势。冰雪净聪明，雷霆走精锐'四语殊堪移赠"的鼓励。洪宝儒的信函底稿、《生理问答》也有教员改正的笔迹。《地理问答》不仅有教员红笔的圈点，还有数处"能言其故""言之清晰""细心好似针穿线"等眉评。

不过，当时该校的师资力量不很整齐。民国二十四年（1935年）《教育新潮》刊载的《清末安徽的实业教育》一文，尽管舛误不少，但可参考。据该文，宣统三年（1911年）该校7位教职员中，接受过近代学校教育的仅有2位（见表4-2）。

表 4-2　宣统三年安徽实业学堂教育资格表①

地方类别	在本国毕业者	在外国毕业者	未毕业未入学堂	外国人	总计
省城	15	9	7	2	33
桐城	3		2		5
阜阳	2		1		3
太和	2		1		3
贵池			2		2
休宁	2		5		7
宁国府南陵	3		2		5
徽州府歙县	2		1		3
亳县			3		3
当涂			1		1
总计	29	9	25	2	65

根据《奏定初等农工商实业学堂章程》，初等农校若非附设于中等实业学堂，其硬件必须仿照中等农校办理，即"当备通用讲堂、专用讲堂，及其他必需诸室"，还应有试验场、肥料场；"凡教授用及参考用图书器具、机器、标本模型、实习用机器、体操用器具均宜全备"；农业学堂还应添置农具、蚕具。限于资料，徽茶公立初农是否具备上述条件，尚难知晓。同样，蚕业科学生的实业技能训练是如何进行的，也缺乏资料说明。

四、徽茶公立初农的转型

民国元年（1912年），徽茶公立初农停办中等农科，专办初等农科及附属小学。民国三年（1914年）4月，民主主义教育家黄炎培一行，对安徽、江西、浙江、上海等地进行教育考察，于30日来到该校参观。徽茶公立初农吴复华主任接待了他们，并介绍了校情。黄炎培在日记中记载：

---

① 赵郭.清末安徽的实业教育[J].教育新潮,1935(4)-1:5.该文及表舛误不少，如文末《宣统三年安徽实业学堂调查表》列有宣统三年（1911年）三月设于"休宁文庙后旧马营"的官立初等农业学堂、官立艺徒学堂，但文中显示此两校设在宁国府。又如笔者此处所引《宣统三年安徽实业学堂教育资格表》列有"徽州府歙县""休宁"两所实业学堂，但文中叙述及学堂调查表均表明当时徽州府仅有实设于屯溪（时属休宁县）一所。

  是校为茶商吴君俊德手创,特建校舍,教室光气合用,历年所耗不下万金。比年意兴渐冷淡,缘茶市日衰,去年乱事,又尝为人挟嫌构陷,虽未至受亏,第如此热诚兴学,曾不足见重于官厅与社会,意颇怏怏。谈者述之如此。学生四十八人。……现岁费一千六七百元,由茶公所捐一千元,茶商凑捐一二百元,余仍由吴君俊德任之。

针对农校专授桑科难切地方实际的现实,黄炎培提出改为以茶叶专业为主的办学建议:

  校名农业,专授蚕科。无特别设备,无专门功课,似于实际上难收效果。但作普通小学观,则设备、教授、管理,皆甚用心,亦殊难得。献议校属茶商所立,不如改授茶科,既切于地方实用,又随处得天然之设备,费省而功倍。蚕与茶二者作业均在春夏,相冲突,于茶世界提倡蚕业,其事至逆。①

尽管黄炎培的建议有一定道理,但未见该校采纳。民国五年(1916年),徽茶公立初农改办为徽州私立乙种商业学校,从而结束了七年的农校历史。

---

① 黄炎培.黄炎培教育考察日记[M].上海:商务印书馆.1914:148.

第五章　安徽省立第二师范学校的职业教育实践

创办于民国二年(1913年)初的安徽省立第二师范学校(以下简称"省立二师"),是徽州近代师范教育史上的高峰。与其后一般的师范学校相比,由于其所处时代的特殊性,该校在职业教育上曾有所考虑和实践,在徽州近代职业教育史上也有一席之地。

第一节　职业教育方针的制定

民国建立之初,蔡元培出任第一任教育部总长,连续颁发一系列教育法规,改革清末教育。民国元年(1912年)9月2日,教育部公布了"注重道德教育,以实利教育、军国民教育辅之,更以美感教育完成其道德"[①]的教育宗旨,显示了既继承传统,又吸纳近代西方文化的时代特征。

省立二师在创校之初,并未提出明确的教育方针。民国五年(1916年)6月,为进一步改善教学,胡晋接亲自草拟了《关于本区师范学校教育方针及教科标准之商榷》《关于各科教授方法之商榷》,此意见书经全体教员开会研讨表决后付诸实施。胡晋接认为"现在世界各文明国之趋势,莫不以社会经济为前提而提倡所谓职业教育者",在国内,上海组织了职业教育社,"以沟通职业与教育而补救吾国前此教育不切实用之失"。[②] 师范学校虽然也属于一所专门的职业学校,但与一般的职业学校不同。一方面,师范生应研究教育,以承担该职业的基本责任;另一方面,师范生将来要着力提高国民的职业能力,因此,各种技能都应该列为必修。基于此,省立二师对教育方针表述为:"师范生未来之责任,

---

① 璩鑫圭,唐良炎.中国近代教育史资料汇编·学制演变[M].上海:上海教育出版社,1991:651.
② 省立二师.安徽省立第二师范学校杂志·研究[Z].1917(4).

其直接的为忠于教育之天职,以造就将来适合于社会经济之有职业的国民。其间接的即为经营社会经济,由一家之整理,而推暨于一地方者也。爰本此意,即以社会经济为各教科之中心,以定教育之方针。"师范生毕业后,虽然不是实业家,而仍为教育家,但是,如果"能以改良社会为天职,除办理小学外,宜组织半日学校,或夜学馆,或日曜日补习科,诱掖奖励,罗致农工商徒弟,授之以常识,助之以新法。并利用其本来之场所为实业场。庶职业与教育,得渐相联络,而双方皆有成绩可言"①。

基于以上认识,省立二师对于全徽州教育的改进也有新的看法:总体上,除了道德问题最为重要外,"亟应注重职业方面,以增进人民生计"。具体说,"一方面应改良普通教育,各科皆采实用主义,俾为适于生活之准备。高小以上,并应添设职业科,以资学生练习,如手工、农业及商业之类是也。一方面应实行推广职业教育,如添设乙种实业学校,及职业补习学校,皆为必要"②。

第二节 职业教育的实践

一、省立二师的职业类课程

《修正师范学校规程》对师范学校课程设置有明确规定。预科课程为修身、国文、习字、外国语、数学、图画、乐歌、体操;本科(第一部)课程有修身、读经、教育、国文、习字、外国语、历史、地理、数学、博物、物理、化学、法制、经济、图画、手工、农业、乐歌、体操。且规定除"前项科目外,得加课商业,其兼课农业、商业者,令学生选习之",并分条对各科目教学内容及要求作了详细描述。③

省立二师的课程设置体现出胡晋接独立的课程观,有特色与创新。他尊重蔡元培、黄炎培、陶行知等人的教育思想,在课程设置上体现全面性,以促进学生德、智、体、美的发展;也加入学生将来需要考虑的生活、生产性内容,为学生融入社会生活做准备。省立二师的课程在基本按规定开设的同时,在有些科目的内容上作了符合地方需要的调整,特别是与职业能力直接相关的科目,其职业教育色彩更明显。如:"数学:注重一般之公理、公式、定理,与物理化学上关

---

①② 省立二师.安徽省立第二师范学校杂志·概况[Z].1917(4).
③ 李友芝.中国近现代师范教育史资料:第2册[Z].内部印刷品.1983:225.

于计算之公式及簿记珠算,而技术上,则以练习纯熟简捷省时为主。""博物:教材以关于社会经济者为主,注重实习乡土物产之形性效用,并熟练必须之普通技术(如动物、植物之解剖、分析、培养、驱除,矿物岩石之考察、检定、分析、试用等)。""物理:注重物理实习,以应用于家事与工业者为主要。""化学:注重化学实习,以应用于制造与农产者为主要。""图画:以能应用于工艺者为主要。""农业:除注重林木实习与校园实习外,并注重农业土木、农政经济、使获得经营农林牧畜等之常识方法。""商业:除注重贩卖部实习,及从事商业实践外,宜使之了解国内商业,与国际商业之大势,及关于企业之方法。"[①]总之,省立二师的课程设置反映出胡晋接认识到社会发展中对理科人才的需求增加趋势,以及学生形成逻辑思维的重要意义,有明显的实用主义痕迹。

二、省立二师的职业类教学活动

开放办学、与社会接轨是省立二师遵循实用主义办学的具体体现。每年春秋佳日,该校都要组织学生到附近地点修学旅行。为取得最大的活动效果,胡正修起草了《旅行概案》,说明了旅行目的(明确其观念,锻炼其身心,以野外教授补学校教授之不足,养成随时随地研究学问之能力),旅行与教育之关系(预科为理科、史地教学作准备,本科低年级联系史地、生物、物理教学,高年级结合几何、地质、农业教学;锻炼筋骨;考察社会道德,法善惩恶;感受自然造化之美妙),旅行时期(春秋两季晴明之日),旅行地点(附近,事先择定),旅行前的准备(各科教员指示目的、说明方法、准备用具),旅行时的规约(整队行进毋交头接耳、先后参左,休息时毋远离,有事须陈明,十人一组并设组长管理,观察须有 2 项笔录)和旅行后的考察(各作一篇旅行记,交标本、图画、心得等项)。以此为标准,每次旅行之前,省立二师都精心策划。民国三年(1914 年)4 月,省立二师组织了到屯溪、隆阜的第一次春季旅行。行前,方新、程敷锴、胡正修分别讲了《旅行前之历史谈》《旅行前之地理谈(徽属山水略说)》《旅行采集植物说明书》;途中,教师随时介绍风景、风土、动植物、工艺、地方人物等知识。时间虽仅一日,学生却感触很深。此后省立二师每年两次的附近旅行,无不具有这样的效用。

学生寒暑假在家乡进行的社会调查,是培养学生关注、接触、了解社会的重

---

① 省立二师.安徽省立第二师范学校杂志·概况[Z].1917(4).

要途径，也是提高学生学用结合意识和能力的手段。为征集动物、植物和矿物标本，以编纂符合本地实际的博物教材，民国二年（1913年）寒假前，胡晋接起草了《征集徽属六县植物启》，要求学生"寒假回里后，可就近采集植物若干种，或取秧苗，或摘果实，或选茎叶，或拾花枝；无论谷物、菜蔬、果树、药品、竹木、藤草，凡天然之生物，悉本校所欢迎"，"其产地何所，栽种何时，及一切状况，广为咨访，附加说明"，新年开学后带回校内。或许是初次安排，教职员及学生一共才制作植物标本数十种。次年6月暑假前，胡晋接再次发表《征集植物标本宣言》，从历次搜求概况，说到与学生能力之培养、与徽州民生之关联，再以日本大阪师范学校要求学生各采集植物二百种、制昆虫标本百种为事例，希望师生再次支持，效果很好。黄炎培在民国三年（1914年）4月考察省立二师的所见，即为师生成果的一个部分：

> ……入门，于室之壁间，得自制地图，为歙、休宁、婺源、祁门、黟、绩溪六县图，凡山脉、水流、道路、区划、城市、村镇略备。……谈次，出自制标本。茶，皖南特产也，为标本若干种；材木，皖南特产，为标本若干种；矿产，萃于绩溪下坞之金、荆洲之锑、龙须山之水晶、门前岩之淡水晶、八公塘之白煤、大鄣山之银、石金山之硫铜，为标本若干种。植物为图、为标本凡若干种。……

由此，黄炎培感叹道：

> 与夫注意调查研究乡土历史、地理、农工、矿物，联络各地方小学，此岂仅新安师范学校宜然也哉，而非易数觏矣。①

民国六年（1917年）4月，教育部通咨《各学校假期修学办法》，对师范学校，要求组织调查、采集、旅行、温习课业、讲演教育等活动，"修学成绩于假期届满时报告学校，由教员评定之"②。于是，当年暑假前，省立二师提出了各年级假期中关于乡土科课业实习的指导意见，提出每一假期分采集、制作、调查、计划四项工作，按年级分配所应完成的任务，编列总表如表5-1。

---

① 黄炎培.黄炎培教育考察日记[M].上海：商务印书馆.1914：142,148.
② 李友芝.中国近现代师范教育史资料：第2册[Z].内部印刷品.1983：252.

表 5-1　省立二师各年级假期乡土科课业实习安排表①

学　年	假期	采集及制作	调　查	计　划
预科	寒假	秧苗种子		
	暑假	种子		
本科一年	寒假	木材标本	乡土历史	
	暑假	腊叶标本	乡土地理	
本科二年	寒假	剥制标本	乡土物产	
	暑假	昆虫标本	乡土社会状况	
本科三年	寒假	矿物	乡土民生状况	
	暑假	岩石	乡土教育状况	
本科四年	寒假			乡土教育办法,乡土自治办法
	暑假			
备注		各附说明书	以上拟报告书	

对于调查一项,内容如乡土历史:族姓由来及变迁、模范人物、名人著作等。乡土地理:山脉河流方向、地势、气候、土壤、地质、名胜山水、道路及水利工程、田地山的收成、菜圃与果园、交通、邮政、旅馆等。乡土物产:矿产、农产品、人造品、进出口货物、运输与销售等。乡土社会状况:户口、风俗、鸦片与赌博、盗贼、信仰、赛会、交通与卫生、饮水、消防、警备、慈善、医疗、自治等。乡土民生状况:粮食、金融、邮政、灾害、物价、农工商行业、养殖、工资、游民、客民等。乡土教育状况:儿童数、教育经费、学校及学生数、教师姓名、教科书、教学训育内容、女子就学、社会评价等。

从省立二师历年杂志中登载的徽州六县小学校情况一览表,可以发现学生的调查是持久而有效的。其中第四期与第五期,登有学生写的调查报告13篇,如《休宁县屯溪商业状况报告书》《徽州人往外经商水陆路线说略》等。这些学生作品,虽较简单,却都很具体、实在。

除了学校统一的安排,省立二师师生也经常自行组织相关活动。民国六年(1917年)4月,省立二师教员程铁华等师生十多人,利用休息日参观休宁县万安肥皂厂。虽然恰因技师不在而停产,但他们还是对设备及生产流程作了详细了解。本科三年级学生胡观榜事后写了《参观肥皂厂记略》,图文并茂地介绍了

---

① 省立二师.安徽省立第二师范学校杂志·概况[Z].1917(4).

工厂的设备、安装及生产原理。民国十一年(1922年),教师沈钰的友人吴廷扬,在教授私塾之余,醉心利用桑树皮、稻草、楮树皮、竹子制纸实验,获得成功。沈钰随即在学校举办的实科研究会上对学生作了《徽州之制纸工业》的演讲,不仅介绍了实验经过,还提出可以利用氢氧化钠取代石灰以缩短工期的建议,并对如何利用徽州丰富的原料以发展实业寄予厚望。这样的演讲,经学生记录整理、《二师杂志》刊载传播,产生的社会影响是不容忽视的。

图 5-1　安徽省立二师编印的本校杂志

本着实用主义的办学宗旨,省立二师反对空谈学理,认为各科教学中,实地练习均不可少。且从培养学生未来的生存能力出发,重视农、工、商等技能训练。学校不仅规定自本科第三学年起,轮班选习农业、商业课程,还在第四学年将课外实习科目、年级、人数等有序安排,形成制度(见表5-2)。

庭园作业是在美化校园的同时,让学生掌握相关知识与技能。省立二师从建校之初就重视学校园建设,除栽种石楠、竹、蔷薇、菊、木兰、百合等科植物,还另有食用植物、药用植物、赏玩植物三区,用于师范生农作物栽培实习之用。民国三年(1914年),教育部要求凡应设学校园、农业实习场、实习林的学校,应照章承领学校附近官荒山地,其造林收入,可以作为该校基本金永久使用。次年,省立二师承领亥山官荒地112亩,又自置山业8亩8分,兴造学校林,分为六区,分别栽种桐子、杉树、桃树、李树、漆树、竹子和风景林木。到民国十二年(1923年),先后共植洋槐2 121株、桐子树892株、桑树374株、漆树320株、李树193株、柏子树165株,并在树林间种大豆、小麦、高粱、芝麻等作物。

表 5-2 安徽省立二师各科课外实习安排表①

部 别	学 年	人 数	每周次数	备 考
博物实习	第1~3学年	各5、4、5人	每周各1次	
理化实习	第2、3学年	5人或4人	每周4次	
农业实习	第3学年	临时分配	每周3次	
地图实习	第1学年	7人	每周2次	
手工实习	第1~3学年	全级	每周各2次	
乐器实习	第3学年	3人	每周6次	逐日轮,3人/日
贩卖部作业	第1、2学年	4人	全周	从一学年后期起
庭园作业	预科	临时分配	全周	

林园劳动也主要由学生承担,省立二师有《林园部学生作业内规》11条,就作业实施提出明确要求:

  第一条 林园部学生作业,暂以校园内之学级区、公共区及盆栽植物为主,其余苗圃、校林等各场所作业,由主任临时分配之。

  第二条 林园部学生作业,每周交代一次,其轮值次序,由主任商同各级舍监先期支配之。

  ……

  第四条 公共区之作业,每周每级以学生一人以上轮值之(人数由主任酌定)。

  第五条 校林及校园内学级区之作业,每级每周以学生二人以上轮值之(附属学校同)。

  第六条 林园部学生作业之范围,暂定如左:(1)播植;(2)移栽;(3)接木;(4)耕锄;(5)修剪;(6)除害虫;(7)施肥;(8)灌溉;(9)注意气候之变迁;(10)注意病理之治疗;(11)注意种子之采取及收藏;(12)注意动物之饲养及生殖。

  第七条 林园部学生之轮值作业,每日下午终业后行之。

  ……②

---

① 省立二师.安徽省立第二师范学校杂志·概况[Z].1917(4).
② 省立二师.安徽省立第二师范学校杂志·规则[Z].1916(3).

贩卖部作业也是一项实际工作的锻炼。商业是省立二师学科之一,本安排在本科第四学年,每周 2 小时。兼任会计的胡正修认为,"吾徽人强半以商为生活,足迹几遍各行省,信实久著于外,欲永保其优势,不可不于教育上发扬而广大之"①。因此,他建议开办贩卖部,让学生实地练习珠算、簿记及商业。后来,胡晋接亲拟了《贩卖部办事细则》9 章 29 条,就职员职责、进出商品程序、交接等都作了规定。民国三年(1914 年)11 月,贩卖部正式设立,设主任职员一人,经理全部事务;每周安排 4 名师范本科学生轮值,2 名附小学生来此学习。出售商品为图书、仪器、纸张、簿册、笔墨、杂品,以及学校园出产的果实、蔬菜,学生手工出品等。第一周在贩卖部值班的程应鸣在 11 月 3 日的日记中这样记载:

> 早膳自修时,为料理贩卖部事,未毕……午膳既毕,即至贩卖部,诸同学又如昨日在窗前候买,余俟陈君取锁匙开门入内,主任职员亦至,乃开窗实行贩卖,各司事。买由司银钱处交纳价银,俟司银钱者发票而后至司商品处取货。当时人甚多,有买书籍者,有买簿册者,有买笔墨者,有买杂品者,忙忙碌碌,正如市中商店,诚一时之盛也。预备上课之铃响而散,余等亦整理而后出。观如此,有如吾国古时之日中为市,交易而退者焉,甚有趣也。……②

第一周结束后,胡晋接也深有感触:"乃试办一周,而各生账簿之记载,纷纭纠葛,未易猝理。在学生,既习珠算与簿记矣,而临事尚难应用。始叹课室教授,只教成半个人之说,信而有征。非实地练习,殆未易以底于成也。"③民国五年(1916 年),省立二师附小单独设立贩卖部。贩卖部之设,不仅为学校创收(15 年总收入 2 664 元),更使学生由此受益多多。

此外,省立二师还开设了豆腐坊、砖瓦窑、印刷厂,就连省立二师附小在民国五年(1916 年)也新设工作部,分手工工业(办印刷、装订、糊裱、制信封信纸、织麦秆辫等事)和机械工业(办织袜、织带等事)两种。除雇用必要的工人进行管理外,都是学生利用假日、早晚及其他课余时间,边劳动边学习生产知识技能。

---

① 省立二师.安徽省立第二师范学校杂志·教育之实施[Z].1915(2).
② 周文甫.斯文正脉[M].合肥:黄山书社,2012:366.
③ 徽州地区教育志编写组.徽州中等师范教育·征求意见稿[Z].1986:17.

省立二师还参与了组织公司发展实业的实践。民国八年(1919年)12月,该校同人暨有关社会人士,发起建立休宁阜民林业公司。次年6月召开首次董事会,任命省立二师庶务兼工程部长胡正修为经理,章善宾为副经理,胡晋接、汪彝安为监察人。在潜阜、万安上街分别购地建第一、第二林场,以提倡徽州林业。总资本确定为银圆10 000元,分为200股,每股50元。省立二师起初拟投入60股,后实际投入40股(后期尚有临时出借公司款项的记录)。公司从栽种漆树苗入手,第一、二年各种植20 000株,第三年植10 000株。民国十四年(1925年)暑假,公司开始割漆获利。

第三节 职业教育的成就

在为时15年的办学历程中,省立二师虽然在办学的指导思想及方针上有过调整,但教育教学活动中关注学生职业能力的尝试始终没有中断,有着不可忽视的成效。

第一,培养了学生的职业意识。组织学生春季、秋季旅行,是省立二师坚持多年的学生社会实践活动。民国六年(1917年)4月19日,省立二师一年级及附小学生到休宁县塍上村参观。该村村民李允好以种桃养猪起家,人称"小陶朱公",有桃园上百亩,年收入千余元。本科一年级学生范厚基在游记中不由得感慨道:"吾乡地瘠山多,丁壮多经商于外,以致田亩荒芜,山场废置,曾未有以实业提倡者。吾观李君不能无感矣。抑又闻之,美国上等人才,多投身于实业界,故其实业发达,富凌全球。中国上等人才,则皆投身于政治界,慕官吏之虚荣,不生利而分利,故国日以贫。然则救国一途,舍从事实业,其谁与归?"[①]范厚基的认识虽有简单比附的嫌疑,但仅由一次普通的参观就能生发如此感言,也说明省立二师学生对于社会职业教育、实业发展还是比较关注的。

第二,提高了学生的职业技能。民国五年(1916年)11月,省立二师举办首次展览会,集中展示学生平时各科的学习成果。其中的"实习成绩"部分,主要反映的是学生的职业技能水平,计有贩卖部簿记78件,乡土博物标本植物225件、动物147件、矿物30件,笔筒、手枕等竹制手工品252件,镜架、三角帽架等

---

① 省立二师.安徽省立第二师范学校杂志・学业成绩[Z].1917(4).

木工品61件,多面体等纸工品107件。可见学生贴近社会实际的技能训练成绩不俗。

在民国六年(1917年)9月编印的学校杂志中,收录的有关学生作业,无不反映出学生对农、茶、林等领域一般技能的熟悉。本科三年级学生周其巽的《果树移种及栽培时之注意》,介绍了果树移栽时的根系、枝叶处理方法。方俊鑑来自婺源茶区,他的《绿茶之栽培及制法》,对茶树的栽培及注意事项,绿茶的制作程序以及所需工具作了描述。程承宠的《荸荠栽培通论》,从土质气候、选种、育苗、中耕、施肥,到虫病防治、收获的每一环节,都有准确的说明。绩溪三都的山中盛产蕨类,浙江常山人近年冬季多聚集于此,搭盖山棚,采蕨取粉获利。陈贞璟的《天然物利用之一种——蕨》,即对采蕨取粉的过程及使用工具进行了介绍,并认为这是因地兴利的途径之一。即便是图画学,本科二年级吴光辉也有所得:画肖像画需在玻璃上画格,用铅笔画迹难寻,用毛笔线条太粗。他反复琢磨,试出了将玻璃磨毛糙的办法。一些学生甚至还基于奇思妙想而有新的创造。民国四年,省立二师附小二年级学生汪启堂,利用风车花中的细毛制作了毛笔,"柔软圆熟,宜于大楷,虽善书法者莫能辨"。或许他对这一制作成果的描述有孩童天然的夸张和自信,但他"天下之物至无穷也,惟能竭我之脑力而研究之,则虽至微至贱者,亦将为世所珍"[①]的体会,无疑更加宝贵。

第三,加深了学生对乡土概况的认识。民国六年(1917年)的寒、暑假,根据学校的统一要求,省立二师各年级学生都进行了一系列乡土资源标本采集和乡土概况调查。仅选编入该年度学校杂志的就有预科生任自钟的《乡土植物(术)说明书》、吴剑青的《乡土动物(狗獾)说明书》、本科一年级汪本根的《婺源乡土地理调查报告》、程本魁的《绩溪十四都乡土地理调查报告》、本科二年级李家騏的《祁门全境乡土地理调查报告》、程宗潮的《徽人往外经商水陆路线说略》《绩溪全境乡土物产调查报告》《绩溪十一都乡土社会状况之一览》等,调查报告的内容包括山水、资源、古迹、经济、社会风情等。或涵盖全县,或限于一都,但都内容丰富,叙述比较详细。

尤其难得的是,部分学生因此进行了发展乡村职业教育,改变落后的经济、社会面貌的规划。如方世树在对家乡进行调查后,拟订了《歙县清流村设施职业教育之计划》。他认为:

---

① 省立二师.安徽省立第二师范学校杂志·学生成绩[Z].1915(2).

吾国人已明乎教育不趋向于职业方面之弊矣。故研究教育者，纷纷然昌言职业教育，为救国家贫弱之础石。余观教育书报，无不曰，学贵乎实用。而吾观于学者，如学实业者，其所学农工商业果何用乎？则无不曰，改良我国各种实业也。察其实在，彼学者果能与诸实业家共同营业乎？果能助诸实业家改良实业乎？果能自兴实业乎？而其能者，盖亦无几矣。呜呼，以此少数人补救我国实业之不良处，其能收效者几希。我国职业所以不振之原，在乎有空言者而少实行。其无效也故宜。即有行之者，如幼童然，有仿效性而乏自觉性。如得一方法，不自计划而即用之，其用之得当与否，概不顾问，以此故亦无成效可言。

在他的计划中，发展职业教育的主要措施有三。一是"改编各科教本"，修身、国文、历史、地理、理科、法制经济等科目均需更切实乡村实际，对于农业，则是"本乡土所种作物之栽培法，及益虫鸟之保护法，害虫鸟之驱除法，普通常用肥料之说明并其施肥法，及诸作物之□□（原文不清楚。——作者注），诸牧畜栽种业之推广。又本乡土本有小工业之改良法、振兴法，宜附及之。若本乡土人民有余时余力，更为之添设适当其他工业"[①]。二是采取半日制二部教授法，以方便十岁左右学童襄助父亲农作的需要，学生、家长"两方受益"。三是延长儿童就学年限。此外，假期中开展农业讲演会、小工艺讲习会等辅助性的职业教育活动。

第四，有毕业生非教育创业成功的典范。根据政府规定，师范毕业生有服务教育特定年限的义务。因此，省立二师主张毕业生到小学任职。民国七年（1918年）上半年，首届毕业班尚在实习时，省立二师即向安徽省教育厅递交《呈送第四年级当行毕业学生履历表请饬徽属各县查照聘用由》，文件介绍了学生在学业和品行方面的情况，认为他们"将来以任地方，小学教育当可逐渐改良"。并请求安徽省教育厅指令徽州六县知事转令各小学校查照聘用。但实际上，省立二师毕业生的出路仍然比较多元，尤其是早期，除了部分直接离开教育界外，通过升学深造后再转入其他行业者不在少数。该校曾对历届毕业生的任职情况进行调查，见表5-3。

---

① 省立二师.安徽省立第二师范学校杂志·乡土课业[Z].1918(5).

表 5-3 省立二师民国七年至民国十五年毕业生任职情况一览表①

届别	毕业生数	升学人数	大中学教职员	小学教员	军政公司	商业	病故	未详	备注
1918届	27	4	6	8	3	1	4	5	升学后又有任教者
1919届	18	5	5	8			2	3	当年升学4人
1920届	21	4	5	9	2			3	当年升学4人
1921届	15	2	4	6	1		2	2	
1922届	13	3		8		1	1	3	
1923届	20	4		12			2	5	未含在家修学1人
1924届	18	3		10	1	3		1	升学者尚未毕业
1925届	26	8		12	1	2	1	2	升学者尚未毕业
1926届	19	3		14				2	升学者尚未毕业
合计	177	36	20	87	8	7	14	26	
百分比		20%	11%	49%	5%	4%	8%	16%	

省立二师毕业生中,从事实业且有成绩者也不乏其人。在其首届毕业生中,陈贞璟最为典型。他虽被聘为省立二师附小教员,但有意进中华职业教育社创办的上海中华职业学校进修后,从事实业。校长胡晋接支持他的想法,专门向黄炎培写信推荐。次年,进入上海中华职业学校学习的该届学生有四人:陈贞璟、周其巽、章正顺、胡树滋。民国九年(1920年)秋,芜湖明远电灯公司经理吴兴周、上海亚东图书馆经理汪孟邹(均为绩溪人)发起组织用生镀造公司,招募资本银圆两万元(其中省立二师投入股本一千元),总部设在芜湖,先办电镀,再办铁工,逐渐向各大商埠扩展。陈贞璟、章正顺(字积和)两人被董事会推定分任正、副经理,在绩溪招收艺徒20余人。该企业发展迅速。民国十年(1921年)底,章伯寅在考察皖赣两省职业教育后,撰有《参观皖赣等省职业与教育报告书》,其中留下了在芜湖参观用生镀造工厂后的记录:

> 是厂总理陈贞璟,协理章积和,均上海中华职业学校毕业生。厂分电镀工场、五金场、机械工场三大部。所制家常用具,如帐钩、剪刀、灯盘、撤铃等,多至一百余种,均销本地及扬州、南京、镇江、安庆、九

---

① 此表根据《安徽省立第二师范学校杂志》《黄山钟》有关记载统计而成。

江、汉口等处。资本二万元,营业日见发达,出品供不应求。艺徒四十二人,每日工作之余,上国文、算术等课两小时。①

从事经济活动及研究的二师毕业生则以杨肇遇、许敦楷为代表。杨肇遇(字夏时),休宁板桥人。民国八年(1919年)从省立二师毕业,考取上海中国公学商科,专攻经济。中国公学毕业后,杨肇遇在专业上迅速崭露头角。民国十八年(1929年),他出版了《中国典当业》,以通俗而流畅的文笔,较为详细而全面地介绍了典当业的历史沿革及当时全国主要地区的行业运作方式,被学术界认为是开创了对国内典当业进行全面研究的先河。次年出版《成本会计概要》,主要介绍了制造业中成本核算的具体方法。平实的叙述风格与简明的图表相结合,使即便对成本会计毫无基础者,也可凭借自学领悟。这两本著作,都是大型丛书《万有文库》中的两种,可见其不俗的专业水准和社会影响。

许敦楷(字作人),歙县县城福三管人。在省立二师附小就读时,就以思维缜密、文笔出众见长。省立二师毕业后,他通过自修考取上海商科大学(今上海财经大学前身)。该校师资雄厚,学生管理采用欧美体制,培养学生的自理、自治能力。而学校所处的上海,是当时远东的金融中心,有很多学生实际训练和与工商业企业接触的机会。许敦楷在此不仅学业进步很快,还对社会问题极为关注,民国十五年(1926年)他就在上海《总商会月报》上发表了《一九二五年我国劳工问题之回顾》一文。从上海商科大学毕业后,许敦楷成为会计师,被著名的"潘序伦会计师事务所"(即"立信会计师事务所")聘用。1984年,潘序伦在回忆这段历史时,还清楚地说:

> 立信会计师事务所在成立之初,只用了一个计核员作为助理,这时不得不扩充人员,钱乃澄、顾询、许敦楷、郭驹、张蕙生、钱素君、李鸿寿、蔡经济、王澹如、陈文麟、王逢辛、唐文瑞、施仁夫、管锦康等会计师,以及李文杰会计师兼律师、周鲲律师等都先后来我所工作。②

随着立信声誉的提高,许敦楷在财会界也逐渐成为知名人士。民国二十三年(1934年),潘序伦等51人发起成立中国会计学社,许敦楷是发起者之一,在

---

① 璩鑫圭,童富勇,张守智.中国近代教育史资料汇编·实业教育师范教育[M].上海:上海教育出版社,1994:488.
② 财务与会计编辑部.潘序伦回忆录[M].北京:中国财政经济出版社,1986:24.

成立大会上,他与任祥章被聘为文书干事,说明其办事能力得到充分认可。

在茶叶生产、贸易方面,戴龙孙和他所撰写的专著《茶》,也值得关注。戴龙孙(字云斋),隆阜人。民国十年(1921年),他先参加了省立二师开办的暑假国语讲习会,同年秋,考取了省立二师一年制的师范讲习科。次年毕业后,考取金陵大学。民国十八年(1929年),戴龙孙被金陵大学农学院农业推广部聘用。在抗日战争艰难的环境中,他出版了专著《茶》。该书从茶叶概述到茶的种植、焙制、运销,均有详尽论述。特别是书中提出的要积极引进现代科技,尽快改进陈旧工艺,提高卫生水平等内容,渗透了明确的科技意识。在比较了我国与印度、锡兰(今斯里兰卡)、爪哇(今属印度尼西亚)、日本等国茶叶外销的历史与现实后,他建议先将国内重要的茶叶产区厘订清楚,并由政府出面帮助组织运销合作社,严定茶叶等级,扩大对外宣传,逐渐扭转劣势。对于茶农遭受的各种盘剥,戴龙孙不避时嫌,坦然披露,表现出了一位学者关注民生的强烈情怀。

第六章 徽州近代商业职业教育

宋朝以降,徽州人经商风气日盛,尤其是明中期到清中期的三百多年,更达到顶峰,成为中国商界影响最为深远的商帮。但随着近代史的掀开,我国沿海地区近代工业的兴起,近代西方的科技以及物流、金融、商业等理念和实践的传入,清朝盐业等政策的调整,特别是太平天国运动引发的战乱对东南各省的冲击,徽商开始衰退。1949年后,伴随着所有制改造的深入,建立在私有制基础上的千年徽商终于完全告别了历史舞台。基于这样的时代与地域背景,徽州近代的商业类职业教育也显得发展勉强。

第一节 清末民国时期徽州商业的基本状况

一、清中期以降的徽州商业概况

数百年来,徽商的舞台不在本地,而在以长江中下游为中心的全国各地,也偶有涉足海外邻国。清末民国时期,这样的格局还没有变化,尤其是上海、杭州、苏州等地,仍是徽商的主要活动区域。有人估计,解放前仅上海一地经商的徽州人就有十三四万①。虽然缺少特定时段和区域对徽商分布人口的具体调查数据,但从目前可见的近代徽州商人资料,以及对徽商研究的概貌,作出这样的判断也是接近实态的。

此时徽州外出的人口数可能有所下降,但比例仍然较高。明清时期,徽州外出人口比例相对很高,"商则本乡者少,而走外乡者多"②。但由于我国古代无论政府还是民间,都缺少现代意义上比较准确的统计数字,无法由此做出切

---

① 徐松如.都市文化视野下的旅沪徽州人 1843~1953 年[M].上海:上海人民出版社,2015:29.
② [明]张涛,谢陛.歙志·风土.

合实际的判断。通常人们借以讨论的、具有量化特征的一条资料是明代文学家王世贞在《赠程君五十序》中的这一句:"大抵徽俗,人十三在邑,十七在天下。"① 据此,有人认为当时徽州在外谋生者约占总人口的 70%,留在本土的人口仅占 30% 左右。这种理解不一定合理。因为当年绝大多数徽州女性是留在家中的,即至少 50% 的总人口还在本土;徽州习俗是"十三四岁,往外一丢",则十三四岁以下的男性(约占男性人口的 1/5)仍在本土;"叶落归根""死在徽州"也是绝大多数多年奔波在外的徽州人的常态,若以 60 岁为回归故土养老的一般年龄,则 60 岁以上的男性老者(约占男性人口的 1/6)也在本土。在 14~60 岁的男性中,因家庭等原因没有外出谋生者也应还有一小部分。因此,王世贞所说的"十七在天下"可能理解为适合外出经商年龄(14~60岁)的男性中,约有 70%"在天下"。如果这样的理解符合王世贞的原意,则当年徽州在外谋生者约占总人口 30% 左右。到了民国时期,这一比例明显下降,但是仍比皖南其他县份高得多。具体情况可见表 6-1。

表 6-1 民国十七年歙、休、绩、旌、宁、当人口数据对比表②

县别	人口总数	壮丁数	壮丁占百分比	他住人口数	他住占百分比
歙县	343 538	82 531	24%	36 025	10.5%
休宁	188 606	46 628	25%	15 034	8.0%
绩溪	96 996	25 038	26%	14 565	15.0%
旌德	56 401	16 469	29%	811	1.5%
宁国	156 226	38 027	24%	4 012	2.6%
当涂	332 833	77 143	23%	319	0.1%

说明:表中的"壮丁"指 16~40 岁的男性。

上表的壮丁数用以校正此前估计的 14~60 岁成年男性人数,大体不会有过多误差。表中歙、休、绩"他住人口"(指居住地非本县域)较他县为多;还可以从民国十九年(1930 年)调查时"职业分配"一项的估计中得到验证:歙县农、工、商、其他行业各约 40%、5%、50%、5%,休宁县分别为 44%、2%、50%、4%,绩溪县分别为 40%、5%、40%、15%,宁国县农业约 70%。这些百分值是以成年人的职业为统计基数的,所以数值较高。若以总人口为基数,各项比例会下

---

① [明]王世贞.弇州四部稿·卷六一·赠程君五十序.
② 此表依据民国十九年(1930 年)铁道部财务司调查科的《京粤线安徽段经济调查报告书》的有关表格制作。

降,即接近于表中"他住占百分比"。

如从总体经济、政治势力及社会影响上观察,相比于明中期至清中期的昌盛时段,徽商实力在下滑,但也有少数可称为同业中的典型。如在上海,除了茶商遍布全市(1950年统计的歙县旅沪同乡会的1 303名工商界会员中,茶商人数最多)①、墨业驰名业界外,房地产业出现了上海第八大"象"(即财主)的程霖生;控制百货业的八九家百货店中,"恒兴"等三四家为徽商所开。但程霖生后来的破产,也说明徽商重振雄风的艰难。

明清时期,徽商之富海内知名。但正如不同时期人们都指出的那样,徽商在外地获取的利润,真正输送回徽州本土用于经济发展的并不太多。王世贞说"其(指徽商。——作者注)所蓄聚则十一在内,十九在外"②,即十分之九的财富仍然留在徽商的经营地。民国许承尧也说:"所谓素封,皆乡人之业蕃于淮南淮北者,本州如洗,实不足当此虚名也。"③何况徽商虽素有盛名,但商海的波诡云谲并非人人都善于掌控,汪道昆就直言:"吾乡业贾者什家而七,赢者什家而三。"④到清末依然如此。如歙县,营商致富者也极少,"往往夫商于外,所入甚微,数口之家,端资内助"⑤。大多数民众依靠农、副业生产度日。因此,民国时期,徽州本土的一些社会公益事业往往得到旅外商人社团的经济支持,虽然量未必巨大,但至少也能在一定程度上缓和困难。如民国十二年(1923年)成立的歙县旅沪同乡会,长期关心家乡事务,曾在救灾赈济、资助县志出版、呼吁改善交通等方面做出努力;民国三十七年(1948年),县长杨步梁还因歙县简师的经费困难问题向该会请求救济:

> 县立简易师范本年二月十九日呈称:实属校学生籍贯统计,家陷匪区共计有八十余人,几占全校学生三分之二。本期校依照规定每生应收费用及主副食品折价当在三百五十万元,更加书籍、零用将达四百余万元。以该生等家遭赤祸之来,尤属无力负担,本属校支出,限于预算,且无基金可挪,鉴于免费生给津贴殊不可能,但以职责所在,又急需抢救,免沦匪化,为呈请务乞拨款救济,核示祗送等情,相应函请

---

① 赵焰.千年徽州梦:老徽州[M].合肥:安徽文艺出版社,2017:325.
② [明]王世贞.弇州四部稿·卷六一·赠程君五十序.
③ 许承尧.歙事闲谭[M].合肥:黄山书社,2001:186.
④ 汪道昆.太函集[M].合肥:黄山书社,2004:349.
⑤ 许承尧.歙县志·风土.

贵会应予设法救济,并希见复为荷。①

虽然结果如何不清楚,但徽州本土与徽商旅外组织之间的密切联系已可见一斑。

二、清末以来徽州商业的特点

这一时期徽州本土商业的主要特点也很鲜明。

首先是行业广,店家多,单位规模小。民国初期,黟县县城有46个行业205家商店,渔亭有29个行业111家商店。民国八年(1919年),休宁县城有80多个行业260多家商店,万安有50多个行业140多家商店。民国十九年(1930年)铁道部对歙县、绩溪、休宁三县重要商业区主要行业的商店数、资金数进行调查,其数据也充分说明了这样的现状(见表6-2)。

表6-2　1929年歙、绩、休重要商业区主要行业商店、资金数一览表②

业别	歙县		绩溪		休宁	
	商店数	一般资金数	商店数	一般资金数	商店数	一般资金数
粮食业	城、梁22	1 500元	城、临8	7 000元	城内16	1 000元
绸、布业	城7	5 000元	城、临6	10 000元	屯溪14	10 000元
墨业	全县8	500元				
杂货业	城、梁15	4 000元	全县200	5 000元	屯溪16	8 000元
酱园业	城4	1 200元				
盐业	城2	/				
板木业	全县24	6 000元				
纸业	城3	5 000元				

其次是地域相对集中。民国二十二年(1933年)以前,徽州山区的大宗货物运输基本靠新安江及支流的水运。因此,新安江及其支流沿岸的重要码头是各县的主要商贸区,如歙县的街口、深渡、渔梁、岩寺、王村上店、朱家村、南源口、薛坑口,休宁的屯溪、万安、海阳、蓝渡、上溪口、龙湾,黟县的渔亭,绩溪的临

---

① 唐力行.城乡之间:徽州旅沪同乡会的救乡功能[J].安徽史学,2013(1):116.
② 此表依据民国十九年(1930年)铁道部财务司调查科的《京粤线安徽段经济调查报告书》的有关表格制作。

溪,祁门的祁山镇、历口等。杭徽公路、芜屯公路等开通之后,水运受到冲击,码头的地位逐渐下降。除仍有水陆两运之利的屯溪、歙城、休城、祁城外,沿公路线的主要城镇,如歙县三阳、杞梓里、大阜的商贸开始活跃,纯水运码头地位的下降趋势难以挽回。民国二十二年(1933年),歙县有34个行业、1 273家商店,其中县城和渔梁就有210家,岩寺有157家,深渡有110家。民国二十四年(1935年),休宁县商店达1 260余家,而屯溪占有其半。

再次是销售的商品具有鲜明的地域特征。即徽州土产,如茶叶、桐油、生漆、蚕茧、木材、山核桃等多外运杭州、上海等地;主要工业品如煤油、布匹、海产品、食盐,多从上海、杭州、芜湖购进,陶瓷从江西输入,铁锅从浙江输入。只有民用小五金产自本土的铁匠、铜匠、银匠等手工工匠之手,部分棉织品产自小型棉纺织厂家。

同时,具有近代气息的新型经营或组织模式也已出现。首先出现的是流通领域的同业工会。最早成立的是光绪二十七年(1901年)的徽州茶务总会,会长吴俊德,在六县设置董事。其主要任务是代表茶商与官署交涉并接受委办事项,反映茶商要求,调解劳资纠纷,矫正经营弊端,开展茶叶产销调查研究及建设。民国二十年(1931年)起,各县先后成立茶业公会。受此影响,其他同业公会也纷纷组建,同年,屯溪成立了烟业同业公会。在政府推动下,也出现类似组织,如民国二十三年(1934年),安徽合作委员会在徽州各县设立指导办事处。民国二十七年,各县通过合作委员会,接受中国农业银行贷款。民国三十年(1941年),皖南行署政务处成立合作室,辅导整顿皖南合作事业。次年,各县的乡、镇、保合作社,信用合作社,茶叶联合社以及其他各类生产合作社发展到1 000余个。

最后是受政治尤其是战争影响极大。在和平年代,商贸发展呈缓慢扩张态势。如民国初期,黟县城区有205家商店,渔亭有111家商店。十多年后的民国二十年(1931年),城区、渔亭各有商店265家和168家。发展是显然的,但速度并不快。而那时的屯溪,由于地理位置优越,商业街市已经胜过各县城,成为徽州商业中心。但屯溪商业的迅速膨胀,则与抗日战争休戚相关。受战争影响,内迁的机关、团体、学校达400多家,苏、浙、赣不少商人也为避战乱而入迁。民国二十三年(1934年),屯溪只有商户60多个行业471家,从业人员4 000多人;到民国三十年(1941年),屯溪竟然有各类商店1 000余家。各区县也同样有繁盛的景象,如民国三十三年(1944年),祁门商店646家(民国初年仅有102家),从业人员1866人。抗战结束后,因捐税陡增,通货膨胀,难民回迁,商业经营十分困难,商铺大量歇业。至民国三十八年(1949年)2月,徽州各县总共才有60多个行业,3 742家商店、摊贩,从业人员5 029人,资金5 649万元。

综上所述,商业之于徽州的确很重要,徽州的职业教育中商业板块不可缺少也是能够理解的。

第二节 徽州商业类职业教育的低迷

进入近代以来,尽管徽州民众不改"寄命于商"的生活传统,西方近代金融、商业营销等新生事物在沿海城市逐渐风生水起,影响日盛,但徽州的商业类职业教育的发展并未出现高潮,仅有的几所低层次的商校在徽州教育的园圃中似乎只是点缀,随时都有突然中断的可能。

一、徽州私立乙种商业学校

徽州第一所商业类职校诞生于民国五年(1916年),它并非新创,而是由徽州茶商公立初等农业学堂改建而成的。

徽茶公立初农为何要更名?现有资料难以直接解释,我们不妨从该农校所办附属小学的情况去推测。《安徽省立第二师范学校杂志》从第二期(民国四年9月编印)开始有《安徽省立第二师范学区小学校一览表》,系每学年实地调查所得。第三期始有"公立乙种农业学校"的信息,该年仅有地址、校长姓名、学生数三栏,分别是"阳湖""吴永柏""四一"。第四期学校名称更改为"私立乙种商业学校",地址、校长姓名未变,"教员数"为五,"学生数"为一八、三五(按照表内有两个数字的规律,前后分别为高小生人数、国民学校生人数),"公私费数"为1 800,"学费数"为130。据此可知,民国五年(1916年)9月学校进行专业方向的调整。其原因大约是徽州民众对以蚕桑为主的农学兴趣不大,办学规模数年没有起色,希冀根据徽州人多从事商业的特点,改办乙种商业学校以图振兴。

徽州私立乙种商业学校招收小学毕业生,学制3年。[1] 学校更名的目的是否达到,难以知晓。但从随后几年安徽省立第二师范学校对该校附属小学调查

---

[1] 屯溪区地方志编纂委员会.黄山市屯溪区志[M].北京:方志出版社,2012:968.

看,情况不容乐观。民国七年(1918年)上半年,与上年相比,仅"公私费数"升为1900,其他数字没变;民国八年上半年,教员数、学生数、公私费数分别降为4、32和1078;民国九年(1920年)上半年数据同上一年;民国十年,仅有教员数4和学生数32,其他数据无。坚持到民国十三年(1924年),该校再次改办为徽属初级中学,但是,很快也因经费短缺而停办。① 民国十八年(1929年)改为徽属茶钱两商公立小学②。

二、新安公立甲种商业学校

民国六年(1917年),徽籍六县省议会议员及商界人士发起以古紫阳书院款为基金,创办新安公立甲种商业学校(以下简称"新安甲商"),初借阳湖徽州私立乙种商业学校地址,后迁屯溪栗树园③。这是徽州第一所中等商业学校。对于该校的创立过程及办学难度,省立二师的杂志中有一则题为《上年度本学区创设之甲种商业学校》的短消息:

> 徽以商著,商业学校其最要也。本年徽属士绅,议将旧有之紫阳书院六邑公款,设立甲种商业学校,已奉省公署核准照筹,委任歙县程君伯敬为校长。校舍即附设于阳湖之乙种农业学校。惟每年入款,闻不过三千数百元。恐尚不敷开支云。④

新修的《休宁县志》将新安甲商创办时间定为民国七年(1918年)。⑤ 现存一张民国十二年(1923年)的新安甲商的《征收证》,可以证明这一时间有误。《征收证》的文字主体为印制,仅地点、时间、金额、经手人等栏为毛笔填写:

> 新安公立甲种商业学校学款经理员为发给征收学款征收证事。案准民国六年六月奉安徽省长训令,内开前新安中学原有茶业报关捐及旧紫阳书院息租并宥酺捐等项,自六年六月一日起,尽数拨充新安

---

① 叶明辉.视察休宁县教育概况报告[J].安徽教育行政周刊,1930(3)-3:37.
② 休宁县地方志编纂委员会.休宁县志[M].合肥:黄山书社,2012:983.
③ 歙县教育志编纂委员会.歙县教育志[M].合肥:黄山书社,2009:297.
④ 省立二师.安徽省立第二师范学校杂志·调查[Z].1918(5).
⑤ 休宁县地方志编纂委员会.休宁县志[M].合肥:黄山书社,2012:984.

甲种商业学校常年经费。现由全徽教育联合会会议，公举鄙人为本年此项学款经理员，自应照旧按季征收，以济甲商常年经费之用。兹据歙县佛坑乡(镇)姚孝沛缴交本年季田租洋柒元贰角叁分六正，如数收讫，除填存根外，合给征收证为据。

中华民国十贰年九月日

新安公立甲种商业学校学款经理处经理员　程学典(印)

(注意)：此项征收证系专收租息及各捐款之用，如提用基本金及处理不动产时，非经全徽教育联合会正式公函并呈请官厅照会，经理员不得擅权；各存款店铺及租户亦不得擅付。特此附知。①

这张征收学款的收据上载明，创建新安公立甲种商业学校是民国六年(1917年)6月得到安徽省政府批准的(见图6-1)。

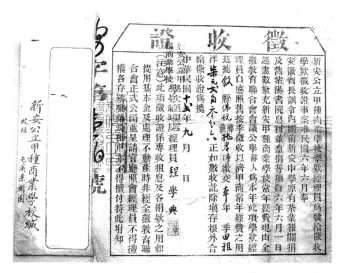

图6-1　新安公立甲种商业学校学款征收证

新安甲商成立时有徽州六邑省议员组成的校董会，负责研定学校的大政。但在民国十一年(1922年)前后，省议会解散，校董会也自行消失，不复存在，主要事项转而由全徽教育联合会决定。根据民国十年(1921年)《职业与教育》杂志对全国职业学校名称、地址、校长姓字的调查，此时新安甲商的校长是许翼。②

---

① 屯溪区地方志编纂委员会.黄山市屯溪区志[M].北京：方志出版社，2012：965.
② 璩鑫圭，童富勇，张守智.中国近代教育史资料汇编·实业教育师范教育[M].上海：上海教育出版社，1994：319.

但需指出的是,该次调查错误很多,就徽州而论,将校长为吴永柏(即吴俊德、吴荣寿)的私立乙种商业学校称为"休宁县县立乙种商业学校",地址错录为"安徽休宁县县城";同时说在"安徽屯溪"还有一所"屯溪公立甲种商业学校"。

蹊跷的是,民国十二年(1923年),安徽省教育厅召开安徽实施新学制讨论会,其中专门职业教育组成员为黄炎培、韩安、徐淮、李寅恭、邹秉文、孙洪芬、刘贻燕。在《改进安徽职业教育办法案》中,其对当时全省已有的职业教育机构作了统计,在所列31所省立、县立、公款补助、私立学校名单中,属徽州六县的惟有办在休宁的乙种商业学校,且以"县立"冠之,而不见新安公立甲种商业学校的踪影。虽然名单之末注有"余待调查",但能肯定的是,在安徽省教育厅、安徽省教育会、安徽省立学校联合会的印象当中,似乎没有新安甲商的记忆。新安甲商的社会影响力由此可见一斑。

虽然新安甲商是徽州六县动用公产经费兴办的,但经费很紧张。后来,经过争取,居然也得到省政府的补助。在民国十七年度(1928年)安徽省各校教育经费实支数目清单中,当年省财政给予新安甲商的补助费为四千元。①

新安甲商招收高小毕业生,学制3年。主要以文化课为主,专业课为辅。文化课有党义、国文、英文、数学、历史、地理、生理卫生等;专业课有商业概论、商算、应用文、簿记、经济银行、商业实践等。还附设预科班,招收高小未毕业者,课程与高小相似,不设专业课。② 学校也重视培养学生的经商能力,特设贩卖部供学生实习,每周安排3位学生担任轮值经理,并假行存放汇兑等业务以练习簿记票据应用。但由于贩卖部货物过少,往往不敷实习需要,故实际效果有限。民国八年(1919年),省视学姚毓麟视察该校,在报告中称:"是校现有学生三十一人,视察时该校业经提前考试,正待放假,各科实施教授状况,无从考察,当就国文、英文两科施行临时试验,检阅考卷,程度均嫌幼稚。惟校长程恩浚颇负乡望,果能认真整理,不难起色。"为此,安徽省教育厅训令提出:"该校长服务地方尚多信仰,应即督率各教职员认真整理,注重实习,藉期起色而重商学。"③

新安甲商的学生中,后在商界稍有影响的是歙县长坞(今属徽州区)人谢节庵(1900—1996)。谢节庵,又名文亮,19岁在新安甲商就读。后与兄长谢在山

---

① 佚名.皖省十七年度教育经费实支数[J].安徽教育行政周刊,1928(1)-28:21.
② 屯溪区地方志编纂委员会.黄山市屯溪区志[M].北京:方志出版社,2012:968.
③ 安徽省府.训令新安公立甲种商业学校:令为省视学姚毓麟呈报视察休宁县教育状况由[J].安徽教育月刊,1919(23):22.

在屯溪长干塝经营致中和茶号,经销"谢瑞馨"牌珍眉(绿茶),后又在民族街创设瑞春祥茶庄,经营内销茶叶,鼎盛时营业额几近百万之巨,与同昌成、恒大成、立裕号称屯溪四大茶庄。他一生积累了丰富的茶叶精制经验,晚年留有《花茶窨制方法》等文献。①

三、新安公立中等职业学校

民国十八年(1929年),新安公立甲种商业学校易名为"新安公立中等职业学校"(以下简称"新安公立中职"),校址也从屯溪栗树园迁高枧。

同年10月,安徽省教育厅督学叶明辉奉命视察休宁县教育。事后,他起草了《视察休宁县教育概况报告》,对此行所见作了较为详细的报告。其中,他对新安公立中职的描述,为我们留下了重要的资料:

> 是校原名新安公立甲种商业学校,本年秋季始改今名,校舍暂假屯溪高枧省立第二工场旧址。常年经费以紫阳书院学产收入,年约二千余元,及省款补助四千元充之;并为便利附近儿童求学计,就原有经费腾出一部,设附属小学。该校自易名后,仍暂单设商科,现有一二年级各一班,学生四十六人,教职员九人,校长沈钰,系本省前优级师范毕业。全校校务分教务、训育、事务、体育、附小五部,每部设主任一人,校务会议,本学期举行四次,俱有记录,各项统计图表殊不齐全。教务主任张文和,于本年十月病故,其职务暂由校长兼代。设备方面,校舍尚可敷用,仪器约有百余种,仅足供高小学生实习之用。图书约二百种,内以商业经济之书为较多,各项挂图俱嫌不足,体育器械勉强敷用。学生课外活动,有贩卖部之组织,由簿记教员任指导之责,每周学生三人,轮值经理,兼以练习新式簿记;余如阅书会、演讲会、娱乐会等,均在筹备之中。附设小学部,现有学生二班,计初级一二年级合为一班,三四年级合为一班,学生共四十六人,教职员三人。本年经常预算,共八百七十六元,各项设备多与中学部共用。训育方面,所制标准十项,尚为适合。各科教学方法,大致尚可,学生课外全无组织,殊为缺憾。统观该校,精神上似觉欠佳,应力求振作,以谋进步。②

---

① 谢节庵.花茶窨制方法[Z].中国徽州文化博物馆:徽州文博.2012(1).
② 叶明辉.视察休宁县教育概况报告[J].安徽教育行政周刊,1929(3)-3:33-34.

次年 10 月,安徽省教育厅督学吴亮夫奉命再次视察休宁县的教育状况,也考察了新安公立中职。他的报告与前一年叶明辉描述的情况相比,有的更为细致:

  该校设于距屯溪五里之高枧镇。校舍暂假省立第二工场旧址,勉可敷用。常年经费,以紫阳书院学产收入二千五百余元,省款补助四千元,及学费收入约三百元充之。该校原名新安公立甲种商业学校,去年秋季,始改今名。现亦仅设商科一科,计一二年级各一班,学生四十六人。又该校为救济附近儿童求学便利起见,腾出经费一部,设立附属小学。现有学生两班,计初级一二年级合为一班。三四年级合为一班。学生五十五人(内女生四人)。该校在甲商时期,校董会由徽属六邑省议员充之,自省议会解散后,校董会遂付缺如。目下旧徽属各县,县教育会多未成立,故校董会迄未组织。校长沈钰,办学多年,经验尚富。全校分教务、训育、事务、体育、小学五部,每部设主任一人。各项统计图表,不甚齐全。仪器约百余种,仅足敷小学之用。图书约二百余种,内以商业及经济之书为多。关于职业上之设备,几于无有。学生课外活动,有商店之组织,由簿记教员担任指导。中学部教员待遇,每时五角。小学部教员待遇,每时二角五分。全年均按十二个月计算,视察时,时值该镇唱戏,学生间有未到校者。

  据称该校自移入第二工场后,曾支给该场保管费二百五十元,修理费约七百元。又查校舍西南隅房屋三间,行将倾圮。现由该校用木柱撑持,计非永久之计。①

从两个年度的教育视察报告看,新安公立中职规模较小,经费紧张,校舍简陋,设备缺乏,管理也乏善可陈。当然,教员的生活待遇也不高。按《安徽中等学校教职员聘任及待遇暂行条例》规定,"凡专任教员,每周授课时间不过二十小时,不得兼充校外其他有给职务。在校内有兼任职者,得视职务之繁简,酌减授课时间,但不得少于八小时"。教职员除应由学校供给住宿外,其薪金标准为初级中学的专任教员月薪自八十元至一百二十元,高级中学的专任教员月薪自

---

① 吴亮夫.视察休宁县教育报告书[J].安徽教育行政周刊,1930(4)-1:29.

一百二十元至一百六十元。① 而吴亮夫的报告显示,新安公立中职的专任教员若以每周授课时间最多二十小时计,每月四周的月薪也只有40元,仅为省定标准的一半。

民国二十一年(1932年),新安公立中职再次更名省立第八职业中学,次年迁往歙县试院(原省立三中旧址)。这是歙县第一所中等职业学校,然而仅仅过了一年,该校就宣告停办。

---

① 安徽省政府教育厅.安徽中等学校教职员聘任及待遇暂行条例[J].安徽教育行政周刊,1928(1)-16:2.

第七章 徽州近代农林业职业教育

徽州地处皖南山区,山峦叠嶂,向来有"八山半水半分田,一分道路和庄园"之称。因水田少,山地土薄,粮食生产条件差,至少从北宋开始,迫于人口增长的压力,就有当地民众向农业生产条件更为优越的池州、舒城等地迁移。明清时期闻名全国的徽商,实际上是外出谋生的特殊群体。而在当地,千百年以茶叶、蚕桑、杉林生产为主要特色的农、林业格局并未出现很大变化。因此,发展以农林为特色的职业教育也符合地方实际。

第一节 清末及民国时期徽州农林业的基本状况

一、徽州的茶业

早在唐朝,徽州就是全国著名的产茶区。唐咸通年间,歙州司马张途在《祁门县新修阊门溪记》中说:祁门"山且植茗,高下无遗土。千里之内,业于茶者七八矣,由是给衣食,供赋役,悉恃此。祁之茗,色黄而香,贾客咸议,愈于诸方。每岁二三月,赍银缗缯索求市将货他郡者,摩肩接迹而至"[①]陆羽《茶经》将歙州列为茶区。敦煌出土的变文《茶酒论》中也有"浮梁歙州,万国来求"的记载。明代以降,徽州名茶众多,茶商遍布,成为徽州本土民众经济来源的主要支撑。

进入近代以来,受国际政治、经济形势影响,徽州茶叶生产出现大起大落,无论茶商、茶农,无不年年担惊受怕,因而徽州流行"茶叶两头尖,三年两年要发癫"的民谚。但宜茶的环境、悠久的历史、巨大的产量,以及除此之外几无依赖

---

① 祁门县地方志编纂委员会.祁门县志[M].合肥:黄山书社,2008:1136.

的局面("徽州人民生计,什九藉茶叶之所得而为挹注"①),又迫使徽州民众不得不在茶叶生产上投入最多的精力。

鸦片战争后,徽州茶叶的主要市场逐渐由国内向国际转移。尤其从咸丰元年(1851年)起,上海成为我国主要的茶叶外销港口,徽州茶叶也告别了远途的"漂广东""发洋财"之行,转向临近的上海口岸。光绪十七年(1891年)、十九年(1893年)、二十一年(1895年),徽州茶叶销售量分别达到 85 400 引、89 400 引和 110 000 引。

民国初年,第一次世界大战中断了我国茶叶向欧洲销售的渠道。同时,印度、斯里兰卡、日本等地茶叶在国际市场上的竞争力日强,我国茶叶的国际市场变窄,虽然面向蒙古、苏联的市场有了拓展,但总体上看经营难度越来越大。民国二十三年(1934年),有感于我国茶叶生产锐减,前途暗淡,行政院农村复兴委员会特派的调查皖省茶叶专员傅宏镇指出:

> ……数十年前之世界茶叶市场,均为华商所独占,居国内出口贸易之第一位,今降而为第六,位于皮货蛋品以下。输出数量,六十年来已减去二分之一,而世界需要之茶叶,从三万万磅到九万万磅以上。近数十年,印、日、锡茶生产过剩,实行倾销政策,所以我们要想复兴华茶,就得要改良色料,以期增进品质之高尚。②

就徽州而论,情况相同。如宣统二年(1910年),"屯绿"贸易量为 210 000 箱(每箱 57.5 斤),约合 6 000 吨。而民国十八到二十一年,"屯绿"出口数量分别为 136 074 箱、127 053 箱、93 363 箱、119 618 箱,③即便加上内销量,也与清末相差无几。在民国经济处于最红火的发展期,徽州茶叶尚且如此,业茶人士的无奈也可见一斑。

民国二十五年(1936年),皖南茶叶实行统制,茶叶的销售、运输、检验均须得到政府部门批准。民国二十七年(1938年),为适应战时需要,茶叶被纳入国家统购、统销物质,由财政部贸易委员会管理茶叶出口贸易。同年,"屯绿"贸易量为 248 184 箱,折合 7 000 多吨,无论是数量还是价格都达到新高。此后两年贸易量虽有下降,但仍属高位水准。太平洋战争爆发后,我国茶叶出口全部停

---

① 佚名.安徽徽属六县茶产之概况[J].中国建设,1935(11)-4:23.
② 佚名.徽属茶业之调查与救济[J].经济旬刊,1934(2)-1:23.
③ 黄山市地方志编委会.黄山市志[M].合肥:黄山书社,2010:482.

顿,茶叶统购统销无形中失去意义。徽州茶商囤积无数,茶号纷纷倒闭。民国三十四年(1945年),徽州茶叶上市量不足250吨。第三次国内战争时期,全国经济萧条,通货膨胀,百业俱废,徽州茶业也一蹶不振。民国三十八年(1949年),"屯绿""祁红"产量分别只有75 350箱和4 631箱,降到了近代以来的历史最低点。

二、徽州的蚕桑业

徽州栽桑养蚕的历史也比较悠久。罗愿《新安志》风俗卷中说,当地"俗重蚕,至熏浴斋洁以饲之"。南宋淳熙年间(1174—1189),政府预购绢、帛的县就有歙县、休宁、祁门和黟县。明洪武二十四年(1391年),徽州府应征税桑树15 489株,共征生绢15匹1丈4尺7寸,由歙、休、黟、祁分派。清乾隆十六年(1751年),徽州知府何达善买来桑苗令百姓种桑养蚕,设局专管,又请女师授纺织技术。虽然历朝政府的捐税项目不一定完全与地方出产相关,但也不会完全无关,可知徽州出产蚕丝的历史较长,且有一定的产量。

清末至民国时期,蚕桑业以绩溪最为普及。光绪三十四年(1908年)的《绩溪县乡土地理教科书》在"土产"一课说到:"近年岭北出丝,七都旺川尤见兴盛。扬之水、登水两流域,亦渐有畜蚕者,真吾邑新开之利源也。"[①]民国二十九年(1940年),屯溪的复兴公司在绩溪创办蚕种场,每年制种、销售达6 000张。全徽州蚕茧产量最多年份是民国二十一年(1932年),为8 000担。但抗日战争爆发后,因出口销路断绝,茧价惨跌,有时1斤丝换不到1斗米。至徽州解放前夕,成片的桑园都较为罕见。

三、徽州的林业

徽州地处亚热带北缘,为南北植物区系交替过渡地带,林业资源丰富,各类植物3 000多种,其中木本植物1 100多种。因以山区为主的地貌,森林覆盖率很高,交通不便,开发相对滞后。山区民众一向以经营林业为生计,他们很早就掌握了杉、松、油桐等的种植、管理技术,人工林的面积也占一定比例。且受风水、生产等习惯风俗影响,民间长期盛行严格的杀猪封山等措施,这为保护林

---

① 绩溪县胡稼民教育思想研究会.民国时期绩溪教育[Z].内部印刷品,2015:570.

木、实现可持续发展提供了积极保障。新安江畔"千仞写乔树",休宁县白际山"杉松柯不改,点染四时青",祁门县祁山上"竹丈敲云散鸟啼"等景色,无不说明徽州良好的生态。

作为移民社会的典型,外来民众在徽州的定居有明显规律。正如吴日法所言:"吾徽居万山环绕中,川谷崎岖,峰峦掩映,山多而地少。遇山川平衍处,人民即聚族居之。"①明朝中期以后,相对开阔的谷地及附近丘陵地带的人口已超出允许的承载值。为谋生,民众一部分外出经商,而各方面条件有欠缺者只好向大山深处移居,以比较原始的方式开垦山林,栽种粮食及其他经济作物,这造成了一定程度上的水土流失。特别是清朝中期以安庆棚民为代表的新一波移民浪潮,对徽州山区森林资源的破坏影响更大。当时人就这样评价:

> 迩来外郡流民,赁以开垦,凿山刨石,兴种包芦,土人始惑于利,既则效尤,寝致山皮剥削,石泐沙倾,霉月淫淋,乱石随水而下,淤塞溪流,磕撞道径,田庐涨没,其害与凿矿炼灰等。而且山木童然,柴薪亦为之踊贵,得不偿失。②

经过多年开发,到清朝末年,徽州只有人迹罕至的边远山区的森林资源还比较丰富,保存着接近原始森林的风貌,而休宁——屯溪新安江谷地、歙县练江谷地及附近的丘陵地带,由于人口密集,开发很早,大多山林稀疏。正如光绪三十三年(1907年)新任徽州知府刘汝骥上任途中所见:"歙、休、祁、黟四县,皆知府经过之区,茂林修竹,蔚然可观。童山濯濯,亦所在多有。"民国二十四年(1935年),安徽省建设厅统计,徽州六县有林面积为71.65万公顷。抗日战争爆发后,徽州军民人口倍增,燃料消耗巨大,加上粮食难以输入,山区毁林种粮者众多,森林资源再次遭到严重破坏。

发展经济、解决民生、稳定社会,这是历朝当地政府的首要任务。在徽州,开发山林之利的作用显而易见。比如,清光绪末年,知府刘汝骥到任三个月,在作了一番调查后,他筹划的须力行的八件事中,就有试办农林一条,作为改良徽州社会的重要举措:

> 查看情形,自当从种树下手。而种植区域,则莫如先地而后山,由

---

① 张海鹏,王廷元.明清徽商资料选编[M].合肥:黄山书社,1985:6.
② 张海鹏,王廷元.明清徽商资料选编[M].合肥:黄山书社,1985:8.

近以及远。现查得府治右侧有公地及无主民地，约九亩有奇；惠济仓及天宁寺故址，约十二亩有奇；武庙左侧约八亩有奇，零星者不计；郡城西北门外，有小教场一处，前后沙滩渐涨为沃壤，约二百亩有奇；东门外教场，约三十亩有奇。其树艺，则城中宜果实、宜蔬菜。拟于明春种槿当墉，编竹为篱，作为植物园。城外之地，则宜竹、宜柏、宜玉，未宜营麻。惟瓦砾砂碛，垦费较多，平均计之，每亩银币四元左右。或招垦，或集股，尚须与各绅细心筹划。①

进入民国，政府也采取了一些措施倡导林业。民国四年（1915年），国民政府规定每年清明节为"植树节"（民国十七年改为3月12日），并颁布《森林法》《促进全面造林法》作为法律依据。安徽省政府也号召"逢山造林"，奖励民众植树造林。在徽州影响最大、持续时间最长的政府行为是民国十二年（1923年）安徽省建设厅在屯溪博村兴办省立第三模范造林场，开展国营造林，总经营面积达6万余亩。虽然因经费所限，时办时停，但没有完全荒废。

一些关注社会的知识界人士也多有植树造林之倡。民国四年（1915年）10月，时任安徽省立第一甲种农业学校校长、后曾任清华学校校长的黟县玛川人金邦正，受命调查皖南山林概况，踏访东流、秋浦、黟县、祁门、婺源、休宁等县，他多次组织森林讲演会宣传造林以改善民生。他在省立二师的讲演中分析道：

> 我徽居万山之中，文明阻滞，一切实业，无一振兴。即固有之森林，亦且废弛，殊不知森林一业，其关系于国家与个人者，甚为重大。……大凡一国之内，无论何种实业，其兴盛与否，恒视教育之普及不普及为转移，教育普及之国，其实业必振兴，教育未普及之国，其实业必颓败。……（森林）直接之利益：第一紧要之用品为材木，……第二紧要之用品如桐油、松油、树脂、樟脑……等皆为工艺用、日用所必需。……间接之利益：能使空气、土地、寒暑之适宜，增加空中之湿气，能令雨水常多，能使河流不息并无泛滥涸竭之弊，能保全山岭泥土不致冲刷以阻塞河流，俾禽兽得安居之所，保安乡镇，使居民多吸有益卫生之清气，增益地方之美景。
>
> ……倘吾乡人对于日用必需之松杉等树而仅知砍伐，不知兴养，

---

① 刘汝骥.陶甓公牍[M].芜湖：安徽师范大学出版社，2018：159-160.

则将来棺木亦必异常昂贵,是不特生时(受)无森林之害,即死是时亦受无森林之影响矣。……①

为说明道理,金邦正演讲中还展示各国未受教育人数比较表,演示用水壶浇已覆、未覆毛巾的木板以观水流之快慢。几十年后,当年曾在祁门曾文正公祠也聆听过他相同演讲内容的郑郁予,还能清楚地描述当时的场景及演示内容,认为"金先生现身说法,听众都感通俗易懂"②。

当时的学校也积极参与计划与行动。民国三年(1914年),省立二师根据教育部要求,承领学校附近官荒山地造林。学校背依亥山,官荒地居多。次年12月,学校承领亥山官荒地112亩,开垦了16亩,兴造学校林,分为六区,分别栽种桐子、杉树、桃树、李树、竹子和风景林木,间种粮食或经济作物等。学生程际鑑曾作有《亥山种树说》:

> 吾校之后有亥山焉,纵横约百余亩,荒芜不治。丙辰春,本校禀诸省,遂领其地而开垦之,为建设校林之用,植以树秧,若松、若杉、若竹、若桃、若李、若桐子、若林檎、若雪梨等,皆略备焉。由各级学生轮流司之。其种树之法,行列整齐,其间距离约五六尺许。栽培有道,灌溉以时,旁有杂草以分其肥者辄锄而去之……③

胡晋接也曾作《校林歌》以记:

> 来来,日和暖兮春回。步崔嵬,校林作业勿徘徊。领荒先把亥山开,经营种植须坚耐。有松有柏,有竹有梅。壅加肥料,辟除草莱。愿从今,林业发达周山隈。④

到民国十二年(1923年),校林中先后共植洋槐、桐子、桑、漆、李树、柏子等数千株,成为当时社会单位植树的典范。

至于民间种植经济林木的举措,徽州也有一些事例。如歙县人胡敬臣在休

---

① 省立二师.安徽省立第二师范学校杂志·杂纂[Z].1916(3).
② 郑郁予.幼时所见祁门地方数事[M].安徽文史资料全书(黄山卷).合肥:安徽人民出版社,2007:21.
③ 省立二师.安徽省立第二师范学校杂志·学业成绩[Z].1916(3).
④ 胡晋接.胡晋接诗八首[Z].绩溪县胡稼民教育思想研究会会刊,第90期.

宁万安对河租赁土地百余亩,创办水南垦牧公司,栽种果树及花生、蓝靛等经济作物。休宁盐铺一带多安庆移民后裔,来自桐城的李允好栽种桃树数十亩,每年收入千余元。休宁城边有旷土,一从太湖移居于此的农民,种漆树数千株,每年收入七八百元。当地人纷纷仿效后,他转而以千株20元的价格包种漆树,很快成家立业,步入小康。

第二节　安徽省立第一茶务讲习所

一、茶务讲习所的创办

我国有悠久的产茶历史,茶农在实践中总结出丰富的经验。历代文人墨客对茶也情有所钟,他们也曾有意无意地以文字的方式传播着采制的"独门秘诀"。但是,当近代机器大生产被引入茶叶生产领域,印度、日本等新产茶区国际影响力扩大,19世纪末,中国茶业出现了一蹶不振的状况。对此,洋务派、维新派及社会上一些有识之士从振兴茶业的根本目的出发,提出了种种补救措施,其中就有建立学校、培养茶叶专门人才的内容。随后,刘铭传在台湾、张之洞在湖广都有开办学堂训练茶业人才的举措。光绪三十年(1904年),张百熙、张之洞再次提出在产茶省份"设立茶务学堂"。光绪三十三年(1907年)开办的"四川通省茶务讲习所",开启了我国茶业教育单独开班教学的历史[①]。宣统元年12月13日(1910年1月23日),农工商部再次上奏,建议于赣、皖、闽、粤、湘、鄂、川、浙"产茶各省筹设茶务讲习所,俾种茶、施肥、采摘、烘焙、装潢诸法,熟闻习见,精益求精,务使山户尘商胥获其利,人力机器各洽其宜"[②]。

徽州素以产茶著称,随着近代外贸额的扩大,进入民国后,茶叶对于徽州民众的经济生活影响日益加深,进行科学茶业教育的呼声也日渐高涨。但清末创立的徽州茶商公立初等农业学堂,开设的仅是蚕桑专业。虽然民国三年(1914年)黄炎培曾建议该校改蚕桑为茶业,但不清楚是意识还是师资问题,未见该校有调整专业的行动。

[①] 陶德臣.中国近现代茶学教育的诞生和发展[J].古今农业,2005(2):62.
[②] 璩鑫圭,童富勇,张守智.中国近代教育史资料汇编·实业教育师范教育[M].上海:上海教育出版社,1994:26.

民国五年(1916年),安徽省实业厅决定在屯溪高枧建立"省立第一茶务讲习所"(以下简称"茶务讲习所"),次年正式开学,专司茶叶生产与经营的职业教育,徽州的茶业职业教育终于有了零的突破。

关于该所的创立时间、地点、名称和创立者的背景,有不同说法。

观点一。丁佳丽认为:"黄炎培在考察徽州乙种商科学校时,结识了婺源人俞燮,对其丰富的茶叶知识和制茶经验极为钦佩,翌年便推荐俞燮前往美国考察茶叶。1917年,安徽省实业厅决定在屯溪的高枧创办一个茶务讲习所,俞燮当之无愧地成为首任所长。"[①]与此观点相同的还有郑示言[②]。结合其他材料判断,丁说源于郑说可能性为大。

观点二。王珍认为:"1918年5月,安徽省政府决定在屯溪高枧建立省立第一茶务讲习所,委俞燮(即俞祛尘)为所长,计有学员40余名,三年后结束。"[③]同样认为该所创办于民国七年(1918年)的还有新编《黄山市志》[④]和《黄山市屯溪区志》[⑤]。

观点三。朱自振认为:"1918年安徽创办的休宁茶务讲习所和设于屯溪的安徽第一茶务讲习所,也都延续到1921—1923年才关闭。"[⑥]

观点四。"徽茶之改良,始于民五。其时适安徽特派实业观察员俞祛尘氏自新大陆归,乃创省立茶务讲习所,民六开学,所址设于屯溪之高枧村。"[⑦]

以上观点的差异较多,尤其是创办时间。对于何时创办,笔者赞同第四种意见。当时,开办在休宁万安新塘村的省立二师,基于"吾校对于本学区之未来,以促进社会道德、发展社会经济为所希望之目的,徽地僻风气闭塞,然亦多有道德、事业足备观摩者"的现实,每年发动师生利用假期从事教育调查,并在民国六至七学年度(1917—1918)的调查中,将调查范围扩充,"除小学校状况外,并仿有闻必书之例,用资传播而备观摩"[⑧]。民国七年(1918年)9月编印的《安徽省立第二师范学校杂志》第五期,除了《本年度本学区小学校一览表》《本年度本学区美以美教会创设之小学》《上年度本学区省视学呈报之优良小学校》

---

① 丁佳丽.20世纪初至抗战前徽州近代教育的发展[D].合肥:安徽大学,2013:34.
② 安徽文史资料全书编委会.安徽文史资料全书·黄山卷[M].合肥:安徽人民出版社,2007:32.
③ 安徽文史资料全书编委会.安徽文史资料全书·黄山卷[M].合肥:安徽人民出版社,2007:341.
④ 黄山市地方志编纂委员会.黄山市志[M].合肥:黄山书社,2010:17.
⑤ 屯溪区地方志编纂委员会.黄山市屯溪区志[M].北京:方志出版社,2012:965.
⑥ 朱自振.茶史初探[M].北京:中国农业出版社,1996:139.
⑦ 佚名.安徽徽属六县茶业之概况[J].中国建设,1935(11)4:26.
⑧ 省立二师.安徽省立第二师范学校杂志·调查[Z].1918(5).

《本学区捐资兴学之提倡者》等外,还有《上年度本学区创设之茶务讲习所》,其中一条尤其重要:

> 茶为徽地出产大宗,屯溪市面之盛衰,实以茶叶为其枢纽。本年度由安徽实业厅创立徽地之茶务讲习所,研究种植、制造、装置、发售各种方法。该所现设于高枧地方,所长为婺源俞君祛尘,前年中国游美实业参观团之调查茶叶者也。①

这则短消息中,涉及时间词有三:上年度、本年度、前年。"前年"属于自然年的概念,没有太多疑义。"年度"则不同,有跨自然年的可能。查看省立二师多期杂志,凡"本校×年度"均跨自然年,按现在称呼则为"学年度"。如该校"本校第五年纪事",即收录了民国六年(1917年)8月至民国七年(1918年)7月省立二师的主要工作事项,因为省立二师筹备于民国二年(1913年)2月,"至三年7月,凡一年有半。惟二年2月至7月,只可作为筹备时期,其所经过事实,因即附记于第一年内以归简便。"②又,《安徽教育行政周刊》第五卷第五十期有不少省立中学毕业学生成绩表,如《省立第二中学校二十年度第二学期毕业学生成绩表》,因当时学校多为秋季始业,故该表中"第二学期"即民国二十一年(1932年)上半年。可见,民国时期教育界的"年度"基本含义应为跨自然年度的"学年度"。上引的短讯的"年度"也即"学年度"。

由于省立二师杂志第五期编印于民国七年(1918年)9月,故该短讯题目中的"上年度"大致对应的是民国六年(1917年)9月至民国七年(1918年)7月;而短讯写作时间在该期间,因此就写作时而言,就是"本年度"。出现这种表述上的矛盾,估计是编者只根据编印时间仅对题目作了更改。

如何将创办时间坐实到民国六年(1917年)下半年或七年(1918年)上半年?"前年"所指的俞燮"中国游美实业参观团之调查茶叶"能帮助我们认定。所谓"游美实业参观团"即民国四年(1915年)由农商部组织的一次国民代表赴美考察,预定行程为往返四个月,4月9日出发,6月30日结束考察,目的"在考察美国实业,在参观巴拿马太平洋万国博览会,在报一千九百一十年美团之来华"③。刚结束国内部分省份教育考察的黄炎培受邀"任笔墨之役",因此他在

---

① 省立二师.安徽省立第二师范学校杂志·调查[Z].1918(5).
② 省立二师.安徽省立第二师范学校杂志·纪事[Z].1915(2).
③ 黄炎培.黄炎培日记:第1卷[M].北京:华文出版社,2008:153.

民国四年(1915年)从上海出发时记录了该团人员:

> ……同行者,张君弼士(振勋)、聂君云台(其杰)、余君日章、陈君遇春(升)、陈君朴庵(廉伯)、朱君仲宾(礼琦)、梁君鼎甫(焕彝)、龚君景张(必铭)、吴君蕴斋(在章)、施君柄之(肇祥)、孙君润江(观澜)、俞君去尘(燮)、余君冰臣(觉)、厉君树雄(汝熊)、张君应铭、肖君敏瑞、龚君安东、美人大来君及其夫人。罗秉生君及其夫人。……①

既然"前年"是民国四年(1915年),则安徽省立第一茶务讲习所创立当在民国六年(1917年)。

当时徽州设立的茶务讲习所到底是一所还是两所,除了朱自振先生之外,目前并无任何资料可以证明在屯溪高枧之外,在休宁是否还有另一所。造成这种误会的是他不清楚当时在行政区划上,久负盛名的屯溪只是休宁县属的一个镇,故以为讲习所在休宁及屯溪各有一所。

俞燮能出任首任所长,与他曾参加游美实业参观团有关。而他此前生活在皖南一隅,凭什么能被安徽省实业厅看中并委派呢?丁佳丽认为原因是民国三年(1914年)4月黄炎培考察徽州私立乙种商业学校时结识了俞燮,因极为钦佩,遂有向安徽省实业厅力荐。对照黄炎培考察皖南的日记,丁说有点失误。即俞燮当时并非在徽州私立乙种商业学校,而在吴俊德开设的吴美利茶行供职。黄炎培在当年4月28日的日记中首次提到俞燮:

> ……八里遂抵屯溪。访吴美利茶行,晤俞君枢尘(燮)。长途仆仆,得此有如归之感。是日行七十里。②

4月30日的日记说到接受俞燮的招待,以及行程的商定:

> 游溪南稽灵山回,俞君饷以婺源制食品,若蒸蹄、蒸鸡、蒸苋、蒸粉、蒸腐之属,皆精美而浓厚,其酒为封缸酒,味甘而性醇。私念饮食食物之厚薄与浇淳,殆亦其地风俗人心之一种表征乎?……

---

① 黄炎培.黄炎培日记:第1卷[M].北京:华文出版社,2008:155.
② 黄炎培.黄炎培日记:第1卷[M].北京:华文出版社,2008:81.

……乃与俞君商,明日往游黄山。①

　　黄炎培在离开屯溪赴杭州时,留赠吴美利茶行一副对联:率水由山,其民好礼;春蚕秋稼,有女如茶。并在上联后注"屯溪有山曰由山,水曰率水",下联后注"民国三年夏,游屯溪,主于吴美利行,留此纪念。《六经》无茶字,荼即古茶字"。此举及小注表明他此行在屯溪均由吴美利茶行负责食宿、行程安排,俞燮就是具体接待者。

　　虽然首次见面的俞燮给黄炎培留下了很深的印象,甚至达到黄愿意尽力相帮的程度,但黄炎培4月30日的日记中也说道:"此次走赣东皖南,荷皖、赣省署文达各县招待,为书以谢之。"显然,黄到屯溪就直奔吴美利茶行找俞燮,亦当有当时安徽省政府或其他途径的提前招呼。

　　特别需要注意的是,当时省立二师校长胡晋接也事先接到安徽省行政公署内务司教育科长的通知。因此,在5月初他在写给上教育科长的信中,就很详细地介绍了黄炎培在徽州尤其在二师的活动,并汇报了科长嘱办事宜:

　　　　前月廿八日,黄韧之先生由婺源抵屯溪。二十九日,冒雨来荷花池,鄙校全体开欢迎会,先生登坛演说,约一时许。恳切透辟,得未曾有。题为《敬希望诸君各自求切实平易之学问道德以化于乡里》,(黑板揭示)大旨不外所提倡之实用主义教育。翌日,陪游阳湖、稽灵山、环山、隆阜、由山岩、二童讲书山等处。所至名胜,多摄影片。隆阜为戴东原先生故里,有先生读书处,门址尚存,但碑碣已湮,仅余满园森秀之竹木而已。……本月一日,往游黄山,一览云海、莲峰之胜,气象之测候、地质之调查、自然物之观察与采集,其足裨助于吾国理学界者,当必不浅。黄先生此行之价值为何如也!改日,仍旋屯浦,再买舟泛新安江入浙。属代申意,已为转达,尊函亦递去。……②

　　既然黄炎培此行的重点是考察教育,由省立二师出面接待更为直接便当,但黄氏却选择了吴美利茶行及俞燮,可见向他推荐吴美利及俞燮的人不仅对俞燮很赏识,也深得黄炎培的信任。这样看来,俞燮能有资格参加游美实业参观团,可能得到了诸多方面的提携。

---

① 黄炎培.黄炎培日记:第1卷[M].北京:华文出版社,2008:83.
② 省立二师.安徽省立第二师范学校杂志·文牍[Z].1914(1).

事实上,俞燮对于茶业的深耕也颇见功力。民国六年(1917年),他曾在《安徽实业杂志》发表《拟改良徽州茶叶意见书》一文,对徽州茶叶经营历史、现实问题与成因、对策提出了自己的看法。他将此前徽州茶叶外贸按赢利差异分为四个阶段:道光以前,虽仅可在广州一口出口绿茶,但其时我国主权在手,不容外国茶商在广州逗留过久,茶叶山价又低,故而为"最获厚利之时代";道光中叶至光绪前,"上海开辟通商口岸,茶业交易去彼就此",故"是为徽州茶业变迁时代",此时,徽州茶商赢利不及在粤时之厚,但"亏折二字尚未有闻";光绪时期,"业此者苦乐不均,盈亏各判",徽州茶商已无昔日风光,"是为徽州茶业中落时代";其后,徽州茶商"年见亏折,获利者百难得一",即为"徽州茶业失败时代"。徽州茶业衰微的主要原因,俞燮认为有三。一是国际市场遭遇强劲对手。较之近百年前,不惟徽州出口茶叶数量翻倍,且新冒出爪哇(今属印尼)、日本、印度、锡兰(今斯里兰卡)等产茶国,其茶叶外贸量更超中国外销茶叶数倍。二是茶叶质量不断下滑。此前,茶农、茶号采制精良,质量颇高,每种花色均有较大批量。光绪初,俄国商人到上海争购绿茶,多十余箱、数十箱零散采购,"于是茶商心思杂乱,而制法为之一变"。因"成本不多,制运又速,于是业茶者纷起"。"茶号加多,而进山买茶,莫不争先放价,于是山价日昂一日,而茶户以为不患难售,其采制之草率亦日甚一日。"三是外商乘机压价。面对外贸市场上暂时的供不应求,徽州茶商不仅采制粗疏,装潢上也多不如昔。过去"精美坚厚"的包装,"熟茶装入,既不透风,亦难沁湿","箱茶运至粤东,有积至二三年始售,其颜色、香味仍不稍变",后因政府征税时对茶叶外包装扣除太轻,茶商乃逐渐改用轻薄材料包装。"运至沪上,稍久囤积,虑其受伤,故一到沪,又莫不争先求售。"外商乃"故意骤贬其价值"[①],以至茶商莫不亏折。此外,茶商还有缺乏团体精神、了无远见、安常蹈故、贪小计微等不足。

至于对策,俞燮认为在上海的11家茶栈,可以采取合议制。具体思路,一是将"茶栈为无形之茶号"改为"由我设号",同时扩张栈务,公开招股,募集资本。在茶叶产地设立分栈,承办茶叶采制事项。所产熟茶运至上海后,由沪栈主持外售。如此,则"抢快贱售、破坏市面之弊可一扫而空"。二是11家"联合为一公栈",并非合并而是以上海茶业公所为基础改良为一总机关,制定章程(如不得先放水脚、限定水脚数目、不得领取他栈水脚、限额放汇、放汇情况公告各方、各号茶样公同品视定价、各栈进出货品须报公栈以便公告、公栈与洋行商

---

① 俞燮.拟改良徽州茶业意见书[J].安徽实业杂志·论著,1917(7):6-8.

定过磅收银等规则,严定罚例、统一水脚折息等)。此外,他还劝告华茶制作者"悉行摒弃"使用滑石粉和靛青,"免滋口实"。同时认为,"我茶业如能结合团力",避开洋商中介直接到外国设点售茶,则"在彼各国亦足如法而施,既使购食者得华茶之真相,而贩洋茶之洋商当无所用之欺诳狡猾诋毁华茶之謷言"①。应该说,俞燮的观点还是有一定价值的。

二、茶务讲习所的招生与教学

陶德臣认为,安徽省立第一茶务讲习所的学员由茶区择优选送②,实际情况未必尽然。著名的湖畔诗人、绩溪人汪静之,因不愿意在汉口经商,已经16岁了,还跟着胡书甫读私塾。他的一个远亲(早年订下娃娃亲的岳父的二姐夫)是上海胡开文的老板,虽然并不是读书人,但懂得一些外面的情况,就告诉汪静之的父亲:你这儿子还跟老先生读古书?现在世界变了,读古书没有用了,又不考秀才,又不考举人,你读它干吗呢?现在要上洋学堂。汪父是个在家乡做小生意的人,不知道要进洋学堂才有出路、有前途。亲戚说,屯溪有个茶务学校,刚开办的,读这个学校将来有前途,比读中学好。于是汪父听从劝导,要汪静之上屯溪那个茶务学校。数十年后,汪静之对民国八年(1919年)春天的报考经历十分清晰:

> 我就到那个茶务学校去,到屯溪去。……我进的那个学校是很糟糕的,因为我没有进过小学,考学校要考数学、英语,那时小学是初小四年、高小三年,高小三年读英语,人家读过三年英语了,我没有读过,ABC都不认识。我去考那个学校,只写一篇古文,数学不会,交白卷,英语交白卷。还考一个常识,就是动物、植物、物理、化学这种很粗浅的常识,我也不懂,没有读过那些课本。我只会做篇作文,可是也考取了,进去了。③

此前,汪静之在私塾已经读书六七年,没有较长时间的经济活动经历,他的报考,也与业茶的职业愿望无关,完全是出于一种对"新教育即新希望"的朦胧

---

① 俞燮.二次与徽州茶业诸君商榷改良书(续)[J].安徽实业杂志·论著,1918(12):10.
② 陶德臣.中国近现代茶学教育的诞生和发展[J].古今农业,2005(2):63.
③ 飞白,方素平.汪静之文集·回忆、杂文卷[M].杭州:西泠印社,2006:162.

感觉。可见,茶务讲习所的招生,无论对象的学历、籍贯还是入学时间,都比较灵活和开放。甚至在录取资格上,也可能比较低,否则,汪静之的一篇古文哪怕写得惊天地、泣鬼神,也无法抵消三张白卷那不忍直视的成绩。而这一切,足以说明该讲习所也面临缺乏生源的窘境。

茶务讲习所招收学员最多时有百余名,学生的文化课程占了较大比重,数学、物理、化学、英语都是主要课程,俞燮亲自编纂各种专业讲义,更延聘茶商吴庭槐担任技术指导。但对于像汪静之这样只有私塾的古文底子,从来没有新式小学学习经历的学生来说,压力一直很大。因此,教师的课外辅导、学生之间的互相帮助就成为少数学生弥补缺差的主要途径。对此,汪静之的回忆也很具体:

> 上起课来,我数理化、英语都不行,都读不下去。数学么,我这位好朋友、大哥哥教我,给我补课;英语呢,我就找那个英语教员补课。我叫他每夜给我补两小时,一个月三块钱。另外还有两个,也是没有进过小学的,老师给三个学生补英语。头一年我的英语都不及格,第二年勉强可以及格了。

汪静之的这个"好朋友、大哥哥"就是"比我大三岁[①],很懂事,会写旧诗"的胡浩川,"后来他成了茶叶专家,……他是中国茶叶总公司里的总技师,全国最高的一个职位"。胡浩川不仅在学习上帮助汪静之,在生活上也是汪的依靠:汪的胆子很小,夜里起来小便不敢出房门(其实出房门一丈路就是厕所),"他说不要紧,你夜里叫我好了"。

虽然对于来自乡间的学生来说,屯溪也算是一个都市,但高枧距市区尚有十里路,学生的业余生活比较简单。比如,汪静之只喜欢"读的是两种杂志:一种是《新青年》,一种是《新潮》,这两种都是北京大学的杂志,是全国性的,它们差不多是新文化运动的司令台"。诗人性格明显的汪静之对茶业兴趣始终没有培养出来,"在屯溪,五四运动一来,我就马上学写新诗"。"因为胡适之这个提倡新诗的人是我们家乡人,我就寄诗给他看。他看了非常高兴,马上回信。"[②]因此,在茶务讲习所读了一年半后,汪静之选择了退学,与同伴奔赴杭州投考浙江省立一师。

---

① 实际大6岁。——作者注
② 飞白,方素平.汪静之文集·回忆、杂文卷[M].杭州:西泠印社,2006:164.

茶务讲习所也将实际操作作为授业的重要手段,不仅租赁高枧茶园百十亩,以便学生实习茶叶育苗、栽培、管理技术,又采购炒茶、滚茶、扇茶等较为先进的机器制茶。据称,俞燮曾让其在日本留学的儿子购置了一台最新式的制茶机,供茶叶制作实习之用,这也是徽州最早的一台新式制茶机①。学员的实习生产也直接同销售等经济活动相联系。在7788商城网站上曾有藏家拍卖一枚纸质的茶务讲习所的红茶商标。该商标长25厘米,宽9厘米;深灰底色上正中为五横条由红至灰的色带;左右各有一个近似圆形的图案,外缘由红色小弧两正一反连接而成;正中的三个同心圆里,大"T"小"C"相叠;其上下均为文字。左为英文,右为中文:上端两行分别是"中国名茶""商标",下端三行分别是"制造者""中国安徽省立第一茶务讲习所"和"中国屯溪"。"商标"两字之间盖着长条形"红茶"的印戳。据民国二十四年(1935年)《中国建设》刊载的一份调查称:"翌年俞氏接美茶商信函,乃倡改用罐装法,每罐一磅,并以破除茶号用靛加色之弊,分发美国各界,一时推为盛举。"②显然这件商标即是为罐装外销茶所用,也表明当时茶务讲习所的红茶生产规模达到了一定程度。

茶务讲习所的学生也关心时政,尤其在国难当头之时多有爱国之举。民国八年(1919年)的"五四运动"期间,该校学生积极参与当地的学生运动。6月10日《申报》曾在《各地对日影响之新讯》中单列"徽州"一条:"徽州学界自闻青岛音耗后,各学界异常愤慨,□③省立学校先后组织救国十人团及国货贩卖部,屯溪茶务讲习所亦列队游行,举行露天讲演,散布传单,劝告商店抵制日货。"④可见影响较大。

三、茶务讲习所的毕业生

民国九年(1920年),俞燮因事去职,茶务讲习所停办,改为省立工场。该所虽然开办时间短暂,却不仅在当地茶业生产中起到了一定的示范和促进作用,更为我国培养了一批杰出的专业人才。在我国茶界享有盛誉的胡浩川、方翰周、傅宏镇等著名茶学专家均出身该讲习所。

胡浩川(1896—1972),安徽六安县人。民国七年(1918年)在安庆上学,次

---

① 丁佳丽.20世纪初至抗战前徽州近代教育的发展[D].合肥:安徽大学,2013:35.
② 佚名.安徽徽属六县茶业之概况[J].中国建设,1935(11)-4:26.
③ 此字难以辨认。
④ 佚名.各地对日影响之新讯·徽州[N].申报,1919-6-10(8).

年到芜湖的省立第二甲种农业学校读书,积极参与五四运动,后转学到茶务讲习所。民国九年(1920年)他在结业后被选送公费留学日本,入静冈茶叶实验所学制茶。民国十三年(1924年)学成回国,在六安、芜湖等地任教。民国二十二年(1933年)在实业部上海商检局任技士,负责茶叶出口检验工作,兼任安徽祁门茶叶改良场技士。次年开始至解放,他一直任祁门茶叶改良场场长,兼任贸易委员会皖南办事处茶叶专员、中国茶叶公司总技师等职。1949年被调往北京,参加中国茶业公司的筹建,并任总技师、计划处处长等职。胡浩川对我国茶叶生产贡献很大,他在祁门的十多年里,提出"以茶养场,制茶赚钱搞研究",选育出了祁门红茶的代表品种祁门槠叶种;率先修建梯级茶园;革新茶叶产制技术、开拓机械制茶;总结出精制技术准则;培养技术骨干。在他的带动下,祁门茶叶改良场成为当时全国机械设备、规模、制茶技艺、产品质量、科研成果名列前茅的研究生产基地和出口基地。

方翰周(1902—1966),歙县罗田人。民国九年(1920年),他从茶务讲习所毕业。7年后作为公派留学生赴日本静冈茶叶实验所留学,攻研制茶技术。民国二十年(1931年)学成回国,初在湖南安化茶叶讲习所任教;后在上海、武汉等地商品检验局任技正,负责茶叶出口质量检验。民国二十四年(1935年),方翰周到江西修水、婺源创建茶叶改良场,任主任,后兼江西省中国茶叶公司专员、江西省立婺源制茶科初级实用职业学校校长。他设计制造了揉茶机和发酵器,主持试制成功宁红"明蕊"茶,主编《江西茶讯》,编写《红茶绿茶初制机械》《制茶先进经验汇编》等文献。解放后,他被从江西调往武汉、北京,筹建中南区茶叶公司,长期担任国家茶叶加工技术领导工作,主持制订了各类各级毛茶、精茶标准样以及品质系数体系,各类茶叶精制技术规程和茶厂管理制度等,为推动我国机械化制茶工业作出了卓越的贡献,被誉为二十世纪中国十大茶学家之一。[1]

---

[1] 郑毅.徽州茶人小传:方翰周[N].黄山日报,2014-12-02.

第三节 几所公立农职学校的短暂办学与其他农职业教育活动

一、安徽省第十区农林实验中学

民国二十一年(1932年)12月,国民政府发布《师范学校法》,在其所附《师范学校规程》中规定,"各地方为急需造就义务教育师资起见,得设简易师范学校或于师范学校及公立初级中学内附设简易师范科";简易师范学校"以县市设立为原则","应于可能范围内设在乡村地方",直至"地方小学师资足敷分配时",方停止办理。① 据此,民国二十二年(1933年),紫阳书院款产委员会动用书院款产3万元为基金,在屯溪隆阜创办了新安公立乡村简易师范。

民国二十四年(1935年),新安公立乡村简易师范迁往高枧原省立第八职业中学校址,改办为安徽省第十区农林实验中学。"第十区"是指安徽省第十行政督察专员所辖的专区。专区制始于民国二十年(1931年),分全省为10个专区。其中第十专区管辖原徽州六县,治所设在休宁(民国二十九年重新编序,改称第七行政督察区,并增宁国、旌德两县)。安徽省第十区农林实验中学由程天绶②(即程诒青)任校长,聘方新为名誉校长。该校招收小学毕业生,学制3年。附设的师范科,于次年改由设在休宁万安的省立二中代办。民国二十四年(1935年)9月16日《徽州日报》有《农校开学》新闻一则:

> 第十区农林学校校长程诒青,系南京中央大学农科毕业,曾任省立二中教员有年,学识经验均丰富。自奉省教育厅委为校长后,即着手设计创办该校并派人往徽属六邑各处,贴招生广告。各地一般志愿农林实业青年,纷纷来校报告,投考者异常踊跃。该校因经费困难,仅取程度特优者三十余名。闻该校已正式开学上课。③

---

① 李友芝.中国近代师范教育史资料(第2册)[Z].内部出版物,1983:327,345.
② 中共歙县县委党史办公室.新安江畔战旗扬[M].合肥:安徽人民出版社,1991:28,31.
③ 佚名.农校开学[N].徽州日报,1935-9-16日(二).

程天绶是一位对于农林专业,尤其是茶业有一定研究的学者,早在民国十八年(1929年),他就曾与叶元鼎、宗谦、陈纪藻一起,出版专著《棉花检验政策》。次年,他撰写的《印度锡兰茶业概况与华茶之竞争》发表在《国际贸易导报》上。民国二十八年(1939年),他的专著《种茶法》又由商务印书馆作为万有文库的农学小丛书之一出版。

二、徽属联立职业学校

民国二十七年(1938年),歙县紫阳书院六邑公产保管委员会商定,第十区农林实验中学改为商科,易名为徽属联立职业学校,63岁的方新出任校长。在为时7年的办学历程中,该校专业设置变动很大,时设农林科,时设商科。学校原有一台制茶机,是茶务讲习所遗留下来的,方新总想开办茶科职业班,把它利用起来,为地方继续培养茶叶人才,以振兴茶业。民国三十二年(1943年),他终于取得省农业厅的支持,开设了茶科专业。学校属于初级职业学校,招收小学毕业生,学制3年。课程主要以文化课为主,专业课为辅,文化课有党义、国文、英文、数学、历史、地理、生理卫生等。商业专业课主要是簿记。[①] 学生主要来自休、歙、祁、婺、绩、太、黟等县。民国三十二年(1943年)校长方新去世后,程应民任代校长,继由方圆甫任校长,民国三十四年(1945年)停办。此后,安徽省教育厅在此筹办省立屯溪工业职业学校。

方新是婺源县荷田人,原名英钦,秀才,后考入南通师范,得校长张謇赏识,被选送至日本弘文师范继续学教育。在日本期间,与黄兴过往甚密,剪辫易服,改名为新,字振民。回国之后,任安徽优级师范学监兼伦理学教员。民国二年(1913年),他任省立五师(后改为二师)教务主任。民国六年(1917年),其因病离开二师。五四运动后,徽州旅宁同乡教育界人士陶行知、洪范五等推荐方新为省立三中校长,先后任职达8年之久。后回婺源任教育局长,普及平民教育,成效显著。[②]

方新任徽属联立职业学校校长期间,亲自确定办学宗旨,鼓励师生自觉成为能抗战又能建设的两用人才,并经常倾听师生意见,研究学校应兴应革的事务,经过讨论后方始决定实行。附设茶科职业班后,方新以68岁高龄与师生一起开辟茶园,抱病工作,终因操劳过度,心力交瘁,卧床不起。病危弥留之际,还

---

① 屯溪区地方志编纂委员会.黄山市屯溪区志[M].北京:方志出版社,2012:968.
② 安徽文史资料全书编委会.安徽文史资料全书·黄山卷[M].合肥:安徽人民出版社,2007:553-554.

探询茶科班的情况。

图7-1 安徽徽属联立职业学校学生毕业证书

方新十分关心家境贫寒的学生,且设法提供帮助。他非常注重学生健康,当时抗战时期,生活艰苦,他力争校外人士的支持,敦聘当地儒医严春生为义务校医,并每日亲自为厨房选配有一定营养的蔬菜,该校伙食遂为当时各校之冠。

方培智,字圆甫,同为婺源荷田人。民国八年(1919年),他从省立二师毕业,考取南京高师国文史地科,师从著名史学家柳诒徵,成为著名的柳门弟子。他的同学中,张其昀、缪凤林、范希曾等几乎都成为文、史、地、哲各学科的著名学者。方培智学成回到徽州,先后在皖中等校任教多年。

徽属联立职业学校学生中,也有中共地下组织在活动。民国二十八年(1939年),中心县委组织部长汪宪在屯溪成立了中共屯溪工作委员会,下属五个支部,其中之一就是徽属联立职业学校支部,书记吴从周。

三、歙县县立初级职业学校(筹)

民国三十三年(1944年),歙县曾商议要办一所县立初级职业学校,县政府行政会议还作出决定:"要开办农民补习班,并在私立明农小学先行附设一班,后再徐图推广。"但一直拖到民国三十五年(1946年),筹备职业学校的机构才成立。据歙县县政府民国三十六年(1947年)2月1日的报告说:"本县职业学校之筹设,经遵省令召开会议决定,先于本县简易师范学校附设农业茶科一班,其所需经费经指定财源办理,追加预算量,奉省府财计岁字第1785号未养代电,以本县财源支绌,予以剔除。"① 县立初级职业学校终未办成。

四、其他农业职业教育活动

这一时期,徽州还有一些零星的农业类职业教育活动,尽管时间短、规模小,但也在一定范围与程度产生过积极影响。

首先是高等教育中实业类专业的开办。实现这一突破的是开办在休宁万安的安徽省立安徽学院皖南分院。关于该院成立的背景和一般情形,民国三十三年(1944年)11月26日《复兴日报》"屯溪学府风光之一"专栏推出的该院通讯介绍比较详实:

> 屯溪的大学早有上海法学院及上海法政学院,设立的成属私立,虽有救济,限制颇严,所设学科又仅限法政,故本省行政最高当局即早有创办公立及实科大学,以救济一批无力升学者或有志实学者之议。去年陈部长莅屯时,经各方请求而设立了苏浙皖大学先修班,不到短短一年的时间又经皖南行署主任张宗良氏的苦心擘划,蓄意筹备,于是又有"安徽学院皖南分院"在屯溪出现。
>
> 基于总裁巨著《中国之命运》的指示,建设新中国需要大量的工程人才,因此该院所设四年制三系咸属实科,即机械工程,土木工程及农林。又按皖南实际现实环境的需要,而办了二年制的会计、银行、茶业三专修科,俨然成了三系三科的独立学院。
>
> ……本院主持当局更审慎及此,故教授之选聘,抱着绝不滥充的原则,现已经应聘或已到院者,略介绍数位于后:
>
> 胡浩川教授,现暂代本院教务长职。先生曾东渡留日专攻茶业多年,曾任国立复旦大学等教授……
>
> 高宇昭教授,为本院机械工程系主任,早年留美,远涉重洋专研机械……

---

① 歙县教育志编纂委员会.歙县教育志[M].合肥:黄山书社,2009:297-298.

何正森教授,为本院土木工程系主任,法国巴黎大学工程博士……

吴廓民教授,为本院农林系主任,留日多年,专攻农林学……①

但是,当该院第一学期开学后,由于茶叶专修科学生人数过少,不得已而停办,已录取入校的该专业学生转入农林系。民国三十三年(1944年)下半年,教育部要求该院将机械、土木、农林等各系科改设为与总院相同的系科。经反复争取,农林系、会计专修科继续开办,机械、土木两系从民国三十三年(1944年)第二学期开始停办,另设数学、政经两系,机械、土木系的在校学生,原则上转入数学系,少数经一定程序也可转他系或他校。② 抗战胜利后,该院迁往芜湖。这样,办在徽州属于高等教育层次的职业类专业中断。

由省农商部门依托各地茶叶改良场举办的职业类培训活动也有一定成效。民国二十四年(1935年),全国经济委员会农业处在祁门开设训练班,招收初中学生,用以指导茶农合作事业。民国二十七(1938年)至三十年(1941年),安徽省茶叶管理处又在祁门茶叶改良场举办茶叶高级技术人员训练班,学制一年③。《祁门茶叶改良场技术员工训练计划大纲》规定:

子　训练编制

一、名额年资。名额以二十五名为度;年龄自二十岁至二十五岁;资格限高级农业及同等学校毕业。

二、入学手续。采用考试制度,就地取十五名,呈请建设厅在皖西取五名。

三、在学待遇。受训期间称"实习员",供给住宿,月给二十五元至三十元,得视作业成绩,随时加减;一年结业,考试成绩及格者,给以"技术助理员"名义。

丑　训练目标

高级技术人员训练,在茶业推广业务上,以造就全能之干部技术人材为目标,就可能范围内,务使学者在实习期间,除受督导努力实习外,同时并探求茶业产制上应用科学之原理,考察当前茶业病态之所

---

① 大江.战时皖南行政资料[Z].中国文化服务社皖南分社,1945:152-154.
② 大江.战时皖南行政资料[Z].中国文化服务社皖南分社,1945:155.
③ 陶德臣.中国近现代茶学教育的诞生和发展[J].古今农业,2005(2):63.

在,昭示研究改良之途径及方法,以备将来实地工作与继续钻研,具有基本之智能。训练期满,希企所有实习员,散入茶业行政机关,为一健全之茶务管理人员;散入公私制茶工厂,为一健全之工厂管理人员;散入公私茶场,为一健全之茶园管理人员。①

为此,训练班确定以"尊师重道""敬业乐群"为技术修养训练原则。"做学问"为技术训练原则:由"做"入手,其有不能者,从而"学"之,不知者从而"问"之。训练办法采用自学辅导制为主,个别辅导为辅。导师从理论上做一简述后,配合以适当示范。学员除随时提问外,还需参加导师召集的座谈会。逐日均有日记,每一项目结束后,各人撰写报告,三五人为一小组,相互审核整合为小组报告,直至形成总报告。在训练科目上,术科有茶树栽培(茶园开垦、旧园整理、播植种苗、无性繁殖、品种改良、剪整枝株、老树更新、中耕除草、施用肥料、病虫防除、茶叶采摘、其他),茶叶制造(萎凋、揉捻、发酵、气干、烘干、其他的初制作业,筛分、整定、风簸、拣剔、补火、均堆、包装、其他的复制作业)。总体看来,训练内容比较全面,要求较高。该班于民国二十九年(1940年)2月举行结业考试,成绩及格者,由该场商同茶管处及贸易委员会酌量任用。不及格者,留场补习。造就无望者,即行黜退。

屯溪茶叶改良场茶叶初级技术训练班开办起因是"皖茶管制以来,业务范畴,逐年扩大,工作实施,突飞猛进,以是技术干部颇感缺乏"。为此,安徽省茶业管理处于民国二十八年(1939年)委托徽属联立职业学校代办初级茶科,招生一个班40人,依照部颁初级职业学校课程标准,学制3年。但开办一年半之后,徽属联立职业学校"茶事设备缺乏,一应实习,难得合理适宜之举行",省茶业管理处不得不将初级茶科收回交屯溪茶叶改良场接办,并改名为"初级技术训练班"②,班址选定在临溪石簗保,借民房为班舍,授课地点在吴氏祠堂,民国三十年(1941年)3月3日正式开班上课③。

从培养目标看,该班是要"造就德艺兼具、手脑并用之全能茶叶中级技术干部人员",使其毕业之后,能独立承担不同茶叶生产环节的相应工作,如在茶叶行政机关,"为一健全之佐理茶务的管理人员";在公私制茶工厂,"为一健全之工厂佐理的管理人员";在公私茶场,"为一健全之茶园佐理的管理人员"。同

---

① 佚名.祁门茶叶改良场技术员工训练计划大纲[J].茶声(半月刊),1939(7):80.
② 佚名.屯溪茶叶改良场茶叶初级技术训练班训练大纲[J].安徽茶讯,1941(1):9.
③ 佚名.初级茶科开学[J].安徽茶讯,1941(2):42.

时,保持在校期间向上进取的兴趣,在实际工作中不断学习、不断深造。因此,训练班明确了五项训练原则:一是精神训练,"使以尊师重道,敬业乐群为本";二是技术训练,"合一手脑运用,改善茶业经营";三是服务训练,"认识农村现状,领导茶农改进";四是政治训练,"奉行三民主义,明了社会现实";五是康乐训练,"从事正当游艺,培养健全心身"。在训练办法上,甚至比祁门茶叶改良场举办的高级技术人员训练班还要全面、具体而科学。详细内容如下:

一、学术训练。学生入学后,即以"做学教"一贯制度,在时间上划为半工半读。各种基本学科,由导师教授。技术作业,由导师事先略事讲解,临时严厉督教;既事指导整理。

二、园场实习。茶园工作,自垦地以至采摘,均依季节分配,按部就班,作有系统之实习。茶季配入工厂,从事制造,实习亦为有系统之进行,不仅在使娴熟各种处理之手术,尤须确能会通相关作用之因素。

三、问题讨论。每周举行讨论会一次,导师及学生全体出席,所有疑难问题,由各负责导师,分别讲答。

四、记载报告。学生每日须记日记,不得间断。各种实习,应另册逐项记载,由导师分别核阅。每一实习结束,各缮报告,由导师批改,纠正错误。

五、茶农访问。由班内备制调查表,按时派出访问,以期明了茶农一切情况。发现茶农对产制不合理时,立即各就所得,劝使改进。

六、卫生娱乐。每月举行体格检查一次,至疾病之预防与治疗,由场医负责,教授常识随时办理。并设置普通游艺器具,如篮球、台球、琴棋之类,辅佐身心上之锻炼与陶冶。同时旁及农村公私卫生,并正当娱乐游艺之研习,为推广改良之凭藉。

七、作业竞赛。每两周或每月举行作业竞赛一次,包括学术。各科优胜者,奖与奖品(分奖旗、奖章、文具,书面及口头褒奖)以为鼓励,藉以启发学生自动研究向学的精神。

八、技术考察。民间技术随地而有小别,独到精微每每即寓于此中,使之随事考察,藉收取精用弘之益。[①]

[①] 佚名.屯溪茶叶改良场茶叶初级技术训练班训练大纲[J].安徽茶讯,1941(1):9-10.

屯溪茶叶改良场接办茶叶初技训练班后,对教学安排作了较大调整:茶季整天实习,茶闲时侧重教学,其余时间实习、教学各半。训练班开设课程也比较齐全,总体分学科、术科两大类。学科部分主要有三项。一是普通基本学科,按教育部颁发初中课程标准执行,开有公民、国文、数学、生物、理化等课程。考虑到总课时紧及专业课程多的实际,对于一些学科略有处理,除公民、数学采用初中教材外,国文采用活页文选,侧重应用文,写作有日记与命题作文;生物与理化均编发讲义,注重基本知识。二是农业基本学科,有农业概论、土壤肥料、测候(气候与作物关系、测候方法等)、测量(平面测量方法)、农业经济(农场组织、管理、设计及簿记)、农业社会(我国农村风土、娱乐、习惯、卫生等)。三是茶业基本学科,如茶树栽培、茶叶制造、茶树病虫害、茶叶检验、茶叶贸易、茶叶合作、茶叶政策、茶叶法规等。术科部分主要有四项:一是茶树栽培(茶园垦整、种苗繁殖、茶树选种、茶园管理、病虫害防除、生叶采摘);二是茶叶制造(红、绿、青茶的初制作业,筛分、风簸、拣剔、补火、匀堆、包装、工厂管理等复制作业);三是品质审查(干法鉴定、湿法鉴定);四是其他作业(原料鉴定、茶叶检验、设计植制、交易手续)。对于学业考核,训练班设计了学期与结业考查两个环节。学期考查包含由导师随时安排的笔试、口试,月考、学期终考,以及茶园、工厂实习,以百分制计分;操作项目则以等级制计分。结业考查则在3年学习结束时,分学科、术科各进行一次总测定。

训练班学员基本享受公费待遇,食宿、书籍、制服均由场部供给,仅"遇特殊情形时,得令自备百分之二十至五十"。为营造良好学风,保证毕业生质量,训练班规定:学期考查中,如有学科、术科三门分数在50分以下者,饬令退学,追回津贴。有两门学科在50分以上、60分以下者,令其自费学习,并在后一学期开始时参加补考,不能及格者令其退学。结业成绩不及格者不予结业,需进行自费补训。对于操行要求,训练班也颇为严格:"操行不及格,随时除名,追缴津贴一部或全部。"①

从现有资料看,该训练班的训练大纲基本得以落实。民国三十年(1941年)4月18日至5月下旬,该班学员分为两批,被安排至屯溪上草市特约茶园和祁门茶叶改良场实习,参与茶园观察、制茶研习、毛茶审评等项目的实践,还开展考察农家制茶、自种日用蔬菜、组织清洁卫生等活动。5月12日,学员黄起毓等三人,在王、鲁两位教员的要求下,走访了附近门牌为篁墩保118号的茶农

---

① 佚名.屯溪茶叶改良场茶叶初级技术训练班训练大纲[J].安徽茶讯,1941(1):12.

童老大,了解到茶农"往年出产毛茶约三担以上,而今年竟一落千丈,只有七十余斤了","茶零售只卖一元钱一斤,……更有茶号……只出六十元一担","若是靠茶,那真是一贫如洗了"的实情,其所写的《实习生活底一页》也在《安徽茶讯》上发表。

总体来说,这些训练班从茶叶生产实际需要出发,且因设有试验茶场和实验茶厂,学员毕业后大都从事茶叶生产、教育和科研工作,在行政及技术方面多有贡献。

除了学校的农职业教育,一些社会团体也在社会职业教育领域开展相关活动。尽管其组织相对松散,教育内容与形式不如学校丰富、紧凑,但影响并不小,在某些具体农业生产环节的改革上能激发出农民的内驱力。其中,休宁县农会较为典型。

休宁县农会约成立于民国二年(1913年),首任会长为曾任临时县知事的本县人夏湄生(慎大)。起初,该组织活动不详。至民国十四年,夏湄生去世,次年遵章改选,戴伯行、陈滋和分任正副会长。该会的权利机构是评议会。其基层组织是乡村农会,直至二十年代,"赖同志之提倡",全县相继成立并经县立案者十余家。该会最有影响力的当为民国十二年(1923年)创办的《休宁县农会杂志》,由徽州近代第一所职业学校休宁初等农业学堂创办者戴英任编辑,每年一期,成为该会面向社会传播近代农业生产形势与技术的主要阵地。

《休宁县农会杂志》内容丰富,特色鲜明。首先,该杂志具有国际视野。在前后仅发行4期的杂志中,刊发有《俄国农业政策之改革》《参观日本农业述要》《世界棉花消费额之增加》《美国发明橘类保存法》等文章,从国家农业政策、农产品贸易、农业生产组织到农业技术均有涉及,一些文章如《美人对于徽茶之改良意见与茶商之商榷》,则将徽州农业置于国际大经济圈中加以审视,尤为难得。其次,该杂志颇有学术气息。《中国农业经济问题》中心突出,资料详实。戴英自撰的《中国农业进化史》虽仅刊发了大纲,但梳理之合理,结构之缜密可见一斑。至于各篇文章,无论长短与文体,均意义准确,表述严谨,并无当时一般杂志夹杂较多乡土俚语或行文啰嗦之弊。第三,该杂志重于农事指导。或对种植业发展提出建议,如《徽菊销杭之状况》一文认为,产于歙旱南的千瓣种菊花,因产地山高水清,雾气浓厚,其香味优于杭菊。每当菊花采摘之际,杭州客商来此采购,出价可达两百余元一担,比产于浙江石门的每担五六十元高出不少,因此可以广为种植。只是采摘、烘焙手续颇繁(采摘需早晚两次,花开七八分时;烘焙须渐渐干燥,且花心向上),故而建议"家庭之妇女幼童多者,可多种以为副业耳"①。其他如《劝种薄荷》《实用种树书》也属此类。或对养殖给予改良建议,如戴英之子戴龙孙所作的《劝休地农家以养蜂为副业说》《新旧养蜂法之比较》就很详细。《乡人养蚕之弊病与改良之商榷》则指出休、歙养蚕多有泥古不化的守旧之举,如品种上,重于选茧,轻于拣蚕;品种不一,混养一处;藏种随意,时寒时热。饲料上,桑园荒废,地力瘦弱;饲料肮脏,导致病蚕。饲养上,催青不适,出蚁不齐;气候调节,一任自然;喂叶随意,时量不均;叶量不估,齐蚕减产。卫生上,蚕室不整洁,蚕具未消毒,病菌繁殖,多致失利。相比之下,绩溪岭北养蚕最为发达,每年产值达二三十万元。编者因此建议:"设立养蚕传习所,根据学理,授以简便易行之方法。或延请教师,轮往养蚕各地,实地指导,与之合作,则先入之见为主,一切陋习,自不至成为风气。"②对于新农事技术的介绍,杂志也有较多篇幅,如《保护果实之挂袋法》《土质改良法》《人造肥料之施用法》《除虫菊之栽培及制法》《农家改用阳历之好处》。在《除植物害虫药剂》一文中,作者介绍,对于园圃中蔬菜虫害,"可用煤油一斤,石碱六两,先以热水一斤入以石碱,使其溶解,再注煤油,用力搅之,至终乃成乳白之液而现糊状,散于圃面,以除害虫,极有效力,价值亦廉。"③类似简单实用的耕作、保管等技术的传播,对于民众解决日常生产难题有较强的指导意义。第四,该杂志对于徽州农业从业者有诸多振聋发聩的警示。在《桐油输出美国状况》中,作者指出,美国因工业发展需要,采购自我国的桐油从民国二年(1913年)的200万元飙升至民国十年(1921年)的1 100万元。面对这"我国之绝大利源",作者更着重提醒,"业此者,于价昂之时,往往和以廉价之别种植物油,殊于信用上大受损失。"④此外,该杂志也关注国内农业经济政策与动态,如《农商部整顿实业之计划》《河南森林警察管理法》《安徽垦屯总局新章程》《浙省推广华茶贸易之建议》《南京农家与学校合作之状况》《孙总司令培植森林之训令》等。对当地农业状况也进行及时反映,如《休宁水患之状况》《东乡树艺会果品歉收之情形》《植树节之感想》。甚至还预设了促进徽州农产发展的方案,如《拟设徽属农产展览会章程并缘起》,拟借鉴国外开设农产展览会的方式,扩大展示,互相观摩,广开利源。尽管当时举办无望,但其依然寄厚望于"将来热心提倡者之采择"。

对于《休宁县农会杂志》的价值,民国十五年(1926年)时任休宁县知事的

---

① 休宁县农会.休宁县农会杂志[Z].1924(2):88.
② 休宁县农会.休宁县农会杂志[Z].1924(4):5.
③ 休宁县农会.休宁县农会杂志[Z].1924(2):91.
④ 休宁县农会.休宁县农会杂志[Z].1924(2):87.

望江人王玗有言,"观其所采各论说,关于改良农业,皆有学识有经验之谈。……倘有心农务者,手置一编,乘农隙以演讲,俾农学新知识,渐次灌输于农人之脑海,庶农业振兴可操左券"①。

休宁县农会之成立,"以提倡农林为惟一任务,而尤以造林为永久之图",因此也建设有示范实践基地,民国十二年(1923年)在休宁万安的万岁山创设了第二苗圃,购置黄金树、楸树、松、柏、槐种子培植,合计约有十余万株。"以最廉价格,分劝四乡农家,多事种植,以资推广。"②两年后,又经评议会议决,在屯溪近郊的上资购买民间山地,招工开垦,开办造林场,种植松、杉、桐、槐,作为引领当地民众造林的示范。

第四节 安徽省立徽州初级农业职业学校

一、全省职业学校的改进

自民国十六年(1927年)冬安徽省实施中等学校改造方案至30年代初,即民国十七年(1928年)至民国二十年(1931年),安徽职业教育进入低潮期。就全省而言,中等学校数量不多,且变化不大。全省总共分别有55所,59所,79所,87所,民国二十一年(1932年)年因水灾影响,减少为81所,1933年为78所。对此,安徽省教育厅后来也有较为深刻的检讨:

> 民国十七年,将普通中学、师范、职业归并成一校,而事实上师范与职业暨普通中学的训育教导,皆有不同,处处困难。到民国二十一年,大家就不满意这种政策。所以到二十一年度,就计划将职业、师范、中学分开。到二十二年,本已可实行,但是因为人事接替的关系,仅有一两校实行分开,到现在才算完全实行。③

民国二十二年(1933年),教育部颁布《职业学校规程》,规定职业学校以单

---

① 休宁县农会.休宁县农会杂志[Z].1926(4):1.
② 休宁县农会.休宁县农会杂志[Z].1924(2):88.
③ 杨廉.安徽教育状况之过去与将来[J].安徽省政府政务月报,1934(11):14.

科设置为原则。嗣后,行政院会议议决并经教育部明令,限各省至民国二十六年度(1937年),全省中等教育经费分配,师范占25%,中学占40%,职业占35%(安徽省民国二十二年度核定比例,师范占30.8%,中学占39.7%,职业占29.5%)。还要求各省民国二十二年(1933年)底之前,拟定经费达标实施方案呈部审核。因此,安徽省教育厅考查地方情形,斟酌本省财力,制订了改进方案。其原则:

一、省立中学、师范、职业学校经费之分配,期于民国二十六年度达到部定标准;

二、不骤然增加省库巨额之负担;

三、逐年渐次更改;

四、顾及省立中等教育之平均发展;

五、根据过去历史、社会需要及校舍现况,规定省立中等学校之分布地点;

六、省立中等学校之名称,依照部令命名,以符通案;

七、根据交通状况,各地现有小学校数及小学生人数,划分师范区,力求其适当;

八、省立师范,中学,遵照部令,分别设置,俾得各自发展;

九、省立中学男女分校,省立师范男女分部,分班教学;

十、省立职业学校遵照部令单科设立,并斟酌地方情形,适合社会需要。①

依据以上原则,各职业学校的整理思路均有拟定。其中原设休宁高枧、后迁歙县县城的省立第八中等职业学校,"原设初级商科三班,惟商科学生之出路在内地十分困难,兹拟改办简易农林科,校名改称省立徽州初级农林科职业学校。自民国二十三年(1934年)起,原有商科停招新生,改招初级农林科学生(实施时省立徽州师范学校即就省立第八中等职业学校改组,原有商科即归该校办至毕业时结束。至省立徽州初级农林科职业学校,则另于绩溪地方派员筹备)"。当时,省立徽州师范学校商科有两级,学生47人,专业教员5人,职员2人②。同时,拟从民国二十三年度起,各职业学校依照当地需要,附设各种补

---

① 安徽省政府.安徽省行政成绩报告(1934年)·第三编[Z].1935:57.
② 安徽省政府.安徽省行政成绩报告(1934年)·第三编[Z].1935:63,308.

习班。

二、省立徽州初级农业职业学校的创办

省立徽州初级农业职业学校（以下简称"省立徽农"）创办之初，颇费周折。按照安徽省教育厅计划，民国二十三年（1934年）先设农林场一所，附设农林训练班，之后再开办初级农林科。但就在同年3月，绩溪县以胡运中为代表的教育界同仁及部分社会贤达，认为"绩溪蚕丝，年来惨遭失败，其原因固为世界商业萧条所致，然农夫农妇，墨守旧法，不知改良，亦为失败之最大原因"[①]。于是联名吁请安徽省教育厅在绩溪县利用东山书院旧址设立蚕桑学校，3月30日的《徽州日报》对其进行了报道。同时，他们为加重分量，又致函胡适，请他向安徽省教育厅说项。从《章希吕日记》中可知，胡适为此多次致函教育厅厅长杨廉，转告家乡父老的意见。

安徽省教育厅也十分重视，民国二十三年（1934年）10月前后，委派金瀚（文希）为筹备员，来徽州查勘落实校址。他先后踏勘了屯溪高枧（原省立八职校址）、休宁潜阜阜民林业公司（原省立二师曾于民国十年在此发起建立）、歙县紫阳书院、绩溪东山书院等地点。同年11月初，在绩溪县教育局长佘蒸云与地方绅士协助下，最终认为"以东山书院、孔灵两处为适用"，并回省"呈报请厅择定"。[②] 安徽省教育厅起初认为，备选之地或附近缺少农林实验场地，或校舍简陋，或地方政府支持有限，皆不适宜办校。最后择定绩溪县孔灵村，一是当地人少而荒山、田畈成片，埂塘较多，适宜筹办教学试验基地；二是当地素有育蚕缫丝传统，开办蚕桑科对于地方有直接的社会影响；三是该地交通便利，虽不通公路，却离芜屯公路仅五里之遥；四是绩溪县政府及地方人士态度积极，较短时间里就筹款3 934.6元，购田地314亩，置旧屋5间，在很大程度上减轻了安徽省教育厅新办一所学校的经济压力。民国二十四年（1935年）5月，《安徽政务月刊》就刊发了一则简讯：

> 据绩溪县长陈必贶呈报：省立徽州初级农林科职业学校田地已买定二百余亩，请派员接收。本府据绩溪县长呈报，当即派该校筹备员金瀚前往勘明，先行接收，并令即日着手计划农场及校舍建筑事宜，克

---

① 佚名.教界呈教厅设立蚕桑专校[J].新安月刊,1934(2)-4:26.
② 佚名.省立农林学校校址已勘定[N].徽州日报,1934-11-1.

日具报。①

在该校筹建过程中,绩溪县成立了省立徽州农林职业学校地方协助委员会,负责处理筹建时的有关地方事务。该委员会的主要人员有张振铎、胡运中、汪会初、汪心原、周芷源、佘蒸云、张兰荪、汪弈桂等地方政界人士与知名乡绅。民国二十四年(1935 年)9 月 13 日,于教育局召开的第三次会议上商议问题有三项,一是决定将县教育局经管的 14 亩、孔灵民众捐助校址的 7.57 亩纳入地方捐助农校的 300 亩之中;二是有关学校土地管理办法,依照县政府布告办理。三是张兰荪委员因公务繁多,难以兼顾,提出辞职,决议慰留②。可见,当时绩溪地方政府与民众对于省立徽农的开办是非常支持的。

民国二十五年(1936 年)8 月,省立徽州初级农业职业学校正式开学。当年凤阳中学校长刘奇赠送的汉白玉楹联一副至今尚存:"寰宇宏开,名山增色;田园力作,多士如林",充满了仰慕、期待之情。当年招收 3 年制初级农林科一个班 30 人(毕业时只有 11 人),学生以皖南各县人士为多。次年抗战爆发,绩溪也常遭日军飞机轰炸,为安全计,12 月,学校决定停课,师生疏散。民国二十七年(1938 年)2 月,安徽省教育厅暨皖南行署委派段天爵为校长。4 月,局势趋于稳定,恢复上课。民国二十八年(1939 年)秋,为培养高一级农林人才并解决抗战期间初农毕业生的升学困难,经安徽省教育厅和皖南行署批准,学校开始招收高级茶科生,校名随之改为"省立徽州农业职业学校"。当时,沦陷区的流亡青年学生来到绩溪的颇多,为青年前途考虑,该校增加一个义务班和一个初二普通班(学制 3 年),满足沦陷区失学学生的需求。

民国三十五年(1946 年)春,学校更名为"省立绩溪农业职业学校"。同年秋,因停办初农班,又易名为"省立绩溪高级农业职业学校"。那时,学校农场土地因连年被河水吞没,几乎全部废弃,加上血吸虫病流行,民国三十六年(1947 年)秋,学校由孔灵镇迁到县城内,借章氏宗祠、支祠及县森林苗圃 0.2 公顷地,勉强维持。同时,因抗战胜利后外籍师生陆续返回原籍,农业职业教育尚未引起社会关注,农业专业招生困难,民国三十七年(1948 年)7 月,安徽省教育厅电复学校"自本年下期起改办初中",高职班办至毕业。于是,学校在同年 9 月开始招收一个初中班,学生 40 人。12 月 1 日,学校更名为"省立绩溪初级中学",基本结束了农业职业教育的使命。

---

① 佚名.一月来之教育[J].安徽政务月刊·政务实况,1935(9):13.
② 佚名.农校协助会三次会议[N].徽州日报,1935-9-16.

在渡江战役打响前夕的1949年4月20日,学校停课。4月30日,绩溪解放。5月5日,学校复课。5月9日,中国人民解放军皖浙支队司令部委派谭沧溟来校主持工作。8月1日,奉令并入绩溪中学。

三、师资与学生

按照《安徽中等学校校长任免暨待遇暂行条例》中"省立中等学校校长,应由教育厅提出,省政府委员会议议决委任之",校长有权"依据政府教育方针暨各项法令,处理全校行政事宜,不得兼任任何有给职务"。其俸薪标准为"甲级月支二百元,乙级月支一百六十元。高初合办,班次在六级以上,属甲级;不足六班,及单办初中者,属乙级"。

出任中等职业学校校长者,除了"人格高尚、服膺三民主义"外,还需具有以下资格之一:国内外大学专科或专门学校毕业,曾服务中等以上学校或办理教育行政满一年以上,确有成绩;国内外大学教育科或前高等及优级师范毕业,曾服务中等职业学校或办理教育行政满一年以上确有成绩。还规定,校长在任期间,如有工作不力等情形,经教育厅派员查明属实,可以随时撤换。其中主要情形有六项:违背国民政府教育方针,或教育厅所定学校规程;治事不力,改进无方;学生各科成绩太劣,不合规定之标准;操守不谨,侵蚀校产;行为不检,人格堕落;身心缺陷,不能执行职务。①

金瀚作为省教育厅委任的筹备员,顺理成章地成为省立徽农的首任校长。该校历任的八位校长都是大学毕业。学校行政班子主要由校长、教导主任、训导主任、事务主任组成。在十多年的办学历史上,主要班子成员及任期见表7-1。

《安徽中等学校教职员聘任及待遇暂行条例》(以下简称"条例")规定:"省立中等学校教职员由校长聘任,于每学期开始,呈报教育厅审核备案。"其中受聘初级中学教师资格,除"人格高尚、服膺三民主义"外,要求具有以下条件之一:具有高级中学教员资格;高等师范或优级师范专修科毕业;高中师范科及旧制师范本科毕业,服务教育三年以上,成绩优异。教职员"如有身心缺陷,或行为不检,人格堕落者,得中途解约"②。该《条例》修订后于民国二十五年(1936年)11月通令各校"自二十五年度第二学期起一律按照本办法办理",相比于修订前,最大区别是增加了考绩进级法,即"经检定合格之教员,继续任期满二年,

---

① 安徽省教育厅.安徽中等学校校长任免暨待遇暂行条例[N].安徽教育行政周刊,1928(1)-16:2.
② 安徽省教育厅.安徽中等学校教职员聘任及待遇暂行条例[N].安徽教育行政周刊,1928(1)-16:2.

著有成绩者,则可核予进级,凡核准之薪级,以后无论转任何同等省立中等学校职务,概按照原有等级支薪,以为终身从事教育之保障"①。

表7-1 省立徽农(含后改称)主要班子成员及任期一览表②

起讫时间	校长	教导主任	训导主任	事务主任	童子军教训	军训教官
1936.9—1938.2	金 瀚	杨锄东				
1938.2—1938.7	金 瀚	段天爵	朱大鼎		稽家钰	
1938.7—1939.8	朱大鼎	王温叔		周公授		
1939.8—1939.11	段天爵	朱懋题			稽家钰	
1939.11—1941.8	江强世	林治平		江兆源		俞 浩
1941.9—1943.8	邓甲三	郭大文	章景星	刘启东		管耀三
1943.9—1946.8	何庆云	章宗箕		刘启东		俞 浩
1946.9—1949.4	刘继琮	吴嗣恒	胡遇复	朱光纯		黄志坚
1949.5—1949.8	谭沧溟	吴嗣恒	倪和天			

说明:1.本表起止时间以校长为准,因此,同一时间内其他人员任职时间略有出入。
    2.1949.5—1949.8系解放后,校长谭沧溟由中国人民解放军皖浙支队司令部委派。

该校教师总体学历较高,大学农科毕业的专业教师先后有杨锄东、林治平、戴锦荪、王璘、刘启东、章宗箕、吴肇东、董明道、刁操铨,国内外大学或专门学校毕业的专业教师先后有孟大周、鲍昭达、汪菊农、胡翼谋、李辛白、吴嗣恒、朱光纯、周起家。一所地处乡村的新建中等职校,能有如此齐备的教师队伍,也与正值抗战、沦陷区大批文人内迁有一定关系。比如,曾在民国二十六年(1937年)下半年在此任教过的郑超麟,是中国共产党早期党员,参加过党的六大、八七会议等重要会议,也是中国"托派"重要领导人之一,抗战爆发被政府释放出狱,经陈独秀介绍避乱于绩溪。因经济困难,才由绩溪名士汪乃刚介绍而在该校承担教学任务(可能是英语和数学一类的文化课程)。他的《浣溪沙》(八首)之二就反映了在该校教书以维持生计的经历:

　　岁暮天寒更遭兵,炸弹和雪落山城,双栖连夜梦魂惊。
　　翚水滩头留足迹,来苏桥畔挽枯藤,日高人已出郊垌。③

---

① 杨廉.一年来安徽教育之重要设施[N].安徽政务月刊,1937(27):34.
② 绩溪县教育志编委会.绩溪县教育志[M].北京:方志出版社,2005:199.
③ 汪无奇.亚东六录[M].合肥:黄山书社,2013:215.

此时正值岁末寒冬,日军飞机经常空袭绩溪城乡,郑超麟与妻子刘静贞(当时在绩溪化名吴静如)借住在汪乃刚亲戚家。从县城西门出城,经来苏桥就是到孔灵徽农的小路。

对于中职校教员的待遇,《条例》也有规定。其工作量为:"专任教员,每周授课时间不过二十小时,不得兼充校外其他有给职务。在校内有兼任职者,得视职务之繁简,酌减授课时间,但不得少于八小时。"其薪资(应由学校供给住宿外)标准定得较高:高级中学月薪自一百二十元至一百六十元,初级中学月薪自八十元至一百二十元①。限于资料,我们不清楚省立徽农师资的待遇,但是有些细节值得参考。绩溪名流胡晋接的次子胡广诒(翼谋)曾留学日本,抗战时曾任屯溪女中校长。后经汪原放推荐,省立徽农决定聘请他担任国文教学任务,省立徽农校长和教师朱光纯登门礼聘,胡广诒答应了。他当时身体欠安,每次上课从城里坐轿子去,下课坐轿回城②。不知道这笔不菲的交通费是学校支付的还是胡广诒个人埋单的。但是,对流落到绩溪为谋生而兼任教职的郑超麟来说,却没有这样潇洒和大方。据当年房东之子陈罡午回忆:"给年幼的我印象最深的是:每逢下雨天,卷起裤脚管、打着雨伞的郑先生从孔林农校下课回来,经常是浑身湿淋淋的样子。"③

民国三十四年(1945年)4月,省立徽农还出现一次因工资发放及生活待遇问题引发的风波。4月15日,因学校欠薪已有两个月,教导主任储希吾召开教务会议,全体教师联名要求学校"即发二三月欠薪,改善伙食至两荤两素"。随后,校长认为自己收到的一封满纸是谩骂的匿名信及几张冥币是储所为,双方矛盾升级。同时,学生也指责校长亲信掌控的服务部克扣学生菜油。5月3日,全体教员突然离校罢教。不久,屯溪出版的《中央日报》发表了《徽农同学的呼声》,社会舆论不利于校长。经过多方斡旋,校长同意补发工资,改善伙食,取消服务部,油、盐、蔬菜、薪柴由膳委会自理,学潮以教师、学生的要求基本得到满足而结束。

总体来说,安徽全省农业职业学校的专业师资比较单薄,省教育厅也利用一切可能的机会提高质量。其中,选派教师参加各级培训是重要的途径之一。民国二十五年(1936年)下半年,"实业部、中央农业实验所暨全国稻麦改进所

---

① 安徽省教育厅.安徽中等学校教职员聘任及待遇暂行条例[N].安徽教育行政周刊,1928(1)-16:2.
② 汪无奇.亚东六录[M].合肥:黄山书社,2013:70.
③ 汪无奇.亚东六录[M].合肥:黄山书社,2013:229.

合办改良农作物冬季训练班,为谋增进各农科教员对于农作改良知识及技能起见,并经饬令各农业职业学校选派农科教员参加受训"。虽然目前没有资料证明当时省立徽农何人参加培训,但安徽省教育厅"年来本省中等学校教员因多方督励,对于各种讲习班、训练班参加均极踊跃,决不愿坐失进修机会"①的评价,自然不会是虚言。

表7-2 省立徽农(含后改称)教职员数及教员学历一览表②

时间	教职员数			教员学历				其他
	教员	职员	合计	国外大学	国内大学	专科毕业	农校中师	
1937.3	4	4	8		4		4	
1938.9	8	4	12	2	6	1	1	2
1939.10			26					
1940.3	21	8	29	1	15	5	8	
1940.9	19	8	27	1	10	6	10	
1941.3	17	8	25	1	10	6	8	
1941.9	13	12	25	1	7	5	12	
1942.7			22					据绩溪县档案局1942年第三期同学录
1943			24					据吴本明藏的同学录
1944.3	21	18	39					
1944.9	21	20	41					
1945.3	19	22	41					
1946.3	17	20	37					
1946.9	15	17	32	1	12	5	14	
1947.3	14	18	32					
1947.9	12	14	26		8			
1948.10	10	15	25					

---

① 杨廉.一年来安徽教育之重要设施[J].安徽政务月刊,1937(27):31.
② 绩溪县教育志编委会.绩溪县教育志[M].北京:方志出版社,2005:204.

第七章 徽州近代农林业职业教育

省立徽农学生主要来自皖南各县,抗战时也有一些是来自沦陷区的流亡学生。民国三十五年(1946年)8月,该校在《徽州日报》刊登招生广告称:

(一)旨趣:本校为培养青年生活知识与生产技能,考生须有坚定兴志,自信确能吃苦耐劳者。

(二)学额:农艺、农林两科各招新生五十名,农艺科、农产制造科二年上期,农林科一年下期各招插班生五名。

(三)考试科目:国文、英文、数学、生物、理化、史地、公民(插班生加试农业常识)、口试、体格检查(到校后举行)。

(四)报名手续:缴毕业证书与成绩单(或具入学愿书),二寸半身相片四张,报名费一千元(录取与否概不退还)。

(五)报名及考试地址:屯溪区在下黎阳建国中学,绩溪区在绩溪县中报名,在孔灵校本部考试。

(六)报名及考试日期:屯溪区自即日起至九月二日止报名,九月四五两日考试;绩溪区自九月一日起至九月十一日止报名,九月十三、十四两日考试。

(七)附告:绩溪本校远道考生可免费寄宿;录取入学照公费待遇缴费;简章附邮票五十元即寄;录取各生在屯溪《徽州日报》揭晓。

校址:绩溪孔灵　　校长:刘继琮[①]

因时局不靖,学生中途流失现象比较普遍,每年能够坚持学业至毕业的人数很不稳定。该校总共毕业学生才454人。

省立徽农毕业的学生中,后来颇有名望或贡献的也有一些。如现代著名美学家郭因(时名胡家俭);民国三十七年(1948年)毕业的旅台学者、翻译家楚茹(学名程扶鄩)等。

---

① 《徽州日报》1946年8月31日,第1版。

表7-3 省立徽农(含后改称)毕业学生人数一览表①

毕业时间	专业与届次	毕业人数	毕业时间	专业与届次	毕业人数
1939.7	初农第一届	11	1942.7	高茶第一届	25
1940.7	初农第二届	26	1943.1	高林第一届	19
1941.7	初农第三届	36	1943.7	高农第一届	30
1942.7	初农第四届	36	1943.7	初蚕第一届	10
1943.7	初农第五届	20	1944.7	高农第二届	30
1944.7	初农第六届	18	1945.7	高农第三届	21
1945.7	初农第七届	23	1946.1	高园第一届	17
1946.1	初农第八届	20	1946.7	高制第一届	11
1946.7	初农第九届	42	1947.7	高制第二届	9
			1947.7	高农第四届	11
			1948.7	高农第五届	21
			1949.1	高林第二届	8

四、课程与教学

南京国民政府成立,全国的职业教育才开始有了缓慢恢复的基础。但由于中央力量薄弱,对地方指导有限,很多职业学校的办学显得有些各行其是,特别是在影响培养目标实现的课程设置上,缺少统一管理。有鉴于此,民国二十一年(1932年)11月16日,安徽省政府教育厅发布第二二八三号训令:

> 令省公私立各中等职业学校:
> 　　查本省各中等职业学校课程支配,颇不一致。兹本厅为欲明了各该校课程进度内容,以备拟定标准,而谋划一起见,特制定职业学校科目、学分、时数、分年支配表式,令发各校将各科各学年教授科目程度(例如数学科第一学年为算术,第二学年为代数……)、学分,及每周教学时数等,各就该校原定标准,分别填列,呈厅察阅。除分令外,合行检发表式一份,令仰该校迅即遵照填报,勿延为要!此令②

---

① 绩溪县教育志编委会.绩溪县教育志[M].北京:方志出版社,2005:203.
② 安徽省教育厅.第二二八三号训令[J].安徽教育行政周刊,1932(5)-46:30.

与此同时,教育部也意识到此项要求之必要,乃集中了一些专业人士,集中编制了《职业学校各科教学科目及时数概要》,并于民国二十二年(1933年)颁布,对初、高级职校有关专业培养对象、开设科目等有了比较笼统的规定。如初级职校的农产制造科(该概要尚无高级职校的此专业)是:

1. **目的**:培养从事普通农产制造事业之知识技能
2. **入学年龄**:十二至十八
3. **修业年限**:二年至三年
4. **科目**:(普通学科)公民一小时,国文三小时,算学二小时,生物学二小时,化学四小时,体育每日二十分钟

   (农产制造学科)十二小时

   (农产制造实习)二十四小时①

  省立徽农办学历史上,先后开设的专业较多,课程比较复杂,因条件所限,课程开设不一定完全符合政府的有关规定,但总体上分文化课和专业课两大类,公民、国文、英文、数学、理化、史地等文化课各专业均有安排,专业课因专业不同而有差异。如民国二十五年(1936年)初级农科为植物、动物、园艺学、作物学、林学大意、农林场实习;民国三十二年(1943年)初级蚕业科为蚕业经营、蚕体解剖、桑树病虫害、制丝学、农业经济、园艺、实习;同年的高级林科为生物、苗圃、造林、森林保护、农业推广、农林法规、实习;民国三十三年(1944年)高级园艺科为作物、育种、园艺、测量、气象、农场经营、农产制品、实习;民国三十五年(1946年)高级园艺科为作物、遗传学、测量、农业经济、园艺、农林合作、园艺品利用、观赏树木、造园学、病虫害、花卉园艺;民国三十六年(1947年)高级制造科为食品化学、农业经营、农化概论、农产制造、农业推广、农业经济及合作、微生物学。音乐课在部分专业开设,体育基本按规定开齐。各年级都是上午上课,下午实习。

  同当时的很多职业学校一样,省立徽农缺少统一的教材,基本由任课教师自选自编讲义。如胡广诒给高农二年级选编的《国文》讲义就分古典文、现代文两部分,讲义选择的都是经典名作的单篇或片段。教师讲授视情况而定,或通

---

① 梁蕴甫.职业教育法令汇编[M].上海:商务印书馆,1936:158.

篇精讲,或重点提示后由学生课外阅读原作。胡广诒有特色的教学安排曾让学生数十年后依然记忆深刻:

> ……给我印象深刻的是教学《西门豹治邺》那一课,老师精辟分析课文后,由学生诵读,胡老师指定一人朗读课文记述部分,另外4人以不同语气分别表演西门豹、三老、河伯和巫婆的对话。读来生动有趣,课堂上轻松的气氛达到高潮。……①

让小学高年级及初级中学学生实行童子军训练,这是南京国民政府成立后各地普遍开展训育活动的中心内容之一。安徽省教育厅在民国二十五年(1936年)的教育行政计划中,就将"继续督促各初级中学、职业学校及初级师范学校实施童子军训练",与"厉行各高中、高级职业及师范学校实施军事管理"并列,作为全年21项主要工作之一,以"养成学生服务国家及社会所需要之基本能力"②。省立徽农对初职班童子军训练及高职班军事训练都抓得很紧。童子军统一穿焦黄色制服,上衣小翻领,束腰,胸前左右各有一个小口袋,勒袖口;裤子长度只到膝盖稍下,勒裤口。学校设童子军教练一人,军训教官由师管区派任,少校军衔,另配中尉、少尉衔助教各一位。他们身穿草绿色军官服,扎武装带。早上六点鸣号起床,20分钟内学生必须到操场集中列队,点名后进行转向、行进、队列变换、跑步等训练。学生无故缺席或姿势不正、动作迟缓,教官可能就会捶上一拳或踢上一脚。

对于农林类职业学校来说,实践课程是必不可少的环节。学校筹建时,建了农场并雇工耕种部分土地,工饷、种子、肥料等开支均向省教育厅请拨。但全省经费也有限,民国二十三年(1934年)该校筹建,年经费仅8 206元③。民国二十六年(1937年),省级教育经费3 495 475元,其中,中等学校开支1 386 496元,占39.7%;全省省立中等学校36所(内有中学15所,计139个班、5 568名学生;师范学校10所,计52个班、1 815名学生;职业学校11所,计48个班、1 642名学生),生均年经费仅184元。当年全省职业学校的农场设备总共投入才1万余元④。在全省经费总体紧张的形势下,民国二十四年(1935年),安徽

---

① 绩溪县胡稼民教育思想研究会.民国时期绩溪教育[Z].内部出版物,2014:232.
② 安徽省政府教育厅.安徽省二十五年度教育行政计划[J].安徽政务月刊,1936(18):13.
③ 安徽省政府.安徽省行政成绩报告(1934年)·第三编[Z].1935:308.
④ 安徽省教育厅.四年来安徽之教育概况[J].安徽政治,1938(9):2-5.

省教育厅颁发《安徽省立职业学校农场工厂管理暂行办法大纲》,提出"以能生产获利为目的",将农场、工厂的作业计划、购置材料、管理设备、处理出品、核算赢余单独办理。因此,省立徽州初级农林职业学校正式创校后,安徽省教育厅即停发了农场经费。学校于是将200余亩田地出租给当地农户,其中有100亩是特约农田,租金较低,在学校技术指导下种植,带有试验和示范性质。学校仍保留100余亩田地,为试验农场,分稻作区、麦作区、棉作区、茶作区、果林区、蔬菜园艺区、花卉园艺区、苗圃区、森林区等,供学生实习。民国二十七年(1938年),农场各项收入383元,支出260元,两比稍有节余。

因开办时间短,有些林学课程的实践在校无法安排。起初,学校经费稍能保障,也曾安排学生外出实习。如民国二十七年(1938年)冬,二、三年级学生曾由戴锦荪率领,到屯溪博村农场就果树剪枝、整形,森林病虫害防治,森林生长观察和养蜂实习一星期。

民国三十年(1941年)下半年,校长江强世病重,教导主任亦因买米长期在外,校内专科教员均未聘齐,农场虽大而可种之地不多,造成了"林科无林、茶科无茶、蚕科无桑"的局面。邓甲三接任校长后,严格成绩考查,整顿农场,制定了经济农场五年发展计划和实习农场的生产打算。民国三十二年(1943年),曾任浙江省农产制造局局长的何庆云担任校长。他富于农产品制造,因此,于次年9月增办农产制造班,民国三十四年(1945年)制定了"筹设农产制造场的组织办法",因省教育厅无款可拨,学校自筹款项,增添一台酒精蒸馏器酿造酒精,又办了制造部生产豆腐、酱油,该专业整体偏重于化学工程,实习时间约占三分之一。民国三十三(1944年)至三十四年(1945年),农场连续遭受洪灾,垫支达30万元,无法运转。在学校迁入县城、失去实习基地后,只能靠增加理论课时来弥补,民国三十七年(1948年)高级农艺科(第五届)与上届相比,文化课由10门增至13门、专业课由16门增至22门,但专业课几乎没有实习的机会。

省立徽农学生的课余生活也比较丰富,甚至在形势平稳时期也组织较大规模的远行。民国二十九年(1940年)春,学校曾组织自愿报名的学生到黄山春游。第一天从孔灵出发,步行至旌德县江村的江氏宗祠住宿,这里是收容沦陷区子弟的江苏五临中校址,该校校长是省立徽农校长江强世的哥哥江康世。当夜两校联欢,气氛活跃。次日冒雨继续步行,经汤口温泉,夜宿紫云庵。因人多,只得席地而睡。第三日游览慈光阁、半山寺后返回。虽然行程紧张,黄山胜景大多未见,但学生们都很兴奋。

五、省立徽农在当地的影响

由于省立徽农是新建校,建校之初,很多设施并不完善,随后因抗战开始,政府经费紧张,改善有限,因此,学生的生活条件比较艰苦。起初购置的旧屋 5 间,远不够用,只能就近借用汪氏支祠"敦叙堂"作为学生食堂及宿舍。根据安徽省民国二十三年(1934 年)颁布的《中等学校师范生及职业学校女生膳费管理办法》[①],职校女生同师范生享受膳食公费待遇,每人每月开支 6 元,全年按 10 个月计算,从省政府财政中预算;但具体到各校的发放,则"按诸所在地学校之自费生及一般社会生活程度,由厅订定月支数目、开学及放假时间,如有迟到早归之学生,其膳余亦应一并结存。此项公款费,每月 25 日之前,由厅先行发给一部分,各该校应于下月 5 日之前,将上月实支款结算清楚,依照颁发表式,填明呈厅复核,即行发清本月之款"[②]。这样一来,全省一年该项费用节余总额达到 4 万元左右,可由安徽省教育厅统一掌握,转至设备添置等项。但随着抗日战争的持续,绩溪也滞留了许多来自沦陷区的难民,不少失学学生也进入该校就读,政府实施经济救济,学生也享受公费待遇。抗战结束后,当地一些贫寒子弟也乐于报考该校,与此有相当关系。

省立徽农办在孔灵,对当地也有积极影响。首先是方便村民生活。此前,孔灵只设"信柜",信件不能及时收发。在省立徽农请求下,绩溪县邮政局将信柜升为邮政代办所,按日递送[③]。省立徽农师生经常在"敦叙堂"内演出,孔灵民众也来观看,群众生活因此也增添了些许亮色。省立徽农还编辑油印宣传品《徽农》十余期、编辑铅印《徽农通讯》(后更名为《绩农通讯》)多期,其中民国三十三年(1944 年)11 月 1 日首创的《徽农通讯》在创刊号卷首语中鲜明地亮出办刊旨趣:

> 宣传,为发扬社会文化之利器;教育,乃发展社会文化之目的。徒尚宣传,而无教育精神为其后盾;或有教育结果,而无宣传为其先锋,则宣传流为空谈,教育成效不广,而社会文化进步迟缓。故宣传与教育,必相辅而行,则发展社会文化之使命,始可实现。……(本刊)旨在

---

① 安徽省政府.安徽省政绩报告(1934 年)•第三编[Z].1935:22.
② 杨廉.二十四年份之安徽教育[J].安徽政务月刊•专载,1936:48.
③ 汪均安.徽农印象[N].皖南晨刊,2009-3-5.

发扬本校真正教育之精神,公诸社会,俾技术推行于民间,发展社会之文化,并谋校友心声之联系,共同努力职教之使命,以尽各人贡献建国之微忱。①

该刊报道校内动态,发表师生有关职教论文,成为当地文化事业的重要成果。

其次,省立徽农也在一定程度上促进了当地生产。民国二十七年(1938年),学校曾试验出优良稻种"帽子头",在当地推广,颇受农民欢迎。民国二十九年(1940年),学校还与财政部贸易委员会安徽办事处合作,订了《推广蚕桑生产进行办法》,可惜未付诸实行。

六、中共徽州农校支部的建立与活动

民国二十六年(1937年)底学校停课后,学生汪永时、方邦通考入国民党战地政治工作委员会驻岩寺工作团青年救亡干部训练班,结业后,汪永时加入共产党。次年复课后,汪永时和方邦通根据党的指示,在省立徽农宣传党的抗日主张,建立了中华民族解放先锋队小组。民国二十八年(1939年)3月,经中共徽州中心县委批准,建立中共徽州农校支部,汪永时任书记。到民国二十九年上半年,中共徽农支部先后吸收6人入党,并在孔灵丝厂工人中发展党员多人,组建了党支部。

中共徽州农校支部建立后,把推动抗日救亡运动作为主要任务。他们组织党员和青年学生学习"七政"训练班的教材、新四军《抗敌报》以及《皖南人》等进步书刊,提高思想认识。争取和动员来自敌占区的同学控诉日军的滔天罪行,激发师生的民族义愤。积极参加学生抗敌机构——徽农学生抗敌协会,两位党员被推选为常务理事兼宣传组、组织组组长。通过这一合法组织,团结全校青年开展抗日救亡宣传工作。现存一份省立徽农学生抗敌协会传单,还能让我们感受到青年学子澎湃的激情。

中共徽州农校党组织通过学生抗敌协会,组织了7个流动宣传队,每逢周三、周日,分别深入学校周围村镇和绩溪县城,以标语、传单、挂图、歌咏、演讲、戏剧、家访等形式,宣传日本侵略中国的具体事实,号召"在共同抗敌目标下,有

---

① 绩溪县教育志编委会.绩溪县教育志[M].北京:方志出版社,2005:200.

钱出钱,有力出力",无论严冬酷暑,从不间断,深得绩溪城乡各界好评。

"皖南事变"后,国民党在皖南大肆搜捕共产党人和革命群众。民国三十年(1941年)6月,学生党员董光裕被密查。在白色恐怖下,省立徽农的党组织活动一度中止。次年1月,学生党员的部分禁阅书籍和有关信件又被查获,该校的中共地下党组织遭破坏。

抗战后期与解放战争时期,虽然中共地下党组织没有渗透进省立徽农,但学生与学校之间因生活等问题也常有冲突。民国三十四年(1945年)4月,学生会主席兼膳委会主任的胡家禔发现由校长亲信负责的服务部克扣学生菜油4两(16两制),向校长发难,学校补发了三个月被克扣的菜油。该校就读学生的印象中,民国三十六年(1947年)还出现这样的事:

> 1947年秋,皖南游击队发展壮大起来,活动范围从山区扩展到县城周边。绩溪高农以地方不靖为由从孔灵迁入城内。学校大伙房的管理和炊事人员都系江北人,与校长沾亲带故。那时职业学校享受国家补贴,学生吃的是军粮,军粮质量恶劣,饭里掺有糠秕砂子,还有老鼠屎,霉气味,叫人难以下咽;吃的菜缺少油腥,餐餐同样是"老不死"(萝卜丝干)或"臭脚菜"(发臭的腌菜),学生们怨恨交加,就暗地发泄,吃饭时剩饭剩菜撒满桌和地。伙房正好将大量剩饭菜喂猪,五、六头猪养得膘肥体壮。同学们见了越加怨恨,由怨而骂,与伙房工友吵闹起来,剑拔弩张。个别情绪过激的同学密谋下药毒死伙房大肥猪,还要聚众殴打"江北佬"。……①

这一次,因时任学生会主席的程尚远向为人比较正直、兼任事务主任的朱光纯反映,矛盾得到暂时缓和,一场风波逐渐平息。

---

① 绩溪县胡稼民教育思想研究会.民国时期绩溪教育[Z].内部出版物,2014:281.

第五节　江西省立婺源制茶科初级应用职业学校

一、创办背景

民国二十三年(1934年),执掌中央政权的蒋介石,为有力围剿江西东北部方志敏创立的革命根据地,采取两项重要措施:一是电令安徽省政府主席刘镇华、建设厅长刘贻燕修筑婺源至屯溪段公路;二是更改部分县份的行政归属,即将皖属婺源县、闽属光泽县同时划归江西省管辖,以破除行政力量分割的阻碍,使得各方力量集中一致。在婺源划归江西管辖的13年里,职业教育也出现新的发展。

进入民国以来,江西省历任地方行政长官,均靠军事力量起家,也忙于使用军事手段巩固权利,对于经济和教育文化关注很少。民国二十年(1931年),熊式辉出任江西省主席,打出"赣人治赣"的旗号,运用行政力量,大力推行近代工业化进程,取得了不俗的成效。[①] 而借助职业教育培养急需的近代技能人才,自然也成为地方政府需要考量的重要因素。

民国二十六年(1937年),我国职业教育先驱黄炎培第二次到江西,在临川参观农业改进实验区后,将各校校长集合到县政府,研究青年思想、教育与生产的关系两大问题,并提出政府应在整个经济建设计划之下训练青年,使之成为适应于建设需要的人才[②]。黄炎培的主张,显然与江西的主政者思路暗合,在一定程度上,也成为江西新一轮职业教育发展的推动力量。

抗日战争的爆发,延缓了江西近代工业进程。在战局逐渐稳定、难民大量涌入之后,解决民众日常生活必需的供给压力越来越大。为培养实用技术人员,改良物产生产技术,提升产品品质和扩大再生产,民国中央政府规定各县应依据各地的物产繁富程度设立初级实用职业学校,教育经费主要来源于物产捐。民国二十八年(1939年)至二十九年(1940年)间,江西省政府根据财力状况,先行在宜黄、宁都、婺源、赣县分别设立麻织科、造纸科、制茶科、制糖

[①] 刘义程.江西地方政府与近代江西的工业化进程[J].中国社会经济史研究,2008(1):84.
[②] 张灵,余龙生.黄炎培职业教育思想及其对近代江西职业教育的影响[J].教育学术月刊,2011(11):76.

科四所职业学校。

二、学校概况

新编《婺源县志》记载:民国二十九年(1940年),江西省农学院在婺源县武口彭公庙(今茶科所址)设省立制茶科初级实用职业学校①(以下简称"省立婺源茶职")。这里有两处值得商榷。一是该校建校时间。参照以省立婺源茶职为前身的江西省婺源茶叶学校(上饶职业技术学院婺源分院)校史,该校创办于民国二十八年(1939年)冬。二是该校的创建与江西省农学院无关。民国二十九年(1940年),教育部拨款100万元给江西省政府,在泰和杏岭成立国立中正大学;9月,胡先骕被任命为校长,该校1949年9月更名为国立南昌大学。1953年,以国立南大农学院为基础独立兴建江西农学院(今江西农业大学前身)。显然,解放前不存在江西农学院,且国立中正大学创建时间也迟于省立婺源茶职。

7788商城网站上曾有藏家拍卖一枚民国时期的信封。该封为竖式,左下为红色行书大字"江西省农业院茶业改良场缄",更左侧为小字"总场暂移婺源分场"。这表明,婺源茶叶改良场是民国二十三年(1934年)3月成立的江西省农业院(今江西省农科院前身)设立和管理的。省立婺源茶职虽为教育单位,但与茶叶改良场有密切关系,可能婺源县志的修撰者因此误将"农业院"作为"农学院"。

省立婺源茶职成立后,江西省教育厅委派歙县罗田(今属徽州区)人方翰周为校长②。当时,方翰周任江西省中国茶叶公司专员,并在"宁红"茶区修水、"婺绿"茶区婺源创建了茶叶改良场,开展茶叶科学生产的研究、示范和推广工作。婺源的茶叶改良场就在武口,这也是省立婺源茶职不设在县城的原因。

省立婺源茶职学制三年,以教导学生植茶、制茶的初级技术为主。当年招收学生30人,次年在校学生59人,再次年在校学生97人,之后每年保持3个班级的办学规模。学校拥有茶园百余亩,注重培养学生的动手能力。至民国三十四年(1945年),共培养了茶叶人才二百余人。

民国三十六年(1947年)8月,婺源划回安徽,校长方翰周被江西省调回。安徽省教育厅委任的新任校长程天绥未到职,学校停课一学期。次年(1948

---

① 婺源县地方志编委会.婺源县志[M].北京:档案出版社,1993:434.
② 郑毅.徽州茶人小传:方翰周[N].黄山日报,2014-12-02.

年)上半年,安徽省教育厅派婺源县教育科长程元健任校长,学校复课,新增一个"高农班",在校学生共130人。下半年,安徽省教育厅重新委派刘启东任校长,将校址迁至县城西郊以妥堂(又称江西会馆)。

民国三十八年(1949年)5月,解放军解放婺源,江西省重新管辖该县,婺源县政府委派余学弘任校长。11月,因学生纷纷参加革命,人数过少,经江西省教育厅批准,予以裁撤,其余学生并入婺源中学读普通科。省立婺源茶职的历史至此结束。

第八章 徽州近代工业职业教育

地处山区的徽州,物产丰富,在数百年经商风气的带动下,当地的手工业产品如徽墨、歙砚、万安罗盘等在国内有一定声誉。但由于经济水平、交通状况等因素制约,总体市场规模不大,生产者凭借简单的手工生产即可基本应付。此时,家庭手工作坊式生产就是徽州手工业生产的基本特征。清末民国时,近代工业也逐渐在徽州出现,其对于员工的要求,显然高于手工业时代。因此,以培养近代工业技术员工为己任的职业教育能在徽州诞生也属顺势之举。

第一节 清末民初徽州工业的基本状况

一、清末徽州手工业概况

清朝宣统初年,徽州各县曾进行过一次社会调查,其中,对于六县的手工业状况,在分县报告中有这样比较粗略的概述:

> 歙无大工厂,惟曹素功、胡开文之墨驰名中外。此外如郡肆之日月罄、水旱罗经、罗绢,岩镇之剪彩花、嵌螺甸器、漆、墨、砚盒皆精美。南乡之蜜枣,虹坑之空心挂面,托山之缸钵,牛沙之竹器亦自成一家,惟非大宗出品。……
>
> 休宁之制造,以手足也,以竹木也。铜铁但施于小件,布足略见其权舆。城中之水烟袋,万安之罗经,屯河之竹椅,茶区之篾箱,以烟作墨有胡开文,以皮作胶有石翼农,以蜜制枣有胡子卿,以藕磨粉有后底汪,皆我休特出之品,物产陈列将于是乎选择。……
>
> 婺邑制造以茶墨二者为特色。墨销售遍国中,制造最精亦最宏。

茶则焙法、花样陈陈相因,亟宜研究新法以求优胜地步。他如营根山之纸、朱村之草纸、洪源之火纸、源口玉坦之皮纸,皆取材植物,各具匠心,然出数有限,销路未畅,究不足言纸业。若夫龙尾之砚、中云之雨伞、甲道巡检司之油纸、山坑之火爆、思口宋家之铜锁,精且良矣,业此者寥寥,未能输入外埠,识者惜之。……

祁民性椎鲁,无机巧制造,惟东乡土坑、张岭脚等处制造磁土运往景德镇,此为祁邑之特产。此外,西乡制土布、冯家窟制斗笠、七里桥制油纸,南乡栗树坦、董家湾、溶口、卢溪等处制造本河小船及竹簰,东乡仙洞源制日用竹器、北路芝溪造皮纸,皆非大宗出品也。至乡妇编稻草鞋,无乡无之。……

黟邑制造向有棉布、手巾、麻布、口袋之类,皆无足称。邑志载《春渚纪闻》有云:"黟川布衣张谷,制墨得李氏法。"今黟邑无造墨者。又《新安志》言:黟歙多良纸,有凝霜、澄心之号,长者五十尺,自首至尾匀薄如一。今黟邑并无造纸者,惟县产石色青,中含铜汞如碎金,取作盘,声清越,稍次灵璧产,西递石工能以其石制笛箫,刻前人诗句于其上,甚精巧,又以非日用品,销售甚寡,制造将失传,惜无人以奖进之也。……

绩邑芙蓉布、铁锁久有名于邻省,今则业此者鲜,惟近年所产之丝缫工称绩庄者,于湖州能占优胜,爆竹俗名双响烟火,绩人为制造专家,西北各乡贩马革以抽鞋梁、抟赤土以陶器皿,坦头村之土麻布营销江北,石雄村之铁冶锅畅运浙江,他如双仁蜜枣、棕皮、细线,十五都之青皮豆味胜广东,附城之小麦粉白逾机面,皆称精美,惟非大宗之输出品。……①

当然,受近代机器生产浪潮波及,这一时期徽州也出现了有近代工厂色彩的企业。徽州府设立了织布局,由生员郑承绪出任局董,购买机械生产棉布。歙县人郑履德"在南京学会了织东洋布和毛巾的法子",乃于光绪三十一年(1905年)在郑村"开了一个织布厂,专教徽州那些无业的游民。起初学的人还不多,现在渐渐地多起来了,就是女工来学的,一天多似一天。厂中织的布,虽比不上外国货色,却也很用得了。现在休宁、婺源两县,也都有人要照他这样

---

① 刘汝骥.陶甓公牍[M].芜湖:安徽师范大学出版社,2018:219,230,241,254,264,271.

去办"①。陈朗耀在屯溪也首创裕甡布厂,戴鸿声、吴济东则先后合作创办了鸿济缝纫实业公司、鸿济线袜公司。民国初年,机器生产有了地域上的拓展。民国三年(1914年),黄炎培在考察皖、赣、浙教育状况时,在婺源沱口见到了织布厂:

> 沱口有织布厂,新式木机五六乘,织各种花色布,私家所设,闻其销售尚佳,但地不产棉,故获利微。近年新式布盛行,乃至深山中亦有此,未始非抵制洋布之一法。②

但这些新式工厂规模小,很快因多种原因陷入困境。徽州官府兴办的织布局,在知府刘汝骥接任后就难以为继。他在曾在郑承绪的上禀中批道:

> 递年亏耗积至一千二百余元之多,似此小试其端已觉不可收拾,该生尚以有成效为词,何其巧于立言耶?据称存布值洋一百八十八元一角二分,究竟布存若干疋,足估若干价,着即明晰呈复,并将各布送候点验,再行核饬遵办,毋稍违延。切切,此批。③

随后,郑承绪将各色布匹呈验,估价发店代售,以求归还官款。而陈朗耀的裕甡布厂,戴鸿声、吴济东的鸿济缝纫实业公司、鸿济线袜公司不久也宣布倒闭。

二、民国时期徽州工业发展轨迹及特点

中华民国成立至新中国成立的三十多年间,徽州的工业发展大致呈现类似抛物线的轨迹。

民国初年至抗日战争前,徽州工业处于缓慢发展的状态。整体上以传统的手工作坊式生产为主,稍新、较大的近代企业零星出现,有如茅草遍布的原野上,稀疏地生长着数株稍微粗壮一点的树木。手工生产中,主要是从事铁、木、棕、五金修配的"五匠"和提供日常生活需要的糕点、糟、酱、油、豆腐等"五坊"。

---

① 佚名.歙郑村办毛巾厂[N].安徽俗话报,1905(15):9.
② 黄炎培.黄炎培考察教育日记:第一集[M].上海:商务印书馆,1914:136-137.
③ 刘汝骥.陶甓公牍[M].芜湖:安徽师范大学出版社,2018:134.

以织布为例,徽州民众消费档次差异很大,山区民众多用自产麻布,市镇居民及外出者多购外地产棉布。民国元年(1912年)及三年(1914年),屯溪先后又设立了"大生""中门"织布厂,年产棉布520匹左右,提高了本地生产机织棉布的能力。民国二十三年(1934年),在阳湖开办的建国布厂有铁木织布机20台。电力工业也在此时进入徽州,民国十年(1921年)屯溪郊区首次采用柴油机发电。到民国二十一年(1932年),全徽州有柴油发电机组11台,总容量163.5千瓦,年发电量十三四万千瓦时。数字虽然不大,但在当时的安徽全省,徽州还算建电厂较多的地区之一。

抗日战争期间的徽州工业,则呈现迅速上升到顶峰的状态,尤其在屯溪,其工业的繁荣前所未有。其时,沦陷区人员云集徽州,屯溪是他们最主要的落脚点。一些内迁工厂也安置在屯溪及附近,这时开办的企业主要有机械修理、纺织、造纸、火柴、卷烟、制茶、牙刷、土皂、锡箔等。比如屯溪从事汽车、机械维修的机器修理厂达到20多家,主要是从上海、浙江的内迁企业。棉纺织业发展最快,民国三十三年(1944年),屯溪棉织企业100多家,年产量3万余尺。其中建国厂资金13.55万元,铁机12台,木机18台,月产棉布600余匹;集成厂资金10万元;华新厂有木机10台。① 丝织业也有一定规模,民国三十二年(1943年),从事纺织的皖南实业公司成立,其丝织厂月产丝绸6000余尺。从无锡迁入屯溪的尤溪丝厂,设缫丝、拍丝等5个车间,工人100余人。民国二十八年(1939年),三战区救济分会在隆阜设立毛巾厂,次年又成立难民纺织厂,两厂共接纳难民350多人,规模都算可观。制烟行业也在这一时期开始了由手工操作向半机械化、机械化卷烟的过渡。

随着抗日战争的胜利,临时设于屯溪的省级行政机关、军警部门等纷纷迁出,沦陷区民众也先后返回原居住地,徽州(尤其是屯溪)人口迅速回落。受此影响,以生产日常消费品为主的不少企业出现销售下降,生产大不如前。原先较重要的机械类企业,不少也因迁回或技术人员离岗而停产。到民国三十八年(1949年),全徽州私营工业从业人员1.2万人,个体手工业2万人,产值2 285万元。主要产品和产量为精制茶6.8万担、土布109万米、线袜2万双、土皂131吨、白酒600余吨。② 电力企业更是萧条。到解放前,徽州仅有屯溪、歙县两家电灯公司依靠2台62千瓦的柴油发电机组维持运行,年发电量尚不足十多年前的一半。

---

① 黄山市屯溪区地方志编委会.黄山市屯溪区志[M].北京:方志出版社,2012:425.
② 黄山市地方志编委会.黄山市志[M].合肥:黄山书社,2010:573.

总之,在清末民国的半个世纪中,徽州近代工业有如下特点:一是企业总量有限,依然以手工生产为主体。规模偏小,10人以下的企业数量要占绝大多数。资金缺乏,政府投资极少,民间资本分散,加上全国金融状况波动,特别是后期通货膨胀日趋严重,导致很多企业因投资困难而歇业;二是原料不足,徽州矿产开采不成规模,农副产品类多量少,很多近代企业原料依赖外地输入,不仅成本高,在抗日战争时期更是难以为继。如抗战前曾在上海从事化工技术的屯溪人程恩光,逃难回乡,见市面上肥皂短缺,即试用桐油、石灰等原料配置生产皂胶,虽获成功,但推广后,质量难以保证;三是技术落后,就当时技术水平最高的机械行业来说,仅能生产榨油机、摇面机、印刷机、手枪、小炮,能修理汽车、军械的屯溪合作机械厂、熔瑞铁工厂,都算是当地一流的知名企业了。

基于当地这样的工业发展水平,清末民国的徽州工业类职业学校开办的专业,主要集中在纺织和日用化工,也就不难理解了。

第二节 安徽省立第四女子中学附设的职业班

一、安徽中等学校的改制

民国初年的壬子学制,虽然缩短了普通教育的年限,但对于中学来说,也面临新的困难。一是单一的升学目标,不能顾及那些不可能继续就读的学生的职业前途。二是较短的学制与繁重的全科教育任务产生了矛盾。此时美国教育中分科制的引进,似乎给出了一个比较合理的解决方案:延长普通中学学制为5~6年,前一阶段(3~4年)为普通教育阶段,实施通识教育;后一阶段(2~3年)实施分科教育:普通科分文、理两科,学生以升学为目标;职业科中有农、工、商、师范等科,为谋生作知识与技能上的预备。这种普通教育与职业教育通融的做法,在当时各地经费困难、师资和设备等不足的情况下,虽属无奈之举,但的确能暂时兼顾各方利益。

民国十年(1921年),设在歙县的省立三中,率先进行了改革尝试:该校将三、四年级学生分为甲乙班,甲班志在升学,三年级增加英文、数学的课时,四年级停开法制经济、图画、乐歌,并增加英文、数学、理化的课时,全力对付升学考试。乙班志在就业,三年级停开图画、手工,增开工艺(4课时),并增加国文的课时,减少英文、数学的课时,四年级停开法制经济、图画、手工,增开教育(5课时),并增加国文的课时,减少英文、体育的课时,以保证不能升学的学生就业时能有一技之长。①

在强大的社会舆论推动下,民国十一年(1922年)11月,政府以大总统令的方式,颁布了《学校系统改革案》(也称"新学制""壬戌学制"或"六三三学制")。新学制在适应社会进化之需要、发挥平民教育精神、谋个性之发展、注意国民经济力、注意生活教育、使教育易于普及、多留各地方伸缩余地的原则指导下,将高级中学"分普通、农、工、商、师范、家事等科。但得酌量地方情形,单设一科,或兼设数科"②。

新学制赋予地方政府以更大的自主权。因此,安徽省各地议论纷起,方案繁多。大约在民国十一年(1922年),省立二师校长胡晋接向省教育厅呈递了《徽属中等学校改行新学制事上教育厅长意见书》(或认为省立三中校长方振民亦参与)③,建议:

> 改三中专办后三年高中,则二师仍完全六年师范。其前三年普通科,可扩张学额,包括初中。三中专办后三年分科,设文科、理科及职业科,如农林、测绘、土木工等,在师校前三年普通科毕业,不升师范本科者,均可入中校分科。……至于四女师,可以完全独立为女子中学,内分幼稚师范及完全六年师范及女子职业三科,可为地方女子一个完全之中等学府。④

安徽省教育厅于民国十二年(1923年)初召开实施新学制讨论会,2月1日至3日,通过了《施行新学制之普通原则》等9项决议。其中《施行新学制之普通原则》规定为5项:施行新学制应具有实验改进之精神,适应本省进化之需要与能力,注重教育机会均等之趋向,采取效率主义,规划应分别缓急轻重定逐渐进行之程序。⑤ 在职业教育方面,通过了《改进安徽职业教育办法案》。该方案

---

① 歙县地方志编纂委员会.歙县志[M].合肥:黄山书社,2010:870.
② 璩鑫圭,童富勇,张守智.中国近代教育史资料汇编·学制演变[M].上海:上海教育出版社,1991:990.
③ 歙县教育志编纂委员会.歙县教育志[M].合肥:黄山书社,2009:297.
④ 省立二师.黄山钟·公牍[Z].1923.
⑤ 璩鑫圭,童富勇,张守智.中国近代教育史资料汇编·学制演变[M].上海:上海教育出版社,1991:1005.

要求小学校"注重职业陶冶,并应就学生适当年龄及地方状况,设职业准备科";原有的乙种农、工、商学校,"改为职业学校,应由县教育行政机关调查地方需要,以定设科,并视该科性质以定年限";设于安庆的省立女子职业学校添办师范科,并将已设职业补习科在省内依次推广;设于芜湖的省立第一甲商逐渐改为新制中学商科外,"应就所在地提倡兼指导商业补习教育,徐图推广于各地";设于安庆的省立第一甲商"改为职业学校,设金工科、木工科、化学工艺科,并视地方之适宜与需要,添设裨益贫民生计之其他工艺科,徐图推广于各地";且拟于亳县、宣城各添职业学校一所,充分利用地方特产原料。全省已有的六所省立甲农,重点建设芜湖、六安、安庆三所,各以蚕桑、茶业、农林为特色。① 总之,通观全篇,并无多大重要变革,且均很原则,对于徽州一片几乎没有涉及。

二、省立第四女子中学的职业教育

省立第四女子中学(以下简称"省立四女中")是民国十七年(1928年)遵省教育厅令,由省立四女师改名而来,分初中、高中两部,普通教育、职业教育兼备。因师范教育属于广义的职业教育范畴,此时,该校高中部未设普通科,师范科继续保留,除保证已在校的师范专业学生完成学业外,同年秋,该校又向安徽省教育厅请示增设三年制一个班,以扩大规模。随后,安徽省教育厅于同年10月26日发布第二五八〇号指令予以批准:

> 令省立第四女子中学校:
> 　　呈一件呈报设立三年师范科一班附送表件请核准由。
> 　　呈表均悉,据该校为适应地方需要起见,添设师范一班,招收高小毕业学生,入校肄业,并规定三年毕业,以期造就速成师资,所需经费,即于校内节存余款项下挹注,不另动支公款等情。察核尚属可行,应准照办,惟应定名为师范简易科,以示区别。所送各件,并予存查。除即知照。此令!表存。②

民国十八年(1929年),省立四女中向省教育厅呈递了"为根据议决案应添设职业科以应地方需要案"。同年6月6日,安徽省教育厅厅务会议决:"准予

---

① 陈贤忠,程艺.安徽教育史[M].合肥:安徽教育出版社,2006:482.
② 安徽省教育厅.关于各校学校行政之厅令[J].安徽教育行政周刊,1928(1)-35:9.

设立职业科,令饬该校迅速拟具详细计划,呈报核夺。"①随后,省立四女中将《职业科章程》、学程表呈厅请核,也得到批准。

安徽省立第四女子中学校职业科章程②

第一条 本科以提倡女子职业,增进女子生活技能,并培养普通智识与健全人格为宗旨。

第二条 本科呈请教育厅,定名为缝织科,注重缝纫与机织。

第三条 本科采行年级制,修业年限定为三年。

第四条 本科新生入学资格,以与高小毕业程度相当,年龄在二十以上,三十以下者为合格。

第五条 本科学科,分实习主科与理论副科两种。

第六条 实习主科为缝纫、机织(织袜、织毛巾、织布)。

第七条 理论副科为三民主义、公民、国语、数学、社会科、自然科、艺术科、体育(其各学年教学科目见后表)。

第八条 每周教授时间,至多以三十四小时为限,但实习主科,须占总数三分之一。

第九条 每学程考试成绩在六十分以上者为及格,六十分以下者为不及格。

第十条 凡实习主科有一种不及格者,不得毕业;理论副科有三种不及格者,不得升级。

第十一条 本科学生学费免收,宿膳由校供给,惟于初入学时缴纳保证金十元,至毕业时发还。

第十二条 本科学生如中途无故退学,除扣除其保证金外,并须追缴各年应摊之学膳各费。

第十三条 本科学生,学籍制服,及其他一切学用品,概归自备。

第十四条 本科实习材料,共同须用者,由校供给,其各自制作者,统由各自购备。

第十五条 凡共同实习作品,概由学校处置,学生不得私自收藏。

第十六条 其余悉照本校所订学则,及各部规程办理。

---

① 安徽省教育厅.第二十二次厅务会议[J].安徽教育行政周刊,1929(2)-20:35.
② 安徽省教育厅.教厅指令四女中准予试办职业班[J].安徽教育行政周刊,1929(2)-29:27-28.

表 8-1　安徽省立第四女子中学校职业科学程表①

学程	科别	学年学期及每周时数	第一学年 上学期	第一学年 下学期	第二学年 上学期	第二学年 下学期	第三学年 上学期	第三学年 下学期	
实习主科	缝纫		6	6	4	4	2	2	用线织丝织毛织质料制作中西式、男女、大小服装，以及其他日用品，由简易渐进于繁难
	机织		6	6	8	8	10	10	机织分织袜织毛巾织布三种，每一学年实习一种
理论副科	三民主义		2	2	2	2	2	2	第一学年讲三民主义，第二学年讲建国方略，第三学年讲民权初步
	国语		6	6	6	6	6	6	国语包括读法、语法、书法、作法，授以语体文，渐进近代文言文与应用文
	数学		4	4	4	4	4	4	普通应用数学，分年教授，并授珠算与普通应用簿记
	社会科		3	3	3	3	3	3	内分公民、地理、历史三种，采适当之教材，使学生认识其所处之环境，及世界现世之由来，而作公民之练习
	自然科		2	2	2	2	2	2	第一学年与第二学年授生物之大意，第三学年授理化大意，使学生能理解自然现象并利用自然而改良生活
	艺术科		2	2	2	2	2	2	艺术为图画、音乐两种，本科目的一在练习歌曲，涵养性情，一在练习绘画技能，使能发表美的本能
	体育		2	2	2	2	2	2	此科授各种体操、游戏、球术、舞蹈，以发达学生之身心，与养成健全人格之目的
总计			33	33	33	33	33	33	

①　安徽省教育厅.教厅指令四女中准予试办职业班[J].安徽教育行政周刊,1929(2)-29:29-30.

从师范专业拓展到缝纫与机织专业,对省立四女中来说也是挑战,且不说当地社会对该专业的认可程度,单师资与设备就得另起炉灶。特别是设备的添置,时间紧,费用高,确非易事。从民国十七年(1928年)安徽省各校教育经费实支数目清单看,省立四女中全年经常费为47 390元,临时费7 000元。① 应付日常开支略有节余。为开办新专业,学校专门购置织袜机十余台,毛巾机与木制织布机四五台及缝纫机二台。② 有资料显示,省立四女中织布厂房就是一生不置私产、经常捐助教育的该校附属实验小学教师、歙县罗田人方槐三及其朋友捐资建成的。③

为满足新增专业学生的学习与生活需要,省立四女中对校舍进行了必要的改造。民国十八年(1929年)底,学校在基本完成上年计划的"教室、围墙、厨房、浴室、厕所之建造,洗衣室、教员休息室之改建,以及礼堂等项之修理油漆"任务后,接受了教育厅委派的工程技师陈衡漳对建筑部分的勘估,核定建筑费6 500多元,改建、修理部分约500余元,安徽省教育厅同意在上年结存经费中开支。之后,安徽省教育厅又委派督学叶明辉前往实地勘验,结论是"查核均与原案相符,工料亦尚坚结,修理、油漆,各项均属切要,所有支款簿据,动用经费数目,核对亦相符合。"④部分教学设备的添置,学校采取定额收费的方式。如图书费,初中、高中学生每人每年各缴一元和两元。虽然有转嫁办学费用之嫌,但图书的确得到快速充实。《中华图书馆协会会报》曾以《安徽省立第四女中图书馆》为题给予简要推介:

> 休宁省立第四女子中学图书馆舍共五间,藏书室二间,阅书室三间,平均每日阅者二三十人,藏线装书共七千二百九十一册,大都有《四部丛刊》、百衲本二十四史、《万有文库》、二十四史,《汉魏书》《涵芬楼丛书》,平装书共三百六十五册,杂志有中文杂志十五种,西文杂志三种,日报十一种。书籍参照杜威分类法。该校师范、职业各生,每人年缴图书费二元,初中每人年缴图书费一元,管理员月支薪俸四十元。此外该校有图书委员会,分类指导学生阅览,每学期添置学籍,由图书

---

① 安徽省教育厅.皖省十七年度教育经费实支数[J].安徽教育行政周刊,1928(1)-28;21-22.
② 屯溪区地方志编纂委员会.黄山市屯溪区志[M].北京:方志出版社,2012;969.
③ 歙县教育志编纂委员会.歙县教育志[M].合肥:黄山书社,2009;615.
④ 安徽省教育厅.省立第四女中建筑工程之验收[J].安徽教育行政周刊,1929(2)-46;46.

委员支配办理之。①

省立四女中属于职业类的高中部学生人数不多。民国十九年(1930年),该校高中师范科毕业8人:胡兰仙、金瑜、冯瑞兰、程顺娟、戴德珈、程竞芬、吴玉仙、章昭雍。她们中,歙县、休宁各3人,绩溪2人;21岁、19岁、18岁各2人,最小17岁;有三人可能留过一级。②民国二十年(1931年)的毕业生中,高中师范科仅有吴锦璋、金红秀、黄明秋、沈瑞云4人,她们中休宁3人,歙县1人,最大24岁,最小18岁。初中部职业科当年首次招生31人,合格毕业者14人:黄芝、郑度梅、吴纹化、胡郁娟、李爱书、郑寿民、汪阄英、叶闺娴、叶庆淑、朱蕙英、汪秀琤、张丽华、汪葆姝、胡应超。她们中休宁8人、歙县5人、婺源1人;最大25岁1人,23岁5人,22岁、21岁各1人,20岁5人,18岁1人。③可知当年学校招生时,并没有严格执行"年龄在二十以上,三十以下者为合格"的标准;且因家庭、经济等原因,学生中途流失不少。

三、省立四女中的职教成效

民国十八年(1929年)12月,省教育厅督学叶明辉在视察省立四女中后,向安徽省教育厅提交了详细报告。

> 省立第四女子中学,系就前四女师改建,设于休宁县治南三十里之隆阜村,南去屯溪不足五里,校舍前临平田,后傍民屋,远隔尘嚣,饶具乡村景象,办理女学于此,尤为适宜。隆阜为清代汉学大师戴东原故里,先生读书处及其后裔所设立东原图书馆,皆与该校近在咫尺,学术空气,自较浓厚。惟徽州人民,尚多墨守旧习,视女子教育为无关重要,重男轻女之习风,犹存于普通社会。该校处于此种环境之下,实兼负有改良社会与促进男女教育机会均等之责。督学于十二月七日,驰抵该校,当由张校长秉仁,引导参观,觉其校内设备,颇能适应社会之需要,至其校务整饬,精神蓬勃,犹其余事。仅就视察所及,缕陈于后:

---

① 佚名.安徽省立第四女中图书馆[J].中华图书馆协会会报,1931(7)-5:27.
② 佚名.省立第四女子中学校毕业生一览表[J].安徽教育行政周刊,1930(3)-50:48.
③ 佚名.省立第四女子中学校二十年度毕业学生成绩表[J].安徽教育行政周刊,1932(5)-45:53-55.

（一）组织

该校分高中、初中两部，各设主任一人，分司部务；又共设事务主任一人，舍务兼训育员二人，训育员六人。全校共有教员二十一人，职员六人。（内兼任教员者十三人，校外兼职者一人）；并附有实验小学，设主任一人。

（二）经费

该校本年度预算，经常费共四万五千九百五十四元，临时费共一万五千一百元。支出项下，教职员俸及校役工食，共三万二千九百六十四元，办公费共一万一千五百五十元（学生膳费在内），临时费多用于建筑校舍，及添购校具，各项支配标准，虽与厅订稍有出入，而其重大用途，概系呈厅核准，并能力求撙节。实行全校经济公开，其上年度经费项下，存余之款，用作收买校舍，补充建筑，以及零星收买毗邻校舍之地基，津贴学生升学之费用，亦皆先后呈准在案。本年度经费项下，尚有节余之款，将来亦拟专案呈报，确定用途。

（三）班级

高中部师范科，现有三年级一班，一二年级因学生人数较少，合为一班；初中部一、二、三年级各设一班。为适应社会需要计，设有简易师范科及职业班各一班。全校共计七班，学生一百四十四人。简易师范科系去年秋季设立，学生二十人；职业班则系本年新设，学生三十一人，上学期高中师范科毕业十二人，就中升学者七人，服务者四人；初中部毕业八人，均升入该校高中部。

（四）校舍

该校校舍，原系租用民房，旧式建筑，殊不适用！张校长接事后，设法收买，改建一新。有感于校舍不敷，难期发展，特将校舍右面空地，次第购为校有，拟具设计图式，期于五年以内，奠定全部规模。然后腾出原有之屋，以作实验小学校舍。其计划极为精密周到，现在第一期工程，已于暑期前竣工，其中寝室三幢，光线充足，工程完好，在新建筑未完成之前，暂时用作教室。至原有校舍，自经收买之后，张校长惨淡经营，翻修全部，昔时旧式破敝之民屋，悉能利用而无余，其新修礼堂、膳厅、接待室，颇具美观，学生浴室厕所，亦均装设整洁，合于卫生。惟礼堂面积，甚嫌狭小，全校无集合师生统一精神之所在，殊为缺憾,又图书室地面亦小,于学生课外研究,极为不便。

（五）设备

该校目前最急之务,厥为校舍之扩充,故临时费及经常存余之款,大半用于建造,至于设备上,惟有择要购办,徐图改进。权衡缓急,似不得不如此也。各级教室,布置整齐,因房屋不敷,学生自修,暂在教室。图画教室,设于校园内之茅亭,陈设精雅,光线亦佳。职业班缝纫教室,置有缝纫机及织袜机各四架,学生实习材料,多由校备;制成之品,即由学校代售。音乐教室,系假用礼堂,极为不合。操场地面甚宽,足敷应用。各项体育器械,大致齐全。学生寝室,因系迁就,故无适当之布置。图书一项,计有新旧书籍五千九百余册,挂图五十余幅,杂志十三种,日报九份,最近又订购万有文库一部。仪器一项,所有理化器械及药品标本等,目前应用,尚不充裕,更宜陆续添置。至课业用品,现时尚可勉强敷用。

（六）行政

张校长对于女子教育,具有丰富之经验,于社会需要,尤有深切之认识。据云接事之始,全校学生,仅有四十余人,一载以来,经营擘画,劳瘁不辞,学生人数,较原有增加两倍以上。所聘教职员,俱能勤识称职。高中部主任江兆槐,学验俱优,深肯负责;初中主任汪廷钧,任事勤恳,有条不紊;事务主任刘开廉,办事稳练,计划周详。一校行政上之干部人才,能如此健全,是以该校校务进行,大有蒸蒸日上之概!该校行政,除校长负全责外,并由各种会议及委员会分别处理,颇收分工合作之效。会议俱能按时举行,备有记录可考,各项统计图表,种类甚多,尤能别出心裁,具有精密鲜明之比较,办公室内各种工作,均极紧张,行政整饬,可以概见。

（七）训育

该校训育,颇注重于积极方面,订有训育标准及实施方案,内容简明确切,包蕴无遗。全校学风,极称淳朴;服装整洁,尤见精神。为练习勤劳计,全校女仆仅有四人,设有洗衣室,学生衣服,皆自行洗涤,膳厅碗筷,亦由学生自备自洗自管,寝室洒扫整理,清洁异常,足征训练有素。徽州教育,本偏于静,尤以女校最为显著,该校力矫此弊,提倡动的教育,施行以来,颇著成效。学生对于社会运动,渐能踊跃参加,如讲演游行等事，虽社会上时有非难，亦不之顾。惟近因时局不靖，遂未积极进行。

（八）教学

该校教学目标，以三民主义为教材之中心，供给学生生活的智识与技能，以谋健全公民之实现，故其教材重活动与实用，其教法重辅导与自学，各科课程，均由教师编定六年来的课程纲要，按年推进，尚称无误。高中部选修学科，采用分组制，按照学科性质，分为文史地组，自然科学组及艺术组，令学生各就性之所近，分别选习；简易师范科及职业班课程标准，亦能就社会需要妥为拟定。各级教员俱能热心供职。视察时，教员江兆槐授职业班常识，注重实验，最能引起学生兴趣；曹颂增、江永坚授英文，方智授伦理，程振钟授地理，讲解均甚明晰，江越、汪廷钧授国文，所选教材，甚为适合；查宗滉授代数，教法娴熟，并注重学生演习宿题；胡光岳授算术，板书明了，惟精神稍欠振作；沈文英授体育及跳舞，态度闲雅，动作敏捷；颜飞云授缝纫，指导有方，令学生自制衣服，尤为一举两得。学生对于课业，甚能努力，检阅各科成绩，尚有可观。惟低年级学生程度，间有不齐，于教学上每感困难，似宜采用分团补习方法。课外组织约有十余种，成绩亦有表现。各项运动，近以教职员积极提倡，颇著成效，早操一项，亦尚能切实举行。

（九）推广事业

该校推广事业已实行者，约有五事：

（1）壁报。计有三份，一贴校内，一贴本村，一贴屯溪镇。现因地方不靖，暂行停顿。

（2）社会调查团。每届寒暑假学生回里，各令就当地社会状况详细调查，于学期开始时，送交学校，藉作教育设施之参考，其内容尤多注意各地女子教育之状况。

（3）宣传队。每逢纪念日，学生分赴各地宣传，远至屯溪，近在村里。

（4）民众学校。附设实验小学内，近因学生不多，以至中辍，拟俟明年恢复。

（5）开放游艺会。每逢校中举行大规模之游艺会，均任附近民众参观，藉与社会联络。

他如拟设实小分校于屯溪，及筹办民众阅报处等，均以地点无着，未能实现。

(十) 实验小学

该校实验小学系就前四女师附小改建,设于校之东南隅,校舍典用民房,且有一小部分系租用者,虽系旧式,张校长为整理修改,并新建教室二所,尚可敷用。现有幼稚园一班,初级一、二年级各一班,三、四年级合为一班,高级一年级一班,全校学生一百廿人。本年度经常及临时预算,共计八千九百九十六元。主任方槐三,经验尚优,任事切实。校务会议,颇能按时举行;各种图表,已尚完备。各级教师,亦皆悉心任事,勤勉可嘉。全校精神,极为振作。教员方立堂授初级国语,教法娴熟,成绩极佳;张多佳授高级算术,姜焕授乐歌,均能指导合法,胡定香、沈月华指导幼稚生游戏,态度亲切,深具幼稚教育之经验。学生各科成绩及课外作业,均有可观;每周发行壁报一张,装订成册,内容亦尚丰富。训育方面,制有训育目标一百条,施行甚为有效;设备方面,现已逐渐改进,粗具实验小学规模。将来中学部建筑完成之后,迁并一处,前途发达,甚可期也。[①]

民国二十年(1931年)年5月,省立四女中举办了改建三周年纪念大会,通过表演、展览、销售等方式向社会各界展示学校教育教学的成果。虽然天公不作美,影响了当日效果,但学校补演一天,气氛相当热烈。当年的《安徽教育行政周刊》为此刊发了题为《四女中举行三周年纪念会》的消息:

休宁隆阜省立第四女子中学,前为省立第四女子师范,自改组迄今,已届三周年,故该校定于本月十一日特开成绩展览会三天,并同时举行三周年纪念大会,表演体育新剧、舞蹈等各项游艺一天,欢迎各界参观。因十一日天雨,未能举行,十二日天稍放晴,该校即于是日举行,但远地者,未及前往,故是日参观者较少。该校亦因是日来宾不多,乃于十三日补行表演一天,是日参观者十分踊跃,达千余人之多。该校各种成绩均极优良,刺绣物品,并标定价目,可以自由选购。是日刺绣物品,均为来宾定购一空,后至者望而兴叹,大有捷足先得之慨。

---

① 叶明辉.视察省立第四女子中学校报告[J].安徽教育行政周刊,1930(3)-4:24-28.

布置亦颇井然,表演各项游艺,尤称纯熟活泼,来宾均表赞许云。①

民国二十三年(1934年),由于实施全省中等学校改进方案,省立四女中改称安徽省立徽州女子初级中学(以下简称"省立徽州女中"),校长许惇士。改制后,初中及初级织刺科班数照旧,且从当年起,设修业年限为一年的简易师范科一个班,原有师范科逐年结束。是时,该校共有9个班(初中3个年级、初级织刺科3个年级各开1个班,师二、师三、简易师范科各1个班)。织刺科有学生103人,专业教员6人,职员2人。②

据民国二十四年(1935年)《农林新报》消息,此时校长陈季伦还有开设制茶科的打算:

> ……另据教育界消息,徽州女子中学校长陈季伦,以徽属为产茶之区,每年各茶行雇佣拣茶妇女,为数甚多,此项妇女多有制茶知识与经验,故拟在校内增设制茶科,训练一班制茶人才,担任指导改良制茶之需。此举于女子出路与制茶改良,两有裨益,将于下学期促其实现云。③

但是,在随后该校的资料中,并未发现有开办制茶科的痕迹,到底是因校长或学校意见的改变,还是安徽省教育厅没有批准,不得而知。

省立徽州女中虽然规模有限,但在当地有一定的社会声誉,在外省人眼里,也有诸多可圈可点之处。民国二十四年(1935年)10月,《社光月报》记者在实地踏访之后,发表了一篇报道:

> 余因公路过安徽屯溪即闻安徽省立徽州女子中学之声誉,乃于双十节后,饷过午餐,偕同伴熊君前往。该校设于隆阜,距离屯溪约五里许,过大桥,向西北角走,经过不少的树林和那弯曲的田径路,才到达该校,时该校陈校长因患肺病赴杭州治病,比承该校教导主任方智先生出而招待,领导参观。其成绩室各种作品颇佳,教室设备均完善,并有图书室、藏书房、阅报处,此外尚有洗衣处、晒衣场、浴室、自备电灯

---

① 佚名.四女中举行三周年纪念会[J].安徽教育行政周刊,1931(4)-19:30.
② 安徽省政府.安徽省行政成绩报告(1934年)·第三编[Z].1935:68,308.
③ 佚名.徽属茶业积极改良[J].农林新报,1935(12)-13:352.

厂等设备,应有尽有。……其教授方面除上正课外,每夜必须自修数小时,并有教员担任自修教导之责,并闻其月考甚严,如有不及格者,一方去信其家长,一面在月考不及格表上宣布,但不写出姓名,以暗号法行之,而顾全其面子,去信其家长之原因,使其家长对其发生不好之印象,以激其自悟,长进用功,努力上进求学,此法甚善。除例假外并不准随便外出,亦不准任意请假,校规之严,于此而知。其职业部,有织布、织巾、打袜子、缝纫、刺绣等科。对于卫生方面,设有治疗医药室,对于运动方面,有网球场及体育场等。其最特点者,惟其校之设备,有亭台数座,竹栏圈成曲尺道路,各种点缀皆备,并植有树枝花果,园内并建有前张校长之纪念塔,闻系学生捐款建造的,其图案亦合现代式样,……其景致之幽雅,胜过西子湖边之小公园。……①

透过这篇题为《安徽徽州女中的成绩与风景》的报道,人们的确能对该校师资之完备、校园之精致、设备之齐全、管理之有方留下深刻印象,而其中职业教育的成绩,也无疑是诸多风景中颇为亮丽的一道。

第三节　安徽省立屯溪工业职业学校

一、校舍与设备

安徽省立屯溪工业职业学校(当时学生通行简称该校为"屯溪高工",以下简称"省立屯溪工职")校址在屯溪西郊的高枧村边。这是民国三十四年(1945年)新创建的一所中专性质的职业学校。学校在徽属联立职业学校的校址上创建。该地有较长的办学历史。民国六年(1917年),安徽省实业厅派俞燮创办茶务讲习所,发展近代茶业。3年后停办,安徽省政府在此创办第二工场。民国十八年(1929年),新安公立甲商改称新安公立中等职业学校,从屯溪栗树园迁校于此,借用第二工场房屋办学,直至民国二十一年(1932年)改名省立八职后迁往歙县。民国二十四年(1935年)秋,新安公立乡村简易师范学校由隆阜

---

① 山东.安徽徽州女中成绩与风景[J].社光月报,1935(12):6.

迁址高枧,改办安徽省第十区农林实验中学。民国二十七年(1938年),农林实验中学改建为徽属联立职业学校,办学7年,直至抗战结束。

当时,省立第二工场因投入有限,房屋比较破旧。此后迁来的学校多为地方社会组织公立,办学经费十分紧张,根本无力重建或彻底整修,原先的旧校舍更显破烂。民国十九年(1930年)省教育厅督学吴亮夫视察后指出:"据称该校自移入第二工场后,曾支给该场保管费二百五十元,修理费约七百元。又查校舍西南隅房屋三间,行将倾圮。现由该校用木柱撑持,计非永久之计。"①省立屯溪工职创办后,在各方面均有改善的努力。民国三十五年(1946年)8月,《徽州日报》曾有一篇题为《屯溪工职近况》的消息,详细介绍了该校"扩充班级、罗致教师、添建教室、充实设备"的情况:

> 高枧省立屯溪工职学校,自上年创办以来,修理校舍,添置教室寝室,购缮厂屋,添置校具,增辟操场与菜圃,罗致优良教职员,一年以来,学风纯朴,声誉尚佳。据校长江植棠谈下学期设施计划称:(一)该校原有高级四班、初级二班,前奉厅令下期只准增招高级一班,该校为求学年衔接起见,仍将高化、高纺各招新生一班,另拟增招初纺一班,正在文电请求中。(二)改校下期教员为吴止善、方修训、罗子正、潘友于、朱传甲、金晓农、曹绥之、李大千、汪巩、沈德华、江敦厚、汪中美、胡初云、江鲁南、方立棠、江耀堂等,皆学有专长,教有经验,对于管教,各能尽其心劳。(三)因下期增班,校舍校具均感不敷,正在鸠工建造校具百余套,添造厨房设备,又办砖瓦石木一大批,不日兴工建筑教室三座,所有建筑设备等费,只有去年领到开办费六十五万元,余均在结余项下动支。惟新建教室,须请教厅补助。(四)教部拨给本省充实工业教育设备二千余万元,由教厅派葛秘书赴沪统筹采购,支配该校三百四十万元,添置化工、纺织设备,该校已遵令派员赴沪领运。(五)该校去年以七万元向皖南实业公司购得造纸厂屋廿九间,业经修理完竣,并添建新屋一座,造纸器具亦修理补充,前招工试制报纸,出品尚佳,下期购料雇工,大事制造,以供化工实习。纺织部分,厅令徽女中将职业科残余机器移交应用,正在搬运修理中。(六)该校公费生膳食办法,上期厅令停止公粮,征收主副食实物,应照颁布标准之规定,折合

---

① 吴亮夫.视察休宁县教育报告书[J].安徽教育行政周刊,1931(4)-1;29.

当地市价结算,除省发膳食费外,不足之数,由学生补缴。故上期开学之始,饬学生暂缴五千元,米一市石(是时米价一万余元)。七月七日放学之日,退还学生一万二千六百余元,计全学期每人自己只补贴数千元,而享四菜之膳食。下期仍拟借一万元,米五斗,候学期终了,结算退还。因省发膳费,往往延至开学后一二个月始汇到,故预借办法,可防物价波动,而轻学生负担。(七)该校校址,教厅原有迁旌德计划,前以迁校经费庞大,旌德无相当校舍,且交通不便,已打消原议,仍以高枧为永久校址云。①

省立屯溪工职登在当地主流报纸上的这则消息,虽然借校长之口,且多有数字,似乎可视为确证。但联系到该报一版广告栏刊有包括该校在内的当地多家中等学校招生广告,则此文真实性值得推敲。在该校学生郑克励先生记忆中,1930年就用木头撑持的危房依旧在使用:

  校园面积不大,约十亩左右。校舍简陋、破旧而拥挤,主体建筑为一栋砖木结构的两层楼,呈口字形。北侧楼下是一排教室,约五、六间,东、西两侧和南侧楼下是教职工宿舍和办公室。楼上全是男生宿舍。由于年久失修,北侧教室的墙体向外严重倾斜,只得用几十根杉木支撑着才勉强使用。为保险起见,杉木上还悬挂着巨石。楼后面是一块空地,厕所等建筑设在那里。学校大门口有两个简陋的篮球场,零星分布着一些单、双杠等器材,除了上体育课用,也是学生们课外活动的主要去处。操场的南边是率水,学生洗衣、夏天男生洗澡都在这里。学校食堂原在校内,学校创建时,仅有2个班百余人,尚能应付。次年又招了2个班,全校约200多人,只好在学校南边操场的东头做了一个简易的茅棚当食堂:四周用木板做墙,房顶盖的是茅草。其他还有一些教室,分布散乱,同样十分破旧。与当时徽州本地的省立徽州中学、省立徽州女中相比,硬件要差很多。②

省立屯溪工职是一所工科学校,学生的实验及实习应是非常重要的一环。上引报载消息显示:该校曾动用7万元买下皖南实业公司造纸厂29间厂房及

---

① 佚名.屯溪工职近况[N].徽州日报,1946-8-17(三).
② 郑克励.关于屯溪工职的点滴回忆[Z].徽学研究,2014(3-4):43.

其造纸设备;省立徽州女中纺织科并入时,也将织袜机、毛巾机、木制织布机、缝纫机等纺织机具一并带入。此外,省教育厅也曾拨出专款供学校添置必要的化工和纺织设备。由此来看,无论化工科还是纺织科,学生实习都有一定的基础。但在郑克励先生的回忆中,学校在教学设备上几乎一片空白,不但没有大会堂、附属的实习工厂,甚至也没有仪器室、实验室。他从民国三十四年(1945年)入学读化工科,在省立屯溪工职学习3年,没有做过一次物理、化学实验,实验全都是教师在黑板上讲解。图书馆也是有名无实,因为从不开放,也没有多少书籍可以借阅。文献记载与当事人的回忆出现如此巨大的反差,的确有些费解。是工厂对外租赁了?抑或是安徽省教育厅拨付的专款被挪用了?

二、专业与师资

省立屯溪工职创办时,该校开办了高级化工科,又将办在屯溪隆阜的省立徽州女中职业科约20余人(她们初一课程已结束,乃春季始业)和办在绩溪的省立徽农8名职业班学生(他们高一课程已结束)并入,设立了初、高级纺织科。学制为三三制,即初级3年,高级3年。民国三十七年(1948年),全校共设有7个班,在校学生204人,教职工25人。

民国二十二年(1933年)颁布的《职业学校各科教学科目及时数概要》(以下简称《概要》)对高级职校应用化学科的规定如下:

1. **目的**:养成应用化学中级技术人员
2. **入学年龄**:十五至二十二
3. **修业年限**:三年
4. **科目**:(普通学科)公民一小时,国文二小时,算学二小时,英文二小时,体育每日二十分钟

   (应用化学学科)十五小时

   (应用化学实习)二十四小时[①]

因为该《概要》颁布较早,职业科目较少,具体的专业课程都没有罗列,只是规定了需开设的总时数,故各校在实际操作中,专业名称不一定与《概要》对应,

---

① 梁蕴甫.职业教育法令汇编[M].上海:商务印书馆,1936:183.

课程开设也根据本校情况而定。就省立屯溪工职而言,其专业课多于文化课。初级纺织科文化课有公民、国文、英文、代数、物理、三角和几何学,专业课有机织学、织物分析、染色学、棉纺学、织物组织、图案画、机织准备、工厂管理、织物整理和实习。高级纺织科文化课加授化学、地理、立体几何,专业课有棉纺学、机织学、织物准备、机织准备、工厂管理、制图、纺织概论、织物分析和实习。高级化工科文化课主要有公民、国文、英文、数学(三角、高等代数、立体几何、解析几何)、物理、化学等,专业课设定性分析、电磁学、有机化学、经济地理、工业制图、工厂管理、制皂法、造纸法、工业药品制造法和实习课。后期设立商科,除一般的文化课外,专业课主要有商业概论、经济概论、货币学、会计学、簿记、珠算、商业史等。[①] 由于师资缺少等原因,一些课程计划中应开设的科目后来也被取消。比如化工科,原先学校承诺开设的微积分和定量分析后来并未开设。

省立屯溪工职的创始人、校长是婺源县江湾人江植棠,其子江敦厚主持校务。民国三十七年(1948年)学潮之后,江植棠去职,省立休宁中学校长查景韩因时任安徽省教育厅的厅长柯育甫是其在安庆高工教书时的学生,故查景韩被调省立屯溪工职任校长(其省立休宁中学校长一职到1949年2月才由周晓天接任)。

全校校级行政人员仅校长一人,教职员工全由校长聘用,实行的是校长负责制。教务主任吴政达(字止善),训育主任金晓农,纺织科主任江敦厚,化工科主任汪子坚(即汪巩)。军训教官朱传甲、李道梗不属校聘,而由军队的地方派出机构委派。他们穿军装,不佩武器。在校内不仅负责军训课,还负责学生外出请假手续的批准,以此方式掌控学生与外界的联系。军训课程一般每周一至二节,学生们不大感兴趣,教官也睁一只眼闭一只眼。

省立屯溪工职的师资力量很强,即便与老牌的省立休宁中学相比也毫不逊色,甚至有过之而无不及。校长江植棠是教师出身,对生物学有深厚学养,教授的是《人体解剖生理学》。他的教学深入浅出,谆谆善诱,深受学生钦敬。尤其是他的教学基本功非常扎实,上课时常常手里拿几支彩色粉笔,边讲边画,一幅精致的生理板图就出现了,简直是教材插图的放大版。有 次,他向学生解释"新陈代谢"的概念:"同学们,你们从家中来到学校这么长的时间,已经不再是家里的你们。因为在家里摄入的营养早已被消耗。这好比一个水桶,上边不停地注入,下边也不停地漏出,虽然水桶始终是满的,但里面的水也早已不是原先

---

① 屯溪区地方志编纂委员会.黄山市屯溪区志[M].北京:方志出版社,2012:968.

的水了。"既通俗,也科学,六十多年过去,当年的学生仍然记得十分清晰。

教数学的罗运楷(1904—1987)是歙县呈坎人,民国十八年(1929年)毕业于南京中央大学理学院,曾任省立屯溪工职训育主任、歙县参事。① 他教学兢兢业业,一丝不苟。上课板书整齐,很有计划和条理,一节课结束,刚好一黑板。学生做数学作业时,作业本都不敢乱画,都是按照他的模式来写。他的学生多年后还评价:他的敬业精神的确少见。用现在的标准,他的课几乎堂堂都算得上是精品课。

化工科主任兼班主任汪子坚,是暨南大学毕业生,化学教得非常好。当时,条件艰苦,没有钱买实验设备、材料,他自己想办法带学生做化学实验,比如学做肥皂,他就带学生在他自己家的锅里,弄点牛油、烧碱等来做,以培养学生兴趣。

物理老师潘友于是西南联大学水利工程的优秀学生,毕业后回到屯溪,想搞水利工程,但当时条件不允许,就先到休中教物理,后又到了省立屯溪工职任教。他治学非常严谨,定期将学生笔记收去批改。学生笔记中哪怕有单位写错,都要做出修改,并写上"下次注意"。

吴政达是南京金陵大学毕业生,任教导主任兼教经济地理。因为职业学校学生要搞生产,要懂得经济,没有教材,他就自编了经济地理讲义。纺织科主任江敦厚,也自编有教材。

总体上看,当时在该校任职的主要学科的教师,专业功底深厚,教学效果显著,解放后都陆续被调入了高校。如江植棠被调入安徽师范学院生物系,汪子坚被调入上海化工学院化学系,罗运楷被调入皖南大学数学系,潘友于在河北大学任教。即便是江敦厚,也到浙江麻纺织厂任厂长兼总工程师,不仅拓展国内市场,而且将生意做到印度尼西亚等国,对浙江省麻纺事业贡献很大。

三、招生与就业

省立屯溪工职初建,其高级职业科的招生对象为应、历届初中毕业生。为宣传招生,该校在徽州一带很有影响力的主要报纸如《徽州日报》《东南日报》上刊登招生简章,对于学校性质、专业设置、招生人数、报考条件、生活待遇甚至课程开设等都作了比较详细的介绍。民国三十五年(1946年)8月,《徽州日报》就

---

① 罗来平.徽州文化古村呈坎[Z].香港:天马出版有限公司,2002:183.

刊载了该校的招生广告:

安徽省立工业职业学校招男女生

【名额及资格】高级化工科、高级纺织科一年级1班新生各五十名,须初中或初级职业学校毕业,男女兼收。

【考试科目】公民、国文、数学、英文、理化、口试、体格检查。

【报名】在本校报名缴初中或初职毕业证书、报名单,照片三张,报名费六百元(在歙县投考者加收报名费四百元)。自即日起至二十六日止。通讯报名亦须手续办齐。

【考试及考场】八月二十八、二十九日在屯溪高枧本校及歙县城内同时举行(报名时须注明考试地点,临考不得更改)。

【附告】

(一)公费待遇;

(二)报名单及简章附邮票五十元即寄;

(三)前呈请教厅增招初级纺织科一年级一班,以收教高小毕业男女生,近奉令候改编预算再行核夺。顷又电催,如核准即登报招生。

校长　江植棠[①]

就在这份《徽州日报》的第一版,同时还刊有《安徽建国中学招生启事》《休宁县立中学招生》《歙县县立简易师范学校招生》《歙县县立初级中学招生》的广告,可见各校招生竞争较为激烈。那时,初中毕业生中,家境好的多报考徽中、皖中,家庭困难但有学习愿望的多报考省立歙县师范和省立屯溪工职,还有一些就终止学业找工作。当年考入省立屯溪工职的汪宜楷先生就属家境贫寒者。

　　工职是公费学校,贫寒学生多。我家里当时因为生意失败,比较困难,所以我就考了工职,我是工职的第二届学生,1946年入校。当时,我也考取了休中,但是读不起。抗战胜利,大家都很高兴,但是物价飞涨,百姓承受不起,我伯父当时在上海开店,给我寄了一万元钱来,第一天寄到时能买一石米,第二天只能买5斗了,当时物价就是这么飞涨。我读不起休中,就考工职,考取之后免费读,开学时学校向我

---

① 省立屯溪工职.招生广告[N].徽州日报,1946-8-14.

们借几斗米,因为公粮没到,免费对于贫寒学生很有益。①

现存一张民国三十五年(1946年)8月省立屯溪工职的新生投考准考证,可以知道当年考场的基本规则(见图8-1)。

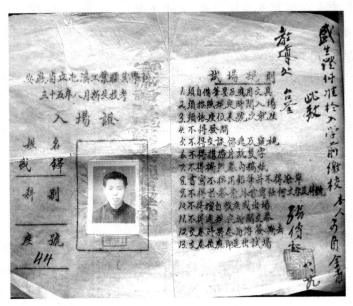

图 8-1　安徽省立屯溪工业职业学校准考证

按照当时学籍规定,学校也可接收转学学生,但转学学生必须参加接收学校的测试。郑克励先生当年就是中途入学的,他这样回忆道:

> 我 1945 年秋季在歙县中学初中毕业后,因家庭困难,便在歙县中学当了职员。我的不少初中同学考入了工职,他们在那里无论学习还是品行、纪律,表现都不错。工职的教师、领导对他们赞誉有加,认为歙县中学的生源素质高。我的同学说:我们最好的同学还没有来呢!便把我的情况介绍了一番。很快,工职带话给我,让我下学期去该校就读。1946 年 2 月,还是寒假期间,我独自从歙县郑村老家步行到工职,校长江植棠亲自接待了我,还安排教师对我进行了学业水平的简单测试。我记得题目比较简单,语文是一道作文题,写一篇自传;数学是期末的试卷。经过了这样的程序后,工职告诉我寒假结束后正式上

---

① 汪先生系歙县中学退休语文教师,这是笔者对其采访而整理的文稿(未刊)中的一段。

学,其他手续均由学校办理。我恰好有一位在屯溪工作的堂兄,便到他家住了一夜,次日再走路回家。①

省立屯溪工职学生的来源以徽州的休宁及屯溪、歙县为主,也有少数学生来自本省的贵池和无为。江西婺源,浙江昌化、淳安等地也有个别学生在此就读。学校女生很少,如1945级化工科全班只有一名女生。1947—1948学年全校人数最多,在校有两个专业各三个年级,合计7个教学班,学生204人。

省立屯溪工职学生多来自贫困家庭,教师能力又比较强,因此学生成绩比较出色。民国三十六年(1947年)暑假,省教育厅举办过一次全省高中数学竞赛,徽州赛场设在隆阜的省立休宁女中,省立休宁中学、隆阜的省立休宁女中、皖中(私立南京安徽中学在民国二十六年9月迁屯溪,定名私立南京安徽中学徽州分校,简称"皖中")、省立屯溪工职都派选手参加。结果,省立屯溪工职学生余义成、许又文分别获得第一名和第六名。

省立屯溪工职的毕业生去向很复杂。那时,徽州地区的工业基础很薄弱,没有化工厂、纺织厂,也没有其他比较现代的其他工厂。因此,学生毕业后都是自谋出路。首届化工科毕业生中,大部分当小学教师,个别到机关,也有少数回家务农。

民国三十七年(1948年),省立屯溪工职第一届学生毕业,这也是解放前唯一的一届毕业生,他们中有不少在各自领域都有不俗的成就。梅林虎曾任马鞍山市马钢公司教育处党委书记,巴炳锭曾任歙县岩寺区区长,许又文在北京工业学院毕业后曾任北京理工大学教授,方迪在东北工学院毕业后任内蒙古煤炭厅总工程师,潘惟孝在复旦大学经济系毕业后任职于安徽省委政策研究室,唐聚琛曾任甘肃玉门油矿工程师,汪训方曾任浙江省金华市粮食局工程师,汪汝成曾任黟县中学教师,刘良远曾任歙县财政局干部,黄明朗曾任歙县教育局教研室主任,程绍柏曾任武汉大学英语教师,杨芳春曾为贵州省煤炭厅干部,余义成是屯溪建设银行干部,姚士鼎曾任芜湖市中国银行行长,吴清任曾任合肥化工研究所工程师,郑克励在徽州师范学校任教。1949届化工科的毕业学生中,好几个后来到了哈尔滨军工大学,多人参与了中国第一颗原子弹的爆炸实验。另外,学医、从军、从教的也不少。

---

① 郑克励.关于屯溪工职的点滴回忆[Z].徽学研究,2014(3-4):44.

四、教学与生活

省立屯溪工职每天的教学活动安排紧凑：早上先早读，再用早餐，上午四节课，下午两节课后是自由活动时间，晚上也有自习。学生周末安排也很简单，要么在教室看书，要么洗洗衣裳，或者到学校借篮球打。高枧村没有商店，如果需要买文具（那时除了作文要求使用毛笔，其他学科作业多用钢笔），也通常利用周末到屯溪街上去。总体上看，学生不仅物质生活很贫乏，精神生活也很单调。

省立屯溪工职的教学要求适中。每学期一般写4篇作文，数学、物理、化学每节新课后都布置作业，教师全收全改。中考、大考都有安排，期末考试成绩单都寄给家长。该校与那时徽州的其他学校（如歙县县立中学）一样，教师的教学是个人行为，学校没有教研组之类的组织，教师之间也不相互听课观摩、不评比，甚至也没见过校长、教导主任到班级听课。

与歙县县立中学校长凌集机重视学生德育不同，江植棠的管理显得有些宽松。那时，歙县县立中学每周一次集会，全体学生集中到大会堂，校长等人发表演说。而在省立屯溪工职，学生集会几乎没有。就民国三十七（1948年）届学生而言，他们参加的唯一一次全校集会就是在操场举行的毕业典礼。

班级的日常管理主要是靠班主任。一般早、晚自习到班上点名。民国三十四（1945年）级化工班班主任是罗运楷，因为他在教学上很有威望，造诣很深，学生都尊重他。他虽然对班级事务管得不多，但一直比较平稳。

省立屯溪工职学生中有"三民主义青年团"（三青团）组织，全校设立一个区队，各班设小组。区队长是民国三十四级化工班的贵池人叶琼林。民国三十六年（1947年）党（国民党）团（三青团）合并统一，团员自动转为党员。在省立屯溪工职，团员人数不多，也没有固定的场所，如要开会，通常在课余时间或周末借用教室，其他非团员同学仍在教室看书写作业，他们也不忌讳。歙县县立中学在民国三十二年（1943年）就建立有三青团组织，班主任在班上宣布一个名单，一些平时表现比较出色的同学因此就成为团员。此后，这些团员除了象征性地交纳团费外，真正的政治性活动并不多，班主任也不介入团组织的活动。因为对于政治活动没有兴趣，部分歙县县立中学毕业的团员到省立屯溪工职后，便隐瞒了原先的团员身份。尽管他们的表现依然不错，但三青团员主动接近他们、进而介绍入团的情况极少。

民国三十六年（1947年），国民党在中统、军统之外，又建立了戡乱建国队(简称"戡建队")。为吸收成员,该组织也到省立屯溪工职进行宣传。绝大多数同学对此没有参加的兴趣,仅有民国三十七级纺织科有一位洪姓男同学报名。过了两天,只见他穿了美式军装,戴着大檐帽,回校内转了一圈,炫耀一番。后离校,不知所终。

省立屯溪工职有全校性的学生组织即学生自治会,各班的学生干部主要是班长、副班长各一人,协助班主任处理日常事务。那时,该校的学生多数来自贫寒家庭,他们对获得这样的学习机会很珍惜,学习氛围很浓,反而对于班级活动不感兴趣,怕因此耽误学习。很多同学对担任班长没有兴趣,每当选举时,总是极力推别的同学。即便是勉强当选,也无工作积极性,对于学校布置的工作,他们大多敷衍应付,更谈不上主动组织同学的相关活动了。当然,班级活动极少的另一原因是组织活动就得花钱,大家手头都不宽裕,干脆不组织算了。因此,新年茶话会等常规活动都没有举办过。至于一些志同道合的同学出于相似的兴趣,组织文艺类的社团组织并开展活动,相比于其他学校也少得多。由于场地狭小、体育教师经常更换等原因,省立屯溪工职也没有举办过学校运动会。校际之间最多的学生活动是篮球赛,邀请他校来省立屯溪工职或省立屯溪工职去他校均有。民国三十六年(1947年)5月16～20日,在屯溪公共体育场举行安徽省第七行政督察区运动会,旨在选拔参加安徽省运动会的运动员,比赛项目设田径、篮球、9人制排球,分男、女组,约200人参加,以学生为主。[①] 省立屯溪工职组织的代表队也参加了这次运动会。

同当时全国各地中等以上学校一样,省立屯溪工职也是学潮频起。那时,国统区学校的进步学生在中国共产党的组织发动下,掀起轰轰烈烈的爱国学生运动,民国三十六年(1947年)以"反饥饿、反内战、反迫害"为主题的"五二〇运动",也影响到远在偏僻山区的省立屯溪工职。汪宜楷的表兄、暨南大学学生王世杰在上海参加学生运动,就经常寄一些传单、学生报刊等给他,至今还有一份民国三十六年(1947年)6月6日铅印的《学生报》完整地被保存下来。在该报两个版面上,《要求释放被捕学生,各校热烈签名,同情运动在□[②]大,教授工友最热心》《一二一血债未偿,璐珈山又□□魂》《人权在哪里?到处都有同学被捕》《北平学联来电,抗议各地暴行罢课》《大中同学拉手》《呐喊》《谁无儿女》等消息和评论,将上海火热的学生运动场景真实地再现。受此影响,省立屯溪工职的学生也有一些呼应行动。民国三十六年(1947年)10月,浙

---

① 屯溪区地方志编纂委员会.黄山市屯溪区志[M].北京:方志出版社,2012:1199.
② □:原文不清楚。下同。

江大学学生自治会主席、进步学生于子三被捕遇害,全国各地学生都很愤慨。消息传到省立屯溪工职,该校学生自治组织也写信到浙大学生自治会,表示声援。

省立屯溪工职首次学潮是在民国三十六年(1947年)上半年。当时,高一、高二学生军训,按规定可以到外面旅行、露营。比如省立休宁中学的学生就步行到黄山进行训练、露营,实际上就相当于游玩一次。省立屯溪工职军训费用少,学生希望到齐云山训练、露营,但是军训经费在教官手里,不愿意拿出来,不同意学生外出露营,教官与学生们因此闹起了矛盾。校长江植棠与教官意见一致,不同意学生外出露营。学生认为是教官贪污了经费,再加上平时生活中的一些琐事,如烧饭师傅克扣伙食费,学生要求查账。年轻学生血气方刚,再加上中共地下党员的鼓动,义愤填膺,逐渐演变为学潮。事件平息后,学校追查有关牵头的学生,要严加处理。汪宜楷是学生自治会主席,尽管其有身为徽州教育名宿、又与江植棠有同事之谊的外祖父毕恩桂(即醉春,字雪胸)出面斡旋,也没有改变被学校开除的结果。

民国三十七年(1948年)上半年,省立屯溪工职再次因军训问题闹起学潮,学生罢课。主持校务的江植棠之子江敦厚,因在教书同时,也做棉纱生意,同学对他们印象不好。最后,校长江植棠和军训教官李道梗离职。

随着解放战争三大战役的展开,解放军迅速向南推进,国民政府的统治危机日益明显。汪宜楷通过外祖父的关系,民国三十七年(1948年)下半年回到省立屯溪工职继续求学。此时,当地的中国共产党地下组织对该校进步学生的指示是护校、应变,迎接解放,防止国民党军队入校来抓人、抢东西。1949年3月24日,经学校教导处登记,学生诗社用蜡纸刻印了第一期报纸《生之呼喊》,这份十日一期的印刷品正反两版,一版为本校学生作品,二版为转载版。在代发刊词的《生之呼喊》中,开头两句是:"这儿是个沉沉的昏夜哟,(窒息得疲倦的心灵抖战着)",诉说着青年学生对时代的不满和内心的焦虑与不安;署名"声然"作于"第六个寒假的除夕于深渡"的《和平》,短小而意深:"断肠草/可怕/警人……/千万悄悄的□□□/失去了情□平□的路/□通/伤心/银幕上/月圆/花好/偎翠倚红/□□□□/可是傻孩子/德在要问和平/和平吗/光荣□的和平/哲学家的和平……"①

当时的校长查景韩也是一位正直的教育名宿,坚守校长岗位,履行职责。

---

① 原件由汪宜楷先生保存。

在渡江战役打响之后,溃兵时常经屯溪南下,他团结师生同心护校,劝导学生安心留校学习,以防归家途中遭遇不测。国民党溃军路过高枧,数度破门入校拉夫,他不避危难,以校长身份出面交涉,保护师生。[①] 有一个学生被国民党军队带走,他一路追去,半道上将学生带回。解放后他因此得到军管会的表扬。

省立屯溪工职学生的生活比较艰苦。学生入学后免收伙食费,与当时的师范生享受相同待遇。早餐是稀饭,中、晚两餐是干饭,分盛在几个饭桶里,学生自己盛自己吃,量上没有限制,有的男生甚至一顿能吃7、8小碗米饭。菜是一菜一汤,都分盛到每桌,各一份。学生8人一桌,自由组合,相对固定,人到齐就开始吃饭。与一些学校规定学生就餐需排队进入餐厅、训话后才统一用餐相比,省立屯溪工职这方面的规定可以说是比较自由。由于菜蔬中很少有油水,并不耐饥,学生又正处于长身体的时候,总是饿得快。路近的同学每逢周末能回家加餐,再带点菜到学校里,路远的同学,每学期只能回家一次,带来的一点咸菜、豆酱也只是略微换换口味而已。从民国三十五年(1946年)开始,因为全国经济状况逐渐恶化,通货膨胀日益严重,物价飞涨,伙食水平逐渐下降。饮用的开水也由食堂供应,烧开后倒在杉木桶里,需要饮用的用小竹筒舀,散发出浓烈的杉木气息。冬天,食堂里也供应洗脸的热水。

学生宿舍在教室楼上,都是与教室一样大的大间。每位学生分发一块床板和两条床凳,床铺两两相连,一头靠墙,一头留出过道。被子自带,多数没有垫被,也不铺竹席和稻草。教室里的照明由各人自己解决。通常两人一桌,合用美孚灯一盏,煤油也由学生自行购买。为节省起见,不少学生将三张课桌拼成"品"字形,中间摆放两盏灯,无形中就省了一盏。虽然亮度还不是很高,但是与歙县县立中学相比,无疑改善不少。因为歙县县立中学教室里大家用的是灯盏,点的是菜油和灯草,为防止风吹灭,珠兰花舍改成的教室的窗户关得严严实实,整个教室好比是制墨厂的油烟车间,烟灰密布。第二天早上洗脸,鼻子里全是黑的,弄得毛巾也是黑不溜秋的,似乎永远也洗不干净。

学生之间也曾出现严重的暴力冲突事件。民国三十七年(1948年)6月,民国三十七届纺织科与化工科开展篮球赛,两队出现了肢体碰撞。纺织科的黄谓贤心胸狭小,怀恨在心,蓄意报复。吃过晚饭后,他利用下河洗衣服的机会悄悄磨了一把刀。回校途中,正好遇到化工科的梅林虎、姚士鼎等同学,便挥刀刺去。在刺伤梅林虎肩部、姚士鼎腹部后,又追刺另一位有宿怨的同学。直到见

[①] 周文甫.民国徽州名师[M].北京:中国文史出版社,2008:163.

那同学逃避进江植棠的校长室才止步。随后,学校赶紧联系了警察和医院。幸好梅林虎、姚士鼎的伤势不是太重,不久伤愈出院。黄谓贤被警察带走后,据说关押到解放后才释放。此事在社会上曾引起轰动。①

屯溪解放后,民国三十八年(1949年)8月1日,政府将当年春季创办的私立建国中学并入省立屯溪工职,改称皖南区屯溪中学,高中部设在高枧,初中部设在黎阳。② 至此,这所徽州最高层次的工业类职业学校结束了其艰难的办学历程。

第四节 安徽私立中正工业职业学校

一、惠民染织传习所

在近代徽州的工业职业教育中,除了屯溪可视为中心外,绩溪人的热情和行动是其他县份难以比拟的。早在民国初年,绩溪县士绅胡运中就发起组织储蓄会,利用储蓄资金在城内东街口"亶然堂"开办家庭工艺纺织厂,由于资金有限,规模不大,技术落后,该厂的产品没有多少竞争优势,最终因外纱充斥而被迫停顿。

民国十四年(1925年),芜湖明远电灯公司经理、绩溪人吴兴周,上海亚东图书馆经理汪孟邹,联合周协恭等人,集资创办惠民染织传习所,所址仍设在"亶然堂"。③ 胡运中为主办,负责延聘教师,边生产边传授技术,开创了绩溪职业教育的先河。

二、安徽私立中正工业职业学校

安徽私立中正工业职业学校(以下简称"私立中正工职")由绩溪县各界人士发起筹设,县旅外工商界捐助资金,于民国三十一年(1942年)9月创办成立。为规范私人办学行为,早在民国二十二年(1933年)10月,教育部就修正公布了

---

① 郑克励.关于屯溪工职的点滴回忆[Z].徽学研究,2014(3-4):46.
② 屯溪区地方志编纂委员会.黄山市屯溪区志[M].北京:方志出版社,2012:959.
③ 绩溪县胡稼民教育思想研究会.绩溪现代教育史料续集[Z].内部资料,2006:67.

《修正私立学校规程》,对私人及团体设立小学至大学,在审批、组织、划拨经费、设置教育内容等方面都有明确规定。其中校董会是必备组织:

> 第十一条　私立学校以校董会为其设立者之代表,第一任校董由设立者聘请相当人员组织之。
>
> 设立者为当然校董,设立者人数过多时,得互推一人至三人为当然校董。
>
> 第十二条　校董会校董名额不得过十五人,应互推一人为董事长。
>
> 第十三条　校董会之组织及职权暨校董之任期及改选办法应于校董会章程中规定之。
>
> 第十四条　校董会至少须有四分之一之校董,以曾研究教育或办理教育者充任;现任主管教育行政机关及其直接上级教育行政机关人员,不得兼任校董。
>
> ……
>
> 第十九条　校董会之职权以左列各项为原则,但因特别情形经主管教育行政机关核准者,不在此限:
>
> 一、关于学校财务,校董会应负之责任如左:(一)经费之筹划;(二)预算及决算之审核;(三)财务之保管;(四)财务之监察;(五)其他财务事项。
>
> 二、关于学校行政,由校董会选任校长或院长完全负责,校董会不得直接参预。所选校长或院长应得主管教育行政机关之认可,如校长或院长失职,校董会得随时改选之。
>
> ……①

民国三十一年(1942年)上半年私立中正工职筹办时,即由绩溪县党、政、教界人士程万孚、胡运中、葛剑寒、章积和、周协恭、周植夫、唐少澜、邵之枢、胡梦华、胡健人、胡元堂、许文瑜、穆警予、洪衡卿、姚毅民、胡耘圃等35人组成校董会,程万孚任董事长。程万孚(1904—1968)是绩溪县北村人,北京大学肄业,赴法留学,曾任省教育厅督学。校董会还聘请了当年徽州党、政、教界名士冷容

---

① 梁蕴甫.职业教育法令汇编[M].上海:商务印书馆,1936:74.

庵、江彤侯、魏寿永、戴戟、庄述之、曾佩涵、陈子英、邓昊明、李就三、储纯秋、胡商岩、唐礼南、胡钟吾等为名誉校董,并特聘时任第三战区副司令长官唐式遵为名誉董事长。校董会公推唐少澜为校长。

该校经费为募捐所得。校董会商定:乐捐基金500元以上者,呈请政府给予奖状、颁发匾额,并由学校勒石纪念。绩溪不少知名社会人士踊跃捐输。据胡商岩《三十年来经办社会公益事业回忆录·自序》记述,他于民国三十一年(1942年)首捐该校开办费一千元及基金一万元、课桌凳一百套;唐礼南(唐少澜之父)将老家楼下村及大石门一带的唐氏祠产充作校产;徽商胡元堂、许文瑜、邵金生、邵在雄、邵之庭、高子光、程裕有等均慷慨解囊。私立中正工职迁大石门后,登塔乡及其邻近村庄还开展了"一保一课桌凳"捐赠活动,家境殷实人家,还为学校兴建新教学楼乐输砖瓦。为管好、用好来之不易的办学经费,校董会还推定唐少澜、程万孚、武斌(县长)、胡钟吾、葛剑寒、周协恭、胡元堂、殷全道、程节生、耿纪南、周作民等11人组成基金委员会,唐少澜为主席委员。

私立中正工职创办时,借用了鱼川小学(周氏支祠)的一个教室和几间房屋。因临时校址校舍偏狭,次年春学校迁往大石门。新校址选在大石门村对岸的大尉庙和广福寺,与登塔乡中心国民小学校连在一起。校舍成"凹"字形格局,东边是乡小学教学楼和大尉庙改成的办公室、饭厅、厨房、校办工厂;南边是广福寺大雄宝殿改成的大礼堂,及其东侧旧庙宇改成的学生宿舍、民国三十三年(1944年)新建成的四个教室;西边是大尉庙和万年戏台;中间是球场和操场,还有一半月形水池,池中栽有荷花。环境安静而优美,确是建校的理想之地。

民国三十六年(1947年)冬至次年春,绩溪除县城和芜屯路沿线的扬溪、临溪等几个大村庄外,四乡民众在共产党游击队领导下,轰轰烈烈地开展反霸斗争,国民党乡、镇政权瘫痪。虽然游击队对学校采取保护措施,但部分远道学生的家长不放心子女住校就读,坚持入学的学生日渐减少。民国三十七年(1948年)秋,在教导主任江泽忠主持下,学校仍照旧招生开学,坚持上课。但后来校董会、基金会解体,经费无着,教职员工吃饭都成问题,不得不在当年冬季学期结束时宣告学校停办。

私立中正工职的办学目标有四个方面:由"建教合一"到"教养兼施";由"学校工厂化"到"家庭工厂化";由"手工业的改良"到"国防工业的创制";由"文武并重"到"术德双修"。目标涵盖了个人、家庭、国家、身体、技艺、修养等维度,具有鲜明的时代性和进步色彩。"有学有做,即工即读,手脑并用,建教合一,扫除四废,生产自给,积极奋发,不疲不息"的32字校训①,同样是对办学宗旨的具体诠释。

所谓"建教合一",是指生产教育与生产建设的结合。早在民国二十二年(1933年)"豫鄂皖三省剿匪总部"即要求开展此项运动。安徽省教育厅厅长杨廉在《二十四年份之安徽教育》中,就专列"生产教育之推进"一项,并就两者之间的关系作了简要分析:

> 生产教育与生产建设,同以生产为目的,均为今日救国之要图,彼此交互为用,关系至为密切,本省生产教育机关及生产建设机关,年来依照教育生产化、生产教育化之旨,实行联络,已获相当成效,惟值兹农村经济破产、生产技术幼稚时代,生产教育与生产建设之打成一片,尤为当务之急。②

民国二十二年(1933年)安徽省教育厅还拟订了《安徽省职业学校教育生产化实验计划》。规定当年为实验时期,选定"省立职业学校之科目与建设厅在该地方所业已设立生产事业性质相同"的安庆(一职,公路局水利工程处印刷局电灯厂;一女职,林场、蚕场)、芜湖(二职,稻作改良场)、贵池(五职,贵池林场、青阳蚕场)、六安(三职,林场、茶场)四地进行实验。次年为推广时期,选择"各地建设厅业已设立有大规模生产事业而无相当职校者",其中有祁门(有茶叶改良场,办农民训练班),休宁(有第四林场,在二中添设林业班)。从民国二十五年(1936年)起为普及时期,"各县仍未有生产机关或相当职校者属之,且每县至少设立职校一所附以相当生产事业",并订立了具体实施办法:

(一)学生实地练习之时间,至少须等于上课听讲之时间;

(二)教职员学生应彻底农民化或工人化;

(三)关于本省农业或工业倡导委员会之调查、宣传、采集等工作,学生须分配负担之,其分配方法由该会与学校商定之;

(四)学校内所有清洁整理及生活上各项劳作须由学生轮流担任,非有特别原因,不得雇用校役;

(五)学校附近省、县立生产机关之工作,得由教职员学生参加担任;

---

① 绩溪县胡稼民教育思想研究会.绩溪现代教育史料[Z].内部资料,2004:228.
② 杨廉.二十四年份之安徽教育[J].安徽政月刊·专载,1936:49.

（六）学校附近省、县立生产机关所设立之农民或工人训练班与课程，由学校教员及高级学生分担之；

（七）于暑期内学生应到农林场或工厂作长期之实习；

（八）学校应尽量利用附近省县立生产机关之设备，生产机关应尽量利用学校之人才；

（九）学校应与附近生产机关联合开物产品评会，及举行学术及通俗讲演，或举办暑期讲习班，其办法由双方商定之；

（十）凡厂场生产所得之利益，须就中酌提若干奖给工作最辛勤及最著成绩之学生，以资鼓励；

（十一）学校与附近省、县立生产机关，应依其性质订定合作办法，分呈各主管厅审核备案施行。[①]

就安徽省教育厅的具体行动而言，他们除了同省建设厅合作召开全省生产教育建设会议外，还委托办理生产教育素著成效的合肥中华基督会农场代办安徽省合肥生产实验场。由省政府拨给土地100亩，在为期五年的时间里，从事推广改良种子，介绍病虫害防治法，介绍改良农畜、棉毛品纺织等工作，同时招收粗通文字的农家子弟入场佐理，灌输农业知识，培养骨干。此后，由于抗战爆发，全省该项事业大受影响，但各地零星的实验与推进尚不少见。私立中正工职将此定位为办学宗旨之一，与该校职业学校的性质是基本相合的。

由于校长唐少澜时在屯溪任职，学校也需有人在外向旅外同乡筹募捐款，故唐少澜委托因停办而刚卸任绩溪县立初中荆州分校主任职务的程潜岩出任事务主任，负责筹办并主持校务，校内另设有校务主任1人，文牍1人，事务员1人，校医1人。其中，校长、校务主任、校医都是义务职，不支薪。

程潜岩(1904—1958)，绩溪仁里人。曾先后主教于绩溪私立城西周氏淑培小学、仁里思诚小学、上庄毓英小学，他为人耿直，办学严谨，教育有方，工作负责。私立中正工职在他主持下，管理严格，纪律严明，重视德育，术德双修，赢得了良好的社会声誉。民国三十二年(1943年)12月，该校还发行校刊《中正职教》，研究职业教育，推进教学。

该校师资选聘有一定难度。首先是当地专业教师奇缺，后聘请到从苏州流亡至此的寿县人、暂居绩溪乡间的纺织工厂技术员王梦初(1896—1975)，才暂

[①] 安徽教育厅.安徽省职业学校教育生产化实验计划[J].安徽教育行政旬刊,1933(1)-5:6-7.

时有了回旋余地。一些原在外地工作因躲避战乱暂时回乡的本籍人士,也是选聘对象。如曾就读于金陵大学的伏岭下人邵狂涛,此时也受聘为教导主任。据民国三十五年(1946年)4月填报资料看,全校教职员共14人,其中大学毕业和肄业者5人,如程潜岩肄业于上海正风文学院,王梦初毕业于江苏工业学院纺织系。中等专业学校毕业者8人。曾在该校任教的教师有胡家祜、唐大本、章毓芬、程德全、胡家达、周起家、叶强、章恒乎、郭孝塈、江泽忠、江泽勇、周荣履、潘孝儒、胡家褆、陶冶等人。但同当时其他学校一样,该校教师流动性大。如民国三十三年(1944年),教导主任邵狂涛另有他就;胡家祚刚从中山大学中文系毕业,应聘担任教导主任与国文教师,但两年后也离校①;吴家泽民国三十四年(1945年)初受聘入校,只任教了一年。

根据教育部规定,"初级职业学校招收小学毕业生或具有相当程度者,修业年限一年至三年"。② 民国二十二年(1933年)颁布的《职业学校各科教学科目及时数概要》对初级职校漂染科课程的规定是:

1. **目的**:培养从事普通染色职业之知识技能
2. **入学年龄**:十四至十八
3. **修业年限**:一年至二年
4. **科目**:(普通学科)公民一小时,国文三小时,算学三小时,化学二小时,图画二小时,体育每日二十分钟

   (染织学科)十小时

   (染织实习)二十六小时③

在抗战时期,私立中正工职开设的专业课程,很难做到与教育部的规定一致。该校初级纺织科所开课程,从民国三十七年(1948年)12月一份一年级成绩单看,普通课程有公民、国文、英文、数学、物理、化学、历史、地理、音乐、美术,专业课有实用机织学、织物组织学、原料学等。④

民国三十二年(1943年)春,私立中正工职迁大石门后即开设校办工厂,从屯溪引进改良木制纺织机10台,供学生实习之用。次年7月,学校选派张功

---

① 绩溪县胡稼民教育思想研究会.绩溪现代教育史料续集[Z].内部资料,2006:121.
② 梁蕴甫.职业教育法令汇编[M].上海:商务印书馆,1936:155.
③ 梁蕴甫.职业教育法令汇编[M].上海:商务印书馆,1936:168.
④ 原件存安徽省徽州师范学校档案室。

安、程上元、吴汉洲、方徽义、洪国崔共五位学生去休宁临溪一家纺织厂学习纺织机操作技术,为时10天,回校后再传授给其他同学,提高实习水平。民国三十四年(1945年)增设化工科后,学校附设式遵实习工厂一座,内分染织、制烛两车间,厂长由前任省立第三林场场长程节生担任,雇用技工15人,能生产平布、条子布、格子布、被单布、毛巾和蜡烛等供应市场。

建校之初,该校只设三年制染织科,民国三十一年(1942年)8月举行招生考试,最后录取新生五十余人(毕业37人),编为一个教学班。第二届入学新生四十余人(毕业42人),第三届招生人数达到新高,有近百人,编为两个班。民国三十四年(1945年)增设三年制化工科,但招生数下降,当年和次年新生虽都有两个班,但班额不足。民国三十六年(1947年)秋虽也招了新生,但人数更少了。私立中正工职的学生主要来自学校附近的登塔、大障、戈溪、登源、九华等乡,也有少数来自扬溪、华阳、旺川、校头和邻县宁国、昌化、歙县的毗邻村庄。该校收费比当年徽州所有省、县立普通中学和私立中学都低。远道学生只需背米进校,并缴纳少量副食费和学杂费;五、六华里之内的学生自带中餐走读。办学之初,因学校经费盈足,贫寒学生可享受免费或半费入学的待遇。

私立中正工职对学生要求严格,按时作息,经常组织参加义务劳动和社会活动,举行周末文娱晚会。民国三十二年(1943年)10月,学校举行建校周年校庆,县党、政、教各界名流、要员接受邀请前往庆贺,下午举行学生篮球赛,晚上师生在万年戏台表演歌舞、短剧《放下你的鞭子》和京剧《空城计》《辕门斩子》等节目(事先请伏岭下二位老艺人来校教演京剧)。

该校学生也积极参加抗日宣传等活动。民国三十三年(1944年)9月,蒋介石号召全国知识青年积极从军,提出"一寸山河一寸血,十万青年十万军"的口号。随后,国民政府军事委员会颁布《知识青年从军征集办法》,教育部也出台《志愿从军学生学业优待办法》,知识青年从军运动迅速推向全国。徽州的各校从12月奉命发动后,也得到积极回应。到次年1月26日,"皖南报名登记的从军青年,已达一千五百余人,而各县各机关学校的从军青年,尚在纷纷而来,预定超过原配数额,已是毫无问题。""就现有人数统计,皖南从军青年,学生占百分之七十一,……以地域分,安徽籍占百分之六十五,浙江、江苏籍各占百分之十,……以年龄计,十八岁以下占百分之一,十八至二十岁占百分七十四……"[①]在这场运动中,私立中正工职三年级的张观光、高秉海、戴定根和二年

---

① 大江.战时皖南行政资料[Z].中国文化服务社皖南分社,1945:292.

级的胡秀奎报名参加远征军,获得批准,应征入伍。日本投降、抗战胜利的消息传来时,私立中正工职停课一天,开庆祝大会,会后列队到村里游行,张贴标语,欢呼口号,晚上在万年戏台开文娱晚会,唱抗战歌曲,演抗日短剧,师生与村民共度欢乐良宵。

私立中正工职虽然只有四届学生毕业,他们却在不同战线多有成绩。如邵增生曾任中共浙江省委委员;章观光曾任绩溪县县长;方大浩为重庆市社会科学院教授,享受国务院特殊津贴。

三、私立农矿职校的筹议和无线电职业班

绩溪境内多处有矿产分布,但品位较低,按照近、现代矿产开采标准,少有利用价值。但在以手工生产为主要手段的时期,零星开采也可能获得一点微薄利润。在荆州,光绪三十二年(1906年),就有耿介、周月如合资开采杨家坞的锑矿,因资金不足,于光绪三十四年(1908年)停产。也在这一阶段,有芙商在绩溪合阳试采金矿。民国二十四年(1935年),上海金城公司经理郭善涛聘请中、英矿师4人,雇用工人百余人在荆州开采锑钼矿,抗日战争爆发后停产。民国二十九年(1940年),安徽省建设厅绩溪金矿经理处雇工300人,在和阳大坞岗、大岭脚开采金矿,利用土法提炼黄金850克,次年停产。[①] 受时起时落的矿产开发活动的刺激,民国三十二年(1943年),绩溪商人胡商岩(学汤)等准备在荆州创办一所私立农矿职校,培养具有一定技术的工人,以开发当地矿产,但无果而终。[②]

民国三十五年(1946年)3月至9月,唐少澜还曾在屯溪黎阳的皖南行署大会堂楼上办过一期无线电职业班。[③]

---

① 绩溪县地方志编委会.绩溪县志[M].北京:方志出版社,2011:356.但《实业部公报》第275期中由部长吴鼎昌于民国二十五年(1936年)4月9日签发的《咨送同利公司代表人江绍杰请采绩溪县东乡大岭脚石门口一带金矿及请采同县东乡里人岭脚党里山一带金矿案内执照印图请查照发厅分案登记给领并将登记事项送部备案由》显示,绩溪东乡十五都大岭脚湖阳河水碓下石门口一带河流计河道总长3公里又384米,十五都里大岭脚党里山、庙前湾、金棺岭、黄茅岭、赵田坪一带面积29公顷又55公亩的金矿开采权,是1936年授予同利公司的。又民国二十五年(1936年)由国民经济建设运动委员会安徽省分会主办的《经济建设》半月刊第3期,有沈国祯《安徽省绩溪县东乡石金矿第一期开采计划书》,也对里大岭脚及半坞一带金矿试采提出详细规划。

② 绩溪县教育志编委会.绩溪县教育志[M].北京:方志出版社,2005:189.

③ 绩溪县教育志编委会.绩溪县教育志[M].北京:方志出版社,2005:204.

第九章 徽州近代其他有职业教育色彩的学校教育

除了前述比较有规模的商业、农林业、工业类职业学校外,民国时期的徽州,还有零星的医药、体育类职业教育活动存在。在普通教育的实施中,也有主持者基于个人的认识与社会责任感,开展少数带有职业教育因素的活动,这些也是在研究徽州近代职业教育史中不能忽视的内容之一。

第一节 安徽省立第二中学的职业教育

一、省立二中溯源

国共第一次合作后,掀起了轰轰烈烈的大革命运动。在北伐军向北推进的过程中,皖南宁静的社会生活也暂时被打破。民国十六年(1927年)3月6日,安徽省教育厅长的训令到达设在休宁万安的安徽省立第二师范学校(以下简称"省立二师"),要求其于3月1日开学。但二师经费无着,难以继续开办。校长胡晋接考虑到"学子光阴旷废可惜",只得设法维持。同年4月29日,新成立的安徽省政务委员会教育科委任胡晋接为保管委员,要求他保管学校房产、器具、文卷,并清查战事所造成的损失上报。5月3日,二师电报请示是否维持至暑假。5月20日,教育科回电称:"军事期内,经费无着,本应提前结束,听候另定办法。惟是该校长苦心维持,深堪嘉尚。本科长当特别向财政科长交涉,设法救济。"①但形势的多变与办学困难的严峻,迫使二师在6月19日全校放暑假。

当年暑假后,徽州的中等学校如省立三中、省立二师和省立四女师均未及

---

① 安徽省立二师.黄山钟·纪事[Z].1927(6、7合刊).

时开学。同时,受世界教育改革新潮影响,我国各地的师范教育也开始丧失独立性,国立高师大都并入普通高校,省立师范并入普通中学。当年冬,安徽省府也开始实施中等学校改造方案,把师范学校和普通中学合并,前三年为初中,专学普通科,后三年为高中,分普通科、师范科。民国十七年(1928年),徽州的省立三中和省立二师合并为安徽省立第二中学(以下简称"省立二中"),校址定在休宁万安。同年4月,开学上课。

在1949年前,省立二中(含改名省立徽州中学、省立休宁中学时期)21年的办学历史上,最初的八年融普通教育与师范教育为一体,维持普通教育为主、师范教育为辅的格局。虽然严格意义上说,师范教育与狭义的职业教育不完全对应,但从当时徽州的教育全貌看,师范教育也可以视为广义的职业教育的一部分。

二、教育设施与经费

省立二中使用的是原省立二师的校园,原二师自民国二年(1914年)购买任氏房产之后,经前后十四年的经营,校园规模初具,特别是栽种花木很多,令人心旷神怡。有东西操场,另有拟辟为民众运动场的大运动场。学校四围空地甚多,有扩充余地。校舍一半系新建,一半系收买的民房。娱乐室、会议室、会客室齐全;艺术音乐教室内,彩画雄伟;厨室膳厅的门窗均装有铁纱;该校置有田地,种植漆树为多,畜猪养鸡,也有一定收入,还开办了豆腐作坊,足供校内膳食之用。食堂由学校主持,与有些学校由厨役包办不同,又实行分食制,既卫生也保证学生营养。当然,部分屋宇作为办学用房未必合适,比如作为风雨操场使用的室内有很多木柱,影响使用,添置体育器械改为健身房倒是合适。图书多古籍及佛经,仪器标本也不敷使用。

学校办学经费由安徽省教育厅按期拨付,主要为经常费及临时费两项。经常费主要开支教员、职员薪资,学生膳食以及办公等费,以用于维持学校的正常运转。临时费主要用于房屋的兴建或维修,每年多少根据项目而定。《安徽省各校十七年度教育经费实支数目清单》显示,民国十七年(1928年)安徽省教育厅拨付省立二中的经常费为43 942元,临时费为6 000元;[①]次年,经常费为50 508元,临时费为9 500元,生均每年约208元。

安徽省教育厅经费的拨付也有细则,如:"教授费照向例以一学期按六个月计

---

① 安徽省教育厅.皖省十七年度教育经费实支数[J].安徽教育行政周刊,1928(1)-28:21-22.

算,自二月份起支。校长俸、职员俸,自奉委之日起支。办公费自到校之日起支。师范生膳费自开学前一星期起支。"但当时政府财政多有困难,拖欠经费十分正常,往往逾期之后,还得按比例分期拨付。如民国十七年(1928年)5月31日,安徽省教育厅在发给令代行省立二中校长谢家禧的指令中告知:"至二、三、四等月欠领之款,又经摊发三成五,计洋一千二百六十九元,并函知教育经费管理处照拨矣。"①

三、规模与招生

新创立的省立二中,接手了原省立二师的师范专业学生。民国十七年(1928年)7月,即向安徽省教育厅申请为两届学生办理毕业手续。一届是六年制师范科三年级生方骏骧等16名,另一届是三年制师范讲习科三年级生胡江开等24名。按照原规定,六年师范科中间不发毕业文凭,但上年因国内战争,曾破例为此类已完成前三年学习任务、考核合格者办理了初中毕业证书,故安徽省教育厅同意"即按照初中三年级生毕业办法办理,以重学制而明系统"。但核对中发现该级学生张宗麟,在上年6月所报学生名册中并无其名,要求将该生学历"补呈声叙",②体现出安徽省教育厅办事原则性与灵活性的统一。

根据徽州当地教育发展的趋势和学校条件,省立二中创建后,多次组织校内校务会议商议,提出一个十年规划。其中对学校规模的逐步扩张有通盘考虑(见表9-1)。

表9-1 安徽省立二中(1929—1936)班级数规划表③

年份	初中级数	高普级数	加级数	高师级数
1929年	6	2		2
1930年	6	3		2
1931年	7	3		3
1932年	8	3		3
1933年	9	3		3
1934年	9	3	1	3
1935年	9	3	2	3
1936年	9	3	3	3

---

① 安徽省教育厅.关于各校学校行政之厅令[J].安徽教育行政周刊,1928(1)-10:8.
② 安徽省教育厅.关于各校学校行政之厅令[J].安徽教育行政周刊,1928(1)-16:11.
③ 许本震.省立二中之十年计划[J].安徽教育行政周刊,1930(3)-3:44.

表 9-1 显示,从民国十七年(1928 年)全校 9 个班级到次年的 10 个班级,再到民国二十五年(1936 年)的 18 个班级,逐年稳步递增。但即便全校班级数已翻了一番,高中师范科也只从一个班扩张到三个年级各一个班,并于此后长期维持这样的格局。显然,二中办学重点在普通中学,稳步扩大的是其普通高中部,从最初的 2 个班一直到规划中的 6 个班。

随着南京国民政府成立,全国政局逐渐稳定,社会经济开始恢复,教育也呈现发展态势。表现在基础教育上,是学校的增多和学生人数的扩大,这是省立二中规模扩张的社会基础。以歙、休宁、黟、祁门四县统计为例,民国四年(1915 年)四县小学总共 101 所,小学生合计 2 795 人;民国十八年(1929 年)增加到 252 所,合计 9 434 人;民国二十二年(1933 年),再增至 279 所,合计 12 053 人①。

当时社会上除正常的升学途径之外,仍有不少因各种原因以同等学力报考者,省立二中也有这样的社会需求。由于招生权利在学校,教育主管部门若要保证一定的教育质量,就必须在毕业统一考试之外,预先设立较高的入学门槛。民国二十一年(1932 年)11 月,安徽省政府教育厅对省内各公私县立有高中的中等学校发布第二二八一号训令,将此前厅定标准酌予变通为:"高中以招收初中毕业生为原则,但招生时,得录程度相当之学生,惟每级不得过十分之一以上,并只能作为试读生。俟肄业一学期满,经甄别试验合格,方准正式编级。"并要求"对于投考学生之学力,务须切实认真考核",既使"有志向学之青年便于升学高中",也"不失本厅于变通之中仍寓慎重之原意"②。

当然,规划在执行中如遭遇严重而普遍的社会危机,也会有变数。按照规划,省立二中民国二十年(1931 年)拟招收高中部师范、普通两科一年级学生各一班。谁知当年我国"以江淮地区为中心、发生了近代灾荒史上罕见的'长历时大范围'的特大洪水,遭受洪水不同侵害的达 23 个省份之多"③,安徽又是重灾区之一。受此影响,安徽各中等学校招收新生多不能足额。安徽省教育厅分派督学视察各校学生人数,规定各校班额不足 30 人者分别归并。省立二中普通科一年级人数未达到开班规定,且上学期普通科毕业学生太少,因此与师范科一年级合并。为照顾两类学生不同的学习需要,学校仍按学生兴趣分为文(师

---

① 黄山市地志办编纂委员会.黄山市志[M].合肥:黄山书社,2010:1273.
② 安徽省教育厅.训令[J].安徽教育行政周刊,1932(5)-46:31.
③ 刘长生,张金俊.1931 年安徽水灾状况及救济考察[J].皖西学院学报,2007(23)-3:48.

范科)、理(普通科)两班上课,并增加选修科目。但这只是权宜之计。不久,理科组学生余宝林等29人向学校提出分设专业的要求,理由是从前投考普通科,是为升学起见,现归并师范科,事与愿违。虽然学校分组教学,但因有"师范"其名,按规定,毕业后升学须受服务一年的限制。何况全班人数已近六十。[①] 于是,省立二中向安徽省教育厅请示添办普通科,原报考普通高中的学生单独成班,为减少开支,又提请将初中一年级甲、乙、丙三个班并作两班,作为经济上的抵补。此请得到了安徽省教育厅的同意。

同全省其他学校相似,省立二中的师范科班额也相对较小。与其他地方相比,徽州的两所学校该特征特别明显。(表9-2中,省立二中一年级1个班60人并非全是师范生,而是包含了并班的高中普通科29名学生。)

表 9-2　二十年度第一学期安徽省立中学校师范科班级及学生数统计表[②]

学校	地点	一年级		二年级		三年级		合计	
		班数	人数	班数	人数	班数	人数	班数	人数
省立二中	休宁	1	60	1	24	1	16	3	100
省立四女中	休宁	1	21	1	14	1	8	3	43
高级中学	怀宁	2	80	1	34	2	58	5	172
第三中学	阜阳	1	33	1	31	1	34	3	98
第四中学	宣城	1	42	1	28	1	26	3	96
第五中学	凤阳	1	34	1	34			2	68
第六中学	合肥	1	40	1	32	1	18	3	90
第一女中	怀宁	1	42	2	52	1	23	4	117
第二女中	芜湖	1	39	1	25	1	20	3	84
第三女中	凤阳	1	47	1	22	1	10	3	79
第五女中	阜阳	1	24	1	26			2	50
第六女中	合肥	1	32	1	22	1	30	3	84
第一乡师	贵池	1	35	2	61			3	96
第二乡师	蚌埠	2	77	1	38			3	115
总计		16	606	16	443	11	243	43	1292

不仅班额小,一、二年级还有各种原因导致的流生。即便是毕业班的三年

---

① 省立二中.第二中学请添设高中普通科[J].安徽教育行政周刊,1932(5)-20:16-17.
② 安徽省教育厅.省立中学校高中师范科暨乡村师范学校班数及学生人数统计表[J].安徽教育行政周刊,1932(5)-18:26.

级,也有未能参加或通过毕业考试的。表 9-2 中省立二中的三年级,上学期统计该班人数为 16 人,但下学期安徽省教育厅发布的该校高中师范科毕业生成绩表中,却只有 11 人(另外为高中普通科 15 人、初中部甲组 33 人、初中部乙组 30 人)(见表 9-3)。

表 9-3　安徽省立二中民国二十年度第二学期师范科毕业学生成绩表①

姓　名	籍贯	年龄	毕业成绩	习满学分数
章渭铦	绩溪	二二	八〇·八	一八七
吴嗣垣②	绩溪	二〇	八〇·三	一七九·五
金筱春	黟县	二〇	七九·八	一八五·五
余克忠	休宁	二四	七八·七	一八二·五
吴嗣稣	绩溪	二三	七八·七	一八三·五
黄值源	歙县	二三	七九·一	一八四·五
汪昌基	休宁	二二	七七·一	一八二
詹庆廉	休宁	二二	七六·四	一八四·五
黄继忠	歙县	二四	七四·六	一八七·五
胡禀刚	婺源	二五	七二·六	一七六·五
胡　熙	婺源	二三	六九·六	一七六·五

四、师资与教学活动

省立二中组建之初,安徽省教育厅委任的代理校长是谢家禧(1928.3—1928.8 在任),他是祁门人,南京高师毕业。此后,抗战前历任校长分别是德国耶纳大学博士、歙县人许本震(1928.8—1930.2 在任),日本东京工业大学毕业生、歙县人曹元宇(1930.2—1930.8 在任),北京大学毕业生、歙县人汪启疆(1930.8—1932.8 在任),两江优级师范毕业生、歙县人、著名画家汪采白(1932.8—1933.8 在任),法国图卢兹大学硕士、桐城人桂丹华(1933.8—1935.2 在任),留学日本早稻田大学的无为人李辛白(1935.2—1937.8 在任)。总体上看,任期都比较短。

---

①　安徽省教育厅.省立第二中学校二十年度第二学期毕业学生成绩表[J].安徽教育行政周刊,1932(5)-50:40-46.

②　原文如此。实际上,"垣"应为"恒"。

省立二中设高中、初中、实验小学三部,各设主任一人,另有事务主任一人。与原省立二师相比,该校不设训育主任,由生活指导员7人分担全校学生生活事宜。各部主任有能力,有担当,工作效率高。高中部主任兼实小主任杨效春,勤苦耐劳,对于校务肯负责任;代理初中部主任金恺热心校务,善于研究谋划;事务主任胡正修,计划周详,办事稳练。正是中层干部得力,尽管校长频繁更换,省立二中却始终保持稳健的上升态势。

该校师资力量强大。自然教员谭启方,讲解详明;英文教员金恺、尹让辙、程际鑑,教学注意文法,矫音正确;体育教员刘炳梁,教材新颖,动作敏捷;物理教员胡广平乃胡晋接之子,为留日学生;算术教员罗运榘、石原镐,订正板书认真;地理教员卡树锟,图解详明;音乐教员徐德霖,音节合拍;艺术教员汪克劭,指导有方;国文教员程宗鲁、吴宝凌,自编有补充教材。特别是该校提倡教职员、学生、校工共同生活,使教员对学生产生很大的影响。

学生对于课业很重视,文化课上,为升学计,普遍偏重国文、英文、算术。早操参与者众多,体操、跑步、武术等均有人练习。课余时间,消防队、卫生队、调查私塾、捐赈匪灾、办理民众学校等学生社团活动频繁而有效,极得社会赞誉。对于师范类学生的教育实习也没有放松。依照教育部规章,高中师范科学生自第二学年起,要轮流赴实小进行训育管理、普通教学、指定教学的实习,以便训练教育教学技能,毕业后能更好地服务地方教育。民国二十一年(1932年),安徽省教育厅曾对省立二中呈报的教生实习研究会记录一件鉴核后,认为"察核办理尚无不合""内容颇为详尽",[①]评价较高。

五、生活指导的实施

在训育上,省立二中的最大尝试是实施青年生活指导制度。该制度的设计,借鉴了陶行知生活教育等理论,注重教员与学生的实践,注重人格感化,以人教人;注重多方兴趣的培养,休闲时间的利用及共同生活的提倡,在当时有一定影响。

青年生活指导有五大目标。一是生活是社会性的。有生活才有社会,有社会才能生活;生活指导注重社会性的生长与发展。二是有学生才有先生,有先生才有学生,师生两个字,互结而不可分开,同吃同住同工作,就是共同生活的

---

① 安徽省教育厅.指令[J].安徽教育行政周刊,1932(5)-29:15.

表现,无论学生组织参与哪种活动,先生都应参与与指导。三是要学生做的事,先从自己做起;要学生不做的事,先从自己改革起;自己不是榜样,是全体共同生活的一分子。四是一切公约不是谋制止个性不正当的行为,是谋全体社会生活健全的发展,要求公约的实行,不在消极的禁止,而在无意中得到积极指导的影响。五是我们最后的信条,要有高尚的人格,精密的思想,诚挚的热心,始终不断的努力,才是一个真正的生活指导员,才是一个真正的好教师。

  青年生活指导部是落实该制度的组织者。生活指导部由7名生活指导员(高中部主任、初中主任,教师5人)组成,取代了以往的训育主任、管理员,主持全校学生生活事宜。他们中,一人住门房对面,负责学生请假出入;其余住在学生宿舍,接洽并解决学生日常生活所发生的事项。师生同食、同卧、同工作。每周有全体指导员出席的生活指导会议,讨论事宜,商定计划,解决困难。有时校长也出席,开会时主席、记录人员不固定。

  在青年生活指导上,该校遵循几项教育原则。

  原则之一:发展多方兴趣。任何人都有其自发的需要、欲望、理想和活动能力,改良其所欲,补充其所能与不能,即为教育者的责任。因此,省立二中于正课之外提供了大量的学生活动舞台,如国语演说会、谈天社、摄影会、数学游戏会等,学生按自身兴趣自由参加组织活动,从中寻找和发展适应其需要的能力的机会。

  原则之二:闲暇利用。"小人闲居为不善"。省立二中设在乡镇之中,附近无大学、公园、讲演厅、影戏场,缺少一切都市的繁华气象。为防止学生假日不温课、进城、闲谈、不在操场运动,茫然无事,省立二中继承前省立二师传统,每逢例假或纪念假日,必请本校导师或校外名人讲演,或师生分队前往附近山水秀丽之处如古城岩、黄土岭、石人峰游玩,后又组织越野赛跑、球类比赛等活动,使学生生活充实而有趣。

  原则之三:共同生活。吃饭、早操,师生俱在一处;禁烟、戒酒,大家规同一律。之所以如此,并不是因为二中导师应作学生榜样,而因为先生、学生同为该校这一社会中的一分子,大家都应过合理健康的生活。在省立二中师生看来,学生在自修室中喧哗,熄灯后闲谈,饭厅里敲碗打筷,并不是违反指导员的命令,而是违反共同生活纪律;私自饮酒吸烟,并不是侵害指导员的意志,乃是侵害该校生活的纯洁;爱护公物,爱惜花果,讲究清洁,发扬省立二中精神,促进该校进步,是全体师生应负的责任。生活指导员所注意的,不过是在唤醒青年的社会意识,引导青年的社会行为,并不愿意在许多青年之前,事事为之代劳,处处加以干涉。

原则之四：尊重人格。学校对于学生的生活，不叫管理，而叫指导，因为学生非牛马可比，必须由人驱使、管理。所谓"生活指导"，也只因教师比学生年龄长、经验丰富。学生在共同生活之中，见解有不同，行动难免错误，应当予以适当辅导。省立二中主张不同赏，也不同罚，认为赏与罚易使青年认错自己的努力方向。学生做错事，仅盼望其反省悔过，并不加以呵斥、记过，甚至开除。

从根本上说，省立二中实施的学生生活指导制度，是基于对"平等"的高度认同，是基于对"自省"的热切期待。正如他们认为的："二中同人对于校长，对于导师，对于学生，对于校工，以及对于指导员，自身都是一视平等，要学生不做的事，望校长、校工不去做，要学生去做的事，望校长、校工皆来参加。校长如果不上早操，实在无法劝导学生去上早操；校长如果吸香烟，生活指导员亦想不出理由劝学生戒烟。总之，大家在职务上，校长、导师、校工、学生是有彼此上下之分，在社会生活，则人人是平等，个个应当做好人，人人不能违犯规则。"①

当然，省立二中也是个不算小的社会，有五百多人，各人职务、年龄、境遇、从前所受教育、习惯各不同，相处之中，难免有些龃龉。如果出现冲突，又应如何办理？倘有失窃事情发生，又如何处置？学生不爱做早操，不爱整洁，有何解决办法？对此，既不能置之不问，也不能一意孤行。而解决各种问题，又未必有现成的符合教育科学的方法，因此省立二中的青年生活指导部始终保持着对事情采取"研究"的态度。

当时，安徽省教育厅一般有每学期选派督学视察各校的惯例。在发现省立二中改组时间不长，却有不俗的办学成绩后，乃于民国十八年（1929年）9月4日发布《嘉奖省立二中的训令》，以示肯定与鼓励：

  为训令事：按据本厅督学陈锡芳呈送视察该校报告，并附表到厅。据此，查该校教育目标，以学生自动为原则，教师立于辅导地位，职教员均能合作，故对于学校预定计划，尚能推行无误。各种会议亦能按期举行。高中部主任杨效春，勤苦耐劳，深肯负责；初中部主任金恺热心校务，富于研究精神；事务主任胡正修，计划周详，办事稳练。其余各教员授课，亦均合法；学生对于课业，尚能努力进修，各种课外活动，亦颇著成效，殊堪嘉慰！该校实验小学教师除授课外，均须负指导儿

---

① 省立二中.省立第二中学校生活指导实施概况[J].安徽教育行政周刊，1930(3)-2：46.

童生活,与研究小学教育问题之责任,提倡教学做合一,学生成绩尚好,课外活动,亦有成效,于小学内并组织教育法研究会,职教员读书会。总观该校设施,在谋以学校为最新的社会,并以学校为改革社会的中心,适合现时教育趋势。除将报告表存查外,合行抄发报告,令仰该校长知照,仍仰积极进行,以期贯彻主张,是所厚望。此令![1]

六、实施教育生产化与创办徽州科学馆

民国二十一年(1932)4月,为加强对跨行政区域的革命根据地的围剿,国民政府特任何应钦为"赣粤闽边区剿匪总司令",蒋介石为"豫鄂皖三省剿匪总司令"。蒋介石为了从根本上清除共产党力量发展的基础,除了军事上大规模围剿外,还在经济、教育、社会管理等方面采取措施,力求通过多方联动,巩固政权。为此,他以《豫鄂皖三省剿匪总部令》的方式,提出实施政治教育化、教育生产化、生产教育化的原则大纲,要求相应的三省遵照执行。安徽省政府乃由教育厅会同民政、建设两厅,拟订《安徽省普通学校教育生产化实施计划》《安徽省职业学校教育生产化实施计划》,呈奉三省总部核定后施行。

其中,《安徽省普通学校教育生产化实施计划》有对省立二中的相关要求。根据计划,从民国二十二年(1933年)起为实验时期,省立二中、省立四女中因附近有省立休宁第四林场,符合"附近已有建设厅直辖生产事业的各省立普通中学及乡村师范"的条件,被纳入实验学校。在具体实施办法上,该计划规定:

1. 每校须设立一校园或工业室以作生产训练中心,督饬学生自行耕种各种农作物,实地练习,并得依照利用合作社之组织,附设农场或牧场,由教职员率领学生视地选种,按时种植或畜牧,厉行半耕半读主义,所有收获,除开支及缴充购置或租赁地价外,得视师生劳作成绩分配利益,以资奖进。

2. 每校应设一标本室,其所需要之动植标本,须尽量由教员指导学生采集培养及保护之。

3. 学校需酌量添设生产科目,其课程内容由教育厅另订之。

---

[1] 佚名.安徽省教育厅嘉奖省立第二中学[J].安徽教育行政周刊,1929(2)-32:15.

4. 每学生每年应植树至少十株,其时间、地点与保护方法,由学校与附近农林场商定之。

5. 关于本省农业或工业倡导委员会之调查、采集及宣传工作,遇必要时学生应分配负担,其方法由该会与学校商定之。

6. 学校附近生产机关举行重要演讲时,学生应参加听讲。

7. 学校内所有清洁整理及生活上各项劳作,须由学生轮流担任,非有特别原因,不得雇用校役。

8. 上列工作于每学期终结时,学校须将其办理情形呈报教育厅,以便考核。①

对于安徽省教育厅计划,省立二中在植树上有所行动。在民国二十三年(1934年)向省教育厅作《省立徽州中学本年植树之情形》的报告中,有这样的叙述:

该校于植树节,即已先期筹备,并由校景设计委员会负责规划,就校有隙地、山地分为五区,各以植苗种别命名,曰槐冈,曰竹坞,曰桃李溪,曰梅岭,曰松谷。由校派员向省立第四林区造林场购买树苗共三千余株,于三月八日下午三时,督率全校员生校工,及附小高中级部员生,齐集山场,分区种植。校内庭园并设计区划栽培各种适宜花木,以期蔚成员生游息之场所。②

对照安徽省教育厅的要求,可见省立二中虽有行动,但离全面落实还有很大距离。事实上,即便是植树一项,从当年省教育厅发布的材料看,省立二中与当时省内做得最好的黄麓师范学校相比,差距也不小。

自然科学教育也是近代职业教育的基础之一,且"科学教育关系国计民生甚巨"。为普及科学知识,安徽省政府拟以省立中学为基地,建立立足学校、面向社会的科学馆,开展相关活动。从民国二十二年(1933年)开始,"对于全省各校科学教学,力谋改进,厘定科学设备标准,统筹款逐渐充实,同时并计划于全省设立科学馆十所,为社会及学校科学教育之中心"③。随后,政府逐年筹款

---

① 安徽省政府.安徽省行政成绩报告(1934年)[Z].1935:316.
② 安徽省政府.安徽省行政成绩报告(1934年)[Z].1935:319.
③ 安徽省教育厅.四年来安徽之教育概况[J].安徽政治·报告,1938(9):7.

投资,其中在省立徽州中学(由省立二中改称)内建立了徽州科学馆,花费建筑及修理费4639元,科学设备费5998.16元。到抗战开始,该校科学馆成为全省仅有的五馆之一(其余为设于安庆的省会科学馆、设于省立宣城师范学校的宣城科学馆、设于省立芜湖中学的芜湖科学馆、设于省立凤阳中学的凤阳科学馆)。

民国十八年(1929年)下半年,省教育厅委派督学叶明辉对省立二中进行第二次视察。事后,叶明辉向安徽省教育厅呈递的《视察省立第二中学报告书》,内容详实,真实可靠,成为今天我们全面了解该校的一份不可多得的重要资料:

> 省立第二中学,系就前省立二师、三中两校合并,设于休宁县治东五里万安街之新棠村,亦即前二师之旧址也。地当徽属六县适中之点,内地水陆交通较便之处。椰源、松萝二水,潆带左右,前面平原濒望,休屯公路之所经。后则低阜绵延,全校校舍之屏障。环境之佳,景物之美,在省立各中学中,实未数觏。督学奉命视察,两月以来,周历皖南七县,触于目者,失望之事,什居八九,及来该校,始觉气象为之一新。徽州昔在清代,声名文物,鼎盛一时,只以晚近人民,趋骛末利,流风余韵,寖渐衰熄。该校位于文献之邦,为徽州学府,商量旧学,启迪新知,负有领导社会与转移风气之使命,固不仅学校内容之充实已也。谨就视察所及,缕具报告于后:
>
> (一)学校组织及行政
>
> 该校分设高中、初中两部,高中部现有师范科一、三年级各一班,普通科一、二年级各一班;初中部现有三年级一班,二年级三班,一年级二班;全校共计十班,学生二百八十八人,教职员三十二人。本年度经常费五万五百〇八元,临时费九千五百元,平均每生估二百〇八元有奇。学校组织不择用层次式之组织法,而认第二中学全体为一有机体之活动社会,故自校长、教员、职员、学生以及校工,互相联络,互相分工。校务之研究,集中于校务会议;校务之进行,集中于校长,盖有取于民主集权之旨义,而能发展学校特有之精神者也。许校长本震,本其学理与经验,拟具计划,切实施行,一年以来,成效卓著。考其校内行政,极为整饬,各种会议,俱能按时举行,备有记录。所制各项统计图表,亦复详明完备。高中部主任一席,(本?)学期未及觅人,暂由校长兼代。初中部主任聂揞佛,对(于?)校务,甚肯负责。事务主任胡正修,任事勤勉,计划周(详?),全校事无巨细,悉皆井然有条,进行无

误。其他职员□□,亦皆各有专责,克尽厥职。该校行政上既有健全之□□,此有机体之学校社会活动,乃见实效。

(二)校舍及设备

该校校舍,半系新建,半系收买民房,估地一百余亩,屋宇五百余间,接屋连房,多不适用。许校长匠心擘画,使旧式民房,顿具学校规模,惨淡经营,亦殊匪易。全校斋舍,概以徽州前代文人之名名之,通巷则以徽属名山名之,取便记忆,兼以动兴感也。校外绕以长垣,东西长九十八丈,南北深三十七丈,校后山地辟为校林,拟建图书馆于其间,现已纠工庀材,预计本年度以内,即可观成。校之西南隅,建有教职员宿舍三十余间,校之东南隅临榔源水,建舞雩亭,以为师生课余咏游之所。至于校舍内部之布置,亦有甚为特色者。

(1) 共乐厅。该厅原拟开放校中大会堂,作为民众共乐厅。现以筹备未及,特于校中新辟共乐厅一所,以供全校师生课余共乐之用。厅内四壁,涂以淡青悦目之色,配以精雅彩画,并装设极美丽之壁灯,使人一入厅内,顿生审美愉快之感,燥厉之气,可以消除净尽。

(2) 图画教室。外观仅一普通旧式之屋,不施装饰,一入室内,便觉气象焕然。室之三面,涂以雄伟之壁画,徽人性质,本嫌偏于柔靡,故思于无形之中,有以矫正其气习也。又音乐教室,染以深红悲壮之色,其用意亦即在此。

(3) 手工教室。设于校内一常用之木匠工作场内,一切设备,纯以工人生活为标准,且可与工人生活相接近。

(4) 会议室及学生接待室。会议室内装设甚为美丽,所制灯彩,妙在利用废物,化无用为有用,化笨拙为美观,并有无线电播音机之装设。为求师生同等生活起见,故学生接待室,亦有优美之布置,所以增加青年兴趣,而引起其高尚之美感也。

(5) 餐室。该校自上学期试行分食后,颇具成效。室内布置清洁,教师学生共桌而食,碗箸概由师生自备,食毕自行洗涤。校中并有豆腐作及豕园、鸡园,日常食品,已敷应用。惟蔬菜一项,则菜圃不多,尚须购自校外。

(6) 校园及校林。该校大门以内,辟有东西校园两区,划分花畦,莳种花木,四时景物,俱有可观。校后山地,辟为校林,每届植树之节,师生种树,种类甚多,现已成林。

(7) 专用电灯。该校曾于去年由沪购办十六匹马力机器全副,本年春季装置完毕,每晚按时开闭,于管理方面,甚有便利。惟电灯技师系由外聘请,月薪四十元。

(8) 徽州文化社。徽州前代学者辈出,遗著极多,惜皆分散。该校从事搜集,时有所得。就中以婺源江慎修先生之手迹最为可贵。特于校内设徽州文化社,以保存之。他如徽州特有之工艺与建筑,亦均在搜求之列。

(9) 中山公园。设于东操场与大操场之间,系由全校师生规定图案,合力进行。惟工程较大,须有相当时日,方可观成。

以上各项,皆该校一年来设备改进计划,以次实现之成绩也。余如图书方面,则以古籍佛经居多,当须于各科参考用书广为购置。仪器方面,亦嫌不能敷用,尤以物理器械缺乏甚多。体育方面,操场共有三所,面积宽广,颇为合用。雨操场一所,因梁柱太多,不能适用,前有改为健身房之拟议,尚未实施。体育器械,原有亦嫌不足。该校现拟添购,并加紧训练,以为明年参加华中运动会之准备。至该校校具,目前虽可敷用,然多系旧式,尚须徐图改进。饮水系取自附近小河,殊欠清洁。现拟利用电力,购办自来水抽水机,吸取大河之水,以供全校之用。

(三)教学及训育

该校教学方面,曾有教学上五大目标之拟定,施行以来,尚着成效。编制上为求适应学生之能力与需要,多设选修学程。学生从初中一年级起,即有选修学程机会。此与中学课程标准,容有未合,而其顺应学生求学之兴趣,用意亦殊可取。各级教员教授,均尚合法,课本以外多有补充教材。观察之日,教员谭启方课自然,实验解剖最能引起学生兴趣。金恺授英文,解析文法,极为精确。汪克劢授图画,实物写生,指导有法。程宗鲁授国文,所选教材,尚无不合。程肃持授体育,训练有方,动作敏捷。军事教官谢德权任高中部军事训练,纪律严肃,极有精神。早操成绩极佳,全校教员职员校工一律参加,尤为特色。学生对于学业,尚能努力。该校日前举行学生修业兴趣之测验,所得结果,以英文、数学、国文、体育等科,学生对之最有兴趣。此后仍宜注重学科之平均发展,以符中学设施之本旨。学生课外活动,组织甚多,成绩亦颇有表现。至该校训育方面,订有生活指导之五大目标,不设训育主任，仅有生活指导员七人，组织生活指导部，全体学生生活指导事宜，俱由此七人主持。废除学校规定之规则，而代以全体学生共订之公约。及修养标准，盖定全以学生自动为原则，教师不过立于辅导之地位而已。

（四）实验小学

该校实验小学，系就前二师附小改建。现有高级一、二年级各一班，初级二、三、四年级各一班，一年级及幼稚生合为一班。全校学生一百九十二人。因原有校舍不敷分配，特将初级一、二年级，幼稚园及民众学校移入新棠村南舍作业。本年度经常费计八千〇九十六元。主任姚枝碧，本年八月接事。办理校务，率由旧章。全体教员皆为儿童生活指导员，兼小学教育研究员。除教课之外，均须负有指导儿童生活及研究小学教育之责。全校事务，由小学校务会议总其成。惟行政上须受中学校长之指导与监督而已。教学方面，各级导师俱能称职，各科教材，悉经选择。国语、常识、算术、音乐、艺术等科教材，半由自制，尤能注意实验及实际生活问题。学生课外活动有级会、学校新闻社、演说会、读书会、远足会及各种球会等，成绩常有可观。幼稚园玩具多系自制。训育方面实施师生共同生活，并与学生家庭切实联络。设例（备？）方面，教室多系旧式，殊不适用；惟初级一年级及幼稚生教室，设备甚为整洁，儿童读物亦略敷应用。仪器标本，则多假用中学部。操场面积甚大。礼堂系与中学部共用。民众学校成立已及一年，除校工外，学生尚有五十余人。艺友制之实行，虽系试验，颇有成效。该校基础极佳，学生成绩尚好，惟精神上似觉稍嫌散漫，急应切实努力，以图振作。前途发展，固未易量也。①

第二节　私立中山体育专科学校

抗日战争时期，江苏等沦陷区一些职业学校内迁，其中一部分经徽州中转，

---

① 叶明辉.视察省立第二中学报告书[J].安徽教育行政周刊，1930(3)-2：27-31.

少数就留在这里,直至抗战结束后才回迁。其中留在歙县办学的就有私立中山体育专科学校(以下简称"私立中山体专")。

对于该校办学,目前所见的不少地方志均有介绍。如《黄山市志》称:"同年(即1942年——作者注),江苏溧阳私立中山体育专科学校(以下简称'中山体专')迁歙县徽师旧址,两年后停办。"①相比之下,《歙县教育志》记载最为详细。其迁歙经过是这样叙述的:

> 该校历史悠久,原名苏州私立专门体育学校。民国十六年,改名中山体专。抗日战争以后,苏州沦陷,师生为了不做亡国奴,到处迁徙,先迁苏皖交界的陈家村陈氏宗祠,该处沦陷,又于1942年迁来我县。以旧体育场(今徽师地址)为校址,借用几间民房作教室,设备简陋,学生只有几十人。②

结合有关历史档案材料,作者发现以上记载均有不确之处。先看歙县档案馆收藏的一份该校致歙县政府的函件:

> 敬启者:敝校于苏南沦陷,竭蹶内迁,现移歙县复课,勘定校址于北门歙县粮食加工厂旧址,正在积极筹备招生。定于九月八日开学。特函奉达,即希查照并祈指示南针,赐予协助,无任感荷。
> 此致
> 歙县政府
>
> 　　　　　　　　　　　　中山体育专科学校校长周德启
> 　　　　　　　　　　　　　　　八月　　日③

该函件未写明年份,档案馆将其归入1944—1945年卷宗。同卷中还有另一份注明年份的致歙县政府公函,时间稍前,也反映了该校筹备复课得到了歙县政府及附近乡镇公所支持的事实:

---

① 黄山市地方志编委会.黄山市志[M].合肥:黄山书社,2010:1292.
② 歙县教育志编纂委员会.歙县教育志[M].合肥:黄山书社,2009:303.
③ 歙县档案馆馆藏民国档案,第1828号.

私立中山体育专科学校公函

总字第一三号　　中华民国卅三年八月十九日

事由：函请指饬就近乡镇公所借用校具由

　　查本校开学在即，所需一切器具，暂难全备。兹特开具清单，函请贵府指饬就近乡镇公所暂为借用。一俟本校制备完竣，当行交还，即请查照办理为荷。

　　此致

歙县县政府

附送清单一纸

校具清单

　　茶　板　五十块（代课桌用）请渔梁镇镇长借

　　办公桌　十二张

　　铺　板　十二副

　　方　桌　四张

八月二十五日，歙县政府批示："茶板五十块令渔梁镇公所代借，其余饬由徽城镇公所借□。函复。"

由以上函件，可知《黄山市志》《歙县教育志》的两处失误。第一，该校首迁歙县县城时间不在民国三十一年（1942年），而在民国三十三年（1944年）。溧阳位于南京之东南、太湖之西北，西南与安徽省郎溪县接壤。抗战期间，日军曾于民国二十六年（1937年）12月、民国二十七年（1938年）3月和民国三十二年（1943年）10月三次攻陷溧阳县城，六次在县境内大规模"扫荡"，其中惟有第三次攻占县城后长期驻扎。原先迁至溧阳与郎溪交界的陈家村坚持办学的中山体专，就是在这种日军不断军事进逼的形势下后迁歙县的。

第二，私立中山体专在歙县落脚，暂借为校舍的不是徽师旧址（准确地说，应是今属徽师校址），也非民房，而是公产，即当时的歙县粮食加工厂旧址。

地处歙县北门附近的原徽州府学，早先是一组规模宏伟的建筑群。咸丰年间，毁于太平天国运动的战火。同治初年，由地方绅士组织筹工局重建，稍有恢复。民国初年，疏于管理，逐渐荒废。省立徽州师范建立后，地方士绅曾议定将该处委托省立徽师代管。但不久抗日战争爆发，省立徽师下迁雄村，该处又基本处于荒芜状态。民国三十三年（1944年），抗战形势有所好转，地方文体活动逐渐活跃，为解决县城居民、学生的体育锻炼缺少场地的困难，经政府与士绅商议,将此地改建成公共体育场,但条件简陋。中山体专迁来后,也面临体育训练场地、器材上的困难,于是,该校与时任歙县县长、辽宁梅城人莫寒竹达成协议:由县政府出资,该校负责改造跑道,并添置必要器材。民国三十三年(1944年)11月完工后,该校向县政府提交了报告:

> 谨启者:敝校自迁歙复课,得蒙贵府鼎立协助,予以便利,至深荣幸。惟鉴于公共体场设置简陋,曾与莫县长商决,添筑设备,以利青年运动。业已将各种设备添筑就绪,计共费国币伍仟肆佰柒拾捌元整。兹附支出费用一览表壹纸,藉请检核□□,将该款迅予拨下,以资归垫。不胜企候之至。
> 专此敬请
>
> 　　　　　　　　　　　　　　　县长张　秘书史

表9-4　代办歙县体育场添置设备费用支出一览表

（三十三年十一月十二日）

摘　要		数量	单价	合计	备注
跑道内圈	砖匠	8.5工	100元	850元	包饭
足球架	木料	3根	250元	1 650元	包工
	木工	9工	100元		
排球架	木料	1根	280元	680元	包工
	木工	4工	100元		
双杠	木料	4根	100元	1 200元	
	木工	8工	100元		
单杠	木料	3根	160元	1 080元	
	木工	6工	100元		
总计				5 460元	

代办者:中山体专[①]

但是,歙县县长莫寒竹已于当年10月卸任(1942年9月始任),此时接任者为河南南阳人张明时(1944年10月至1945年5月在任)[②]。从随后私立中山

---

① 歙县档案馆馆藏民国档案,第1828号.
② 歙县地方志编纂委员会.歙县志[M].合肥:黄山书社,2010:756.

体专与歙县政府公文往来看,莫寒竹当时的决定并未通知政府有关科室,县政府财力又比较紧张,所以,张明时并未痛快地将前任答应的这笔款项拨付。

关于中山体专的其他办学情况,档案馆及民间尚未见到更多资料,《歙县教育志》的描述可为我们勾勒出大致概况:

> 其时,我县有一个群众组织的"徽声剧团",常在城里、乡下演出。另有十多个青年组织了"徽声篮球队",跟随剧团活动,剧团在哪演戏,他们就在哪打篮球,和当地群众比赛。中山体专迁来我县后,与徽声篮球队赛球,上场体专输,下场体专调了吴声老师上场,形势急转直下,徽声篮球队败绩。吴声以球会友,提出希望他们进中山体专就读。除一人外,十几个球友同时进了体专,又协助他们动员了一些青年入学。从此中山体专就在我县站住了脚跟。1944年秋季,省教育厅指定霍山、歙县两所师范学校设立三年制的中专体育科,以培养体育师资。不久,歙县师范的体育班也并入了中山体专。该校分设普通班和专科班两种,课程开设国文、英文、公民、生理卫生、篮球、足球、单双杠、武术等。该校在我县招收了三届学生,他们毕业后,大部分去各地任中、小学体育教师。抗战胜利后,体专迁回苏州,个别教师转入歙县师范任教。[①]

第三节 汽车司机训练班

一、徽州公路的兴建

徽州地处皖南山区,山峦阻隔,交通一向不便。尤其对外交往,大宗物品唯赖水运。但无论是新安江还是阊江,水浅滩密,徽州民众深受其苦。大教育家陶行知在民国十三年(1924年)写给休宁隆阜推行平民教育的积极分子、时年13岁的吴立邦的信上,也有这样想法看似幼稚、心情实则真实的一段话:

---

① 歙县教育志编纂委员会.歙县教育志[M].合肥:黄山书社,2009:304.

> 我已经离开家乡十三年,恰好和你的年岁相等,每次读渊明公的《归去来辞》,就想回来走一趟,但是总没有工夫。因为来往要一个月,我是个很忙的人,怎样可以做的到呢?今年夏天,南京来了四个飞机,我就想借用一架飞回徽州,半天可以来往,管飞机的人说徽州平地少,不易下来,只好将来再谈。现在休宁金猷澍慰侬先生制造一种浅水艇,如果办得成功,从杭州到屯溪只要十八个钟头。我现在一面学游水,一面等金慰侬先生的计划成功。……①

当近代公路交通从沿海城市逐渐向周边辐射时,特别是浙江省已建筑了从杭州到昌化段的公路,众多旅外的徽州人开始不断向行政当局和社会发出呼声,请求关注和改善徽州的交通环境。民国十四年(1925年)7月25日,旅沪同乡会在上海召开会议,陶行知在会上发表了《我对于屯昌汽车路办理的意见》的演讲,他认为,徽州旅杭和旅沪同乡发起承筑屯溪至昌化的汽车路,对于增进商民家庭幸福、输入文化事业、便利天才学生出外求学均有莫大好处。他提出三点建议:第一,全徽人民之大合作,尽力宣传,家家做股东;第二,征求发起人;第三,慎重选择股款存放处。② 但是,由于当时正值国内政局不宁的时期,交通等社会事业既得不到政府关注,也缺少实际开展的社会条件。因此,民国十五年(1926年)安徽省建设厅仅同意拨款兴建屯溪至休宁的18公里公路。

南京国民政府政权巩固后,各地由政府或地方投资兴修公路成为潮流。民国十七年(1928年)3月,国民政府决定"官民合办"修建芜屯公路,经费各半。随后,各段陆续开始兴修。与此同时,对于杭徽公路的呼吁依然日紧。同年,婺源旅沪同乡会根据第35次执监干联席会,议决请筑徽州长途汽车路,并分别致电安徽省建设厅胡厅长及屯绩公路办事处金慰侬。其中,致建设厅厅长电:

> 窃我徽属地处深山,交通阻碍,徽浙两界,虽属毗连,行商运货,全赖水程,但水浅滩多,行舟不便,时日迟滞,每遇狂风暴雨,沉舟伤人,时有所闻。本年夏历八月间,被沉行舟一百余艘,此为最近惨劫也。近闻浙江昌化长途汽车业经筑成,由昱岭关至屯溪,相距不过一百五十里左右,赶工建筑,所需经费,尚不至巨,敢请厅长仰体先总理衣食

---
① 陶行知.陶行知全集:(8)[M].成都:四川教育出版社,1991:56.
② 陶行知.陶行知全集:(2)[M].成都:四川教育出版社,1991:238-240.

住行之主义,高呼首唱,使我徽人民得交通之便利,教育之发达,商业之振兴,皆出于厅长所赐。若以经费一时为难,我徽旅沪同乡不乏殷实者,敝会当极力劝认,以助其成。除电达督修屯绩公路办事处金慰侬先生外,所有呈请缘由,是否有当,仰祈厅长鉴核,迅赐饬令兴筑,实为公便。①

相对而言,国民政府兴修公路的动力是巩固政权的需要。比如,民国二十三年(1934年)5月26日,蒋介石曾电令安徽省政府主席刘镇华、建设厅厅长刘贻燕修筑婺源至屯溪段公路:

婺德、婺白两路,转瞬即将完成通车,其由婺源至屯溪一段,亟应及时赶筑,以期衔接而利军运。希即迅速计划兴筑,克期完成,并将办理情形电复。②

在电文中,蒋介石直言修筑屯婺公路的目的是"利军运",就是因为当时江西东北部方志敏创立的革命根据地声势也日益扩大,直接动摇着其统治的根基。在政府目的与民众意愿形成合力时,特别是民国十八年(1929年)宁杭公路通车,二十一年(1932年)沪杭公路建成通车,这意味着徽州民众呼吁多年的杭徽公路到了可实际运作的新阶段。

安徽省政府统计的《本省各公路二十三年度现况表》显示,民国二十三年(1934年)以前全部完成通车的徽州各路是杭徽路皖段(自歙县经大阜至浙皖交界之昱岭关)61公里,全路各项工程连同路面均已完成通车。屯淳路皖段(自歙县之大阜接线至浙皖交界之街口)37公里,该路屯溪至歙县一段利用芜屯路路线,歙县至大阜一段,利用歙昱路路线,其新修大街段,全部工程均已完成通车。芜屯路宣屯段(自宣城经宁国、绩溪、歙县至屯溪)204公里,该段桥涵路面等项工程均于民国二十三年(1934年)以前完成,先行通车,设立芜屯路车务管理处办理行车营业。

民国二十三年(1934年)度修筑完成的路段:殷屯路(自殷家汇经贵池、青阳、石台、太平至屯溪)251公里,该路全路路基桥涵均已完成;贵屯一段224公里路面已竣工;贵殷一段27公里,路面暂缓修赶,并已连同省殷车务管理处行

---

① 佚名.安徽婺源同乡会请筑长途汽车路[J].道路月刊,1928(25)-2:16.
② 蒋中正.希计划修筑婺源至屯溪段公路[Z].军政旬刊·命令,1934(24,25合刊).

车营业;屯景路屯祁段(自屯溪经休宁至祁门县城)70公里,其中屯休一段原系县筑于上年,收回整理通车;其新筑之路线,路面桥涵均已竣工,因石子厚度仅二分之一,现正加铺。

民国二十三年(1934年)赶修尚未完工的路段:屯景路祁惟段(自祁门县城经叶村桥、大桥头至赣皖交界之小惟岭)52公里,该路祁叶段路基桥涵已竣工,正在赶修路面;叶惟段经加紧赶修,已于当年7月14日试车,尚有便桥二座,仍须改建,还有十公里路基仍须加宽。

民国二十三年(1934年)自办行车及商办行车的路段:芜屯路273公里,由公路局组设芜屯路车务管理处办理行车营业;屯淳路皖段37公里,由芜屯路车务管理处兼办行车营业;屯景路屯祁段70公里,当年度暂由芜屯路车务管理处行车营业;殷屯路屯汤段(自屯溪经岩寺至汤口)69公里,除屯溪至岩寺一段15公里利用芜屯路线外,岩汤一段54公里因系往黄山路线,在殷屯路未全路通车以前,由芜屯路车务管理处先行通车,每日由屯溪至汤口往返各开专车一次;杭徽路皖段61公里,押与杭徽路歙昱段商办汽车公司办理行车营业。①

二、司机训练班的开办

在与徽州通往周边城市的公路逐渐兴修同时,民国二十年(1931年)前后,交通运输部门曾在岩寺镇开办过两期汽车司机训练班。②

按照教育部民国二十二年(1933年)颁布的《职业学校各科教学科目及时数概要》规定,初级职校汽车驾驶或修理科的培养对象、课程分别是:

1. **目的**:培养从事汽车驾驶或修理职业之知识技能
2. **入学年龄**:十八以上
3. **修业年限**:半年至二年
4. **科目**:(普通学科)公民一小时,国文三小时,算学二小时,理化二小时,体育每日二十分钟

    (汽车驾驶或修理学科)十小时

    (汽车驾驶或修理实习)三十小时③

---

① 安徽省政府.一月来之建设[J].安徽政务月刊·政务实况,1935(9):17-19.
② 歙县教育志编纂委员会.歙县教育志[M].合肥:黄山书社,2009:297.
③ 梁蕴甫.职业教育法令汇编[M].上海:商务印书馆,1936:166.

但是,这两期训练班可能并非严格意义上的职业学校教育,更属于职业培训的范畴。这些学员毕业后,大部分都当上了省屯公路和芜屯公路上的驾驶员。

第四节 徽州国医专门学校

徽州是新安医学的发源地,民间中医名家不少,但由于受传统的职业传承观念影响,带徒授业是基本形式,其技艺多在家庭或家族内延续,具有明显的家族链特征。这种发展模式虽然能保证"秘方"流传久远,但面上的扩大几乎不可能。随着近代社会的变迁,特别是当中医面临西医的严峻挑战时,中医采取学校式的教育也成为必须。

民国二十年(1931年),中央国医馆在南京成立。为团结全国中医界人士,发展中医技艺,中央国医馆在海内外筹建分馆,并开展了整理研究中医药学术和促进中医教育等工作。歙县中医界人士则先在民国十九年(1930年)3月成立全国医药总会歙县支会,有会员60多人,设"义诊所",并编辑发行《歙县医药杂志》两期。次年成立中医师公会。这都为其后创立国医专门学校奠定了组织、人员等基础。

民国二十四年(1935年)春,歙县中医公会常委胡天宗、黄育庭、江友梅等"鉴于国医日趋式微,欧风凌侵益亟,喧宾夺主,咄咄逼人,若不急谋改进,势必沦于不复"①。于是召集同志,议定筹设徽州国医学校,并分头面向社会筹集基金。不料资金已备、教员已聘后,校址问题却未能解决。当时,歙县中医公会与歙县民众教育馆同在张文毅公祠办公,国医学校若创设于此,民众教育馆势必外迁,但县教育局以无合适处所为由,予以拒绝,国医学校开办只得中止。民国二十六年(1937年),经中央国医馆核准,徽州国医专门学校才在歙县创立。起初在徽城镇大北街歙县中医师公会办事处办公,校址设城东许氏宗祠。3月1日开始招生,计划秋招学生40名,春招插班生15名。而实际入学20人,3月8日开学。推姚徽逸为名誉校长,当地名中医黄育庭和胡天宗分任正副校长,江

---

① 佚名.歙县将办一中医学校[J].光华医药杂志,1935(2)-12:50.

仲权任教务主任,教师均由本县名中医担任,开设课程有《内经》《伤寒论》《经匮要略》《诊断学》《解剖学》《药物学》等。为使学生日后撰写药案文理通顺,学校还注意提高学生的国文水平,要求学生每周写一篇作文、两篇日记。①

值得一提的是胡天宗。现存有一张民国二十八年(1939年)年他的专用处方笺。该笺印刷字为浅棕红色,上端文字两行:"歙县北岸南村□仁里德润堂本宅""考取优等国医胡天宗内科处方笺"。他还是民国南通医学会会员,参与主编《如皋医药杂志》,现有《医学笔记》手稿存世。

徽州国医专门学校是靠民间力量发起设立的,经费来源主要为募捐和旅沪同乡会捐助,以及学生交费(每月5元)。后因抗日战争爆发,旅沪同乡会捐款有困难,经费短绌,难以维持,又为避免日机轰炸,于是停办。

此后,在屯溪也出现过两所西医类型的学校,但开办时间均很短。民国二十七年(1938年),屯溪市民医院在屯溪开办助理护士训练班,后改名省立屯溪医院附设高级护士学校,1953年并入芜湖护士学校。民国三十四年(1945年)秋,由安徽省参议会参议长江彤侯、安徽省党部皖南办事处主任张一寒、安徽中学校长姚文采等人发起,创办了屯溪助产学校,校址设岭下博济医院内,推举江彤侯、姚文采分别为董事长、副董事长,曾任第三战区司令部防疫大队长的西医张志圣为校长,招收30位女性以培养助产士,推广新法接生。3年后停办。②

---

① 歙县教育志编纂委员会.歙县教育志[M].合肥:黄山书社,2009:303.
② 屯溪区地方志编纂委员会.黄山市屯溪区志[M].北京:方志出版社,2012:966.

第十章 徽州职业教育的特点及成因

一、徽州古代职业教育的特点

纵观清末以前千余年徽州职业教育史,可以总结出此一时段其发展的特点。一是类型多样。徽州古代的职业教育形式多样,既有典型的师徒传授模式,也有家传、自学、游学等方式。如果将夹杂着职业教育因素的家庭教育、私塾教育也归入其中,更是五花八门。二是不成系统。首先是职业教育并无由低到高的办学单位序列,相比服务于科举的私塾(童蒙馆——经馆)——官学(书院)的金字塔架构,职业教育要零散得多。其次,即便是日用百工的传统师徒制、医学的家传相对完整有序,但无论是在教学内容上还是方法上,基本都依靠传授者的个人经验,并未形成具有较高科学性的体系。三是与生产紧密结合。无论何种职教方式(除了基础性的职前教育阶段),职业教育的过程基本与生产过程相统一,实现教、学、做高度结合。四是总体水平参差不齐。就日用百工而言,徽州职业教育水平少有可圈可点之处,唯与民生高度相关的医学堪称国内一绝。明清两朝,在全国性的商品经济推动下,也仅有制墨、制砚、雕刻、印刷等在业内负有盛名。五是发展缓慢。对比数百上千年前后很多职业的发展水平,就会发现变化不大,说明职业教育缺少本质性的革新。

二、徽州古代职业教育特点的成因

首先,徽州基本的经济形态起着最重要的决定作用。在明清以前的徽州社会中,以自给自足为主要特征的自然经济占据主导地位。当地民众绝大多数需要专业人士提供的服务与产品都属于生产与生活的基本需求,零星、低品质、低附加值是其特征。这在很大程度上使技艺的提升缺乏足够动力。明清时期,由于徽商的作用,部分产业摆脱了自然经济的束缚,卷入了商品经济的洪流。徽州本土的一些产品,随着徽商的成功,被送到了更为广阔的国内市场。在激烈的市场竞争中,高品质带来的高利润,极大激发了从业者的技艺创新与从业激情。于是,以歙县虬村黄氏为代表的刻书业、休宁万安的罗盘制作业,方于鲁、程大约、胡开文为典型的制墨业等,进入独步天下的佳境。其次,徽州崇文向学的传统保证了民众具有较高的文化素养。东汉后,中原政权频繁更替,战火纷飞,名门望族举家南迁,从太湖流域又向周围山区进发,一部分沿新安江到了歙、黟,逐渐由客居到土著,成为名族大姓。数百年间,尽管程、汪、方、吴等大族子孙成千上万,散布四方,但家族精神没有丧失。"三代不读书,好比一窠猪"等民谚,"敬惜字纸"的习俗,就是南迁大族对于家族记忆的恪守。良好的文化氛围,为职业教育层次的提升提供了便利。第三,宗族对职业教育的支持和徽商财力的捐助也都功不可没。徽州聚族而居,政治地位、经济势力、历史影响都是在激烈的宗族竞争中保持优势的因素。办教育、出人才,不仅是一家之荣辱,也是一族之荣辱。所以,很多宗族都有出资支持读书人的措施,也对职业教育保有足够的宽容。徽商是文化商人,对很大一部分徽商来说,经商不是目的,而是过程和手段。经商或为生活所迫,或因科举失利,终极追求是业儒入仕、显亲扬名。自己无望,也要为后代奠基。"读书好营商好效好便好"的古训,都支持着商人不断为各类教育活动捐资助力。

三、徽州近代职业教育的特征

回顾清末至1949年中华人民共和国成立这段时间的徽州职业教育史,可以看出其发展具有一些明显特征。

第一,断断续续。从光绪三十四年(1908年)徽州近代第一所职业学校——休宁初等农业学堂创办,到1949年全国政权更替后省立屯溪工业职业学校被合并组建皖南区屯溪中学,41年的时间里,虽然整体上几乎每年都有至少一所职业学校存在,但具体到每一类、每一所学校来说,缺少连续的办学经历。新学校固然有其"新"的某些侧面,却没有内涵的积淀,难免有"草台班子"的将就和随意,对提升办学质量是一个严重的阻碍。

第二,规模不大。就曾在徽州近代招生办学的各职业学校而言,其办学规模都不大,少则数十人,多则二三百人,与同一时期的徽州普通中学通常有十多个班级相比,显然有一定差距。当然这至少是安徽全省的普遍现象。如民国三十年(1941年)至三十四年(1945年),全省普通中学与职业中学学校、学生总数有如下统计(见表 10-1)。

表 10-1 的学校数,包含了省立、联立、县立、私立四种类型。一般而言,省立职业学校因有政府财力支持,条件优于其他类型,规模要稍大些。但在徽州,办学时间较长、影响较大的徽州初农、屯溪工职,虽然都是省立,规模却并不见得大多少。这应该与徽州本身人口规模偏小有直接关系。

第三,专业狭窄。近代徽州职业学校的数量不少,但其所开设专业并不多,除了属于大职业教育范畴的师范教育专业外,仅见开设的是农林科、商科、茶科、染织科、化工科。显然,这与徽州经济中农、林、茶、桑、商均占较大比重相关,虽然徽州地区的化工没有基础,但如制皂等日用化工,即便在当时也并非前沿与尖端,在学生掌握了相应技术之后,应用还是比较广泛的。而其他行业的专业未见开设,应该也是考虑到当地社会的接受程度。

表 10-1 1941—1945 年安徽省普通中学、职业中学概况一览表①

类别	项目	民国三十年 (1941 年)	民国三十一年 (1942 年)	民国三十二年 (1943 年)	民国三十三年 (1944 年)	民国三十四年 (1945 年)
普通中学	学校数	77	75	101	121	131
	学级数	539	552	762	821	804
	学生数	26 827	49 104	37 299	43 948	40 220
	校均生数	348	654	369	363	307
职业中学	学校数	9	11	18	19	25
	学级数	47	56	84	98	121
	学生数	1 648	2 837	3 418	3 318	4 506
	校均生数	183	257	189	174	180

第四,条件简陋。如果以满足专业开设需要论,职业学校对于教学设备的要求大大高于普通学校,因为职业学校除了与普通学校同样开设文化基础课、体艺类课程外,还有更多的专业课,这些课程除了一般的实验设备,还有实习场地、设备与耗材。所以,对职业学校的投入应该较普通学校多不少。不妨以民国三十年(1941 年)至民国三十四年(1945 年)安徽省对普通中学、职校(均含省立、联立、县立、私立四类)投入的教育经费作比(见表 10-2)。

---

① 此表依据民国三十五年(1946 年)2 月安徽省政府编印的《安徽政绩简编》(教育)第 15 页表改制。

表 10-2　1941—1945 年安徽普通中学、职业中学教育经费一览表(单位:法币元)①

类别	项目	民国三十年(1941年)	民国三十一年(1942年)	民国三十二年(1943年)	民国三十三年(1944年)	民国三十四年(1945年)
普通中学	总经费	2 430 397	3 412 222	10 917 465	14 822 333	32 497 216
	学生数	26 827	49 104	37 299	43 948	40 220
	生均经费	90.60	69.49	292.70	337.27	807.99
职业中学	总经费	316 022	648 023	2 333 825	4 348 151	28 469 345
	学生数	1 648	2 837	3 418	3 318	4 506
	生均经费	191.76	228.42	682.81	1 310.47	6 318.09

表 10-2 显示,职业学校生均经费的确要比普通中学高出不少,尤其是民国三十四年(1945 年),达到了普通中学的 7 倍多。但如果考虑法币贬值趋势,也就不难理解为何职业学校办学条件实际上依然简陋的缘由。

第五,投资主体多元。民国政府建立之初,对于社会力量创办各类学校均持开放姿态,这在一定程度上激发了民众潜在的投资办学热情,保证了在政府投入不足的情况下,教育仍能得到其他途径的支持。就抗日战争时期安徽全省来看,私立职业学校的数量始终占职业学校总数的三分之一,有些年度甚至接近一半。在徽州,职业学校的创办者也显示出投资多元的特征,除省立的徽农、屯溪工职,地方公立的有徽属农业学堂、徽州乙商、新安公立甲商,联立的有徽属联立职校,私立的有中正职校等。当然,这与徽州民众长期的兴教传统是分不开的。

第六,影响有限。不得不指出的是,相对于同一时期徽州的另三所中等学校——省立二中(省立徽州中学)、省立二师、皖中,无论从当时的社会声誉还是毕业生的社会影响方面来看,徽州的所有职业类学校均难以与之匹敌。其中原因值得深思,既与生源素质有关,也受办学者的理念、师资水平、学校管理、学校文化传统、毕业生就业领域等因素影响。

四、徽州近代职业教育落后的原因

制约徽州近代职业教育发展的因素是什么?民国二十年(1931 年)孔德

---

① 此表依据民国三十五年(1946 年)2 月安徽省政府编印的《安徽政绩简编》(教育)第 16、17、21 页表改制。

《对于本省职业教育之改进意见》的分析比较全面:

……现在一班职业学校,所发生的缺点,大家可以公认的。约分数项如下:

(1) 我们设一种职业学校以前,应当调查此地对于这种职业需要情形如何？其他地方对于这种职业需要情形如何？于是这种职业学校毕业生的出路,才不致于发生恐慌。安徽各种职业学校,大半事前无一种精密的调查。设立各种农工商的科目,又非专业的训练。结果是工不能为工,农不能为农,商不能为商。由此看起来,事前太无精细的设计。

(2) 至于某种职业学校,应有该项特殊的设备,始能使学生受一种专业的训练。现在各职业学校,虽有简单的设备,不足以适应这种需要。所以各校的经费大部分是钟点费,大家都在课室中下工夫,学生得着的是纸上谈兵,与普通中学分别很少。在职业学校,尤要使他教学做合一,不然专是用眼、用耳,不用手,还成什么职业。这是极大的一个弊病!

(3) 师资的缺乏。现在一种职业专门人才太少,所以各种职业学校聘请教师非常困难。聘请的师资,就是一种将就的局面,结果如何会有优良成绩？这种现象的发生,因为在未办职业教育以前,没有准备。到了办起学校,才去拉人充数。真是一种极大的失败。

(4) 入职业学校的学生,并无固定的目标。他的入学目的,可以说是读书。视与普通中学无有区别的。大半一个青年,可以投考师范,不取,再投考中学,又不取,再考职业学校,这是社会上一种极普通的现象。在家庭方面也是传统观念太深,大概目光中:"万般皆下品,惟有读书高"。假使你叫他儿子学一种理发、厨师、成衣匠等职业,他还说辱没了他的祖先,宁肯饿死,也不让他去学。所以这种极宽泛的职业学校,倒很迎合他的心理。毕业出来,或者去做官,当教员,做绅士,并不妨害他的主张。①

当然,对于徽州来说,还有一些具体情况。比如,同样是优质师资不足,在

---

① 孔德.对于本省职业教育之改进意见[J].安徽教育,1931(1)-1:38.

徽州,则与交通不便不无关系。正如陶行知所举的事例:

> 现在吾徽有省立学校三所,要想在外面请几位很好的教员,因为交通太不便了,多不愿去,以致教育不能十分振作。像这次始创道尔顿制教育家柏克赫司特女士来华,所至各地,都是交通便利所在。倘若吾徽交通便利,或者可以请她去一览吾黄山之奇境。[①]

如果从更深广层次看,以上表面性的制约因素还是社会动荡、经济落后、外敌逼压的产物。"在这个政治不安定,社会经济组织不合理,帝国主义政治经济双层压迫之下,各种事业都不能按部就班进行着,手工业既一天天被淘汰,而新兴工商业又不能发达,只有逐渐地把范围缩小,职业机会有减无增,失业激趋严重,加以社会还盛行任用私人的恶习,公开考试制度尚未切实施行,要能学以致用,实属不易。"[②]因此,只有将徽州近代的职业教育置于当时的国内背景中观察,我们的结论才有可能更加客观真实,对于今天的借鉴意义才更大。

[①] 陶行知.陶行知全集[M].成都:四川教育出版社,1991:238.
[②] 郑文汉.职业教育不发达的基本原因[J].中华教育界,1937(24)-7:115.

参考文献

一、国史方志

[1] [明]彭泽,汪舜民.徽州府志.

[2] [明]张涛,谢陛.歙志.

[3] [清]马步蟾.徽州府志.

[4] [清]何应松.休宁县志.

[5] [清]周溶,汪韵珊.祁门县志.

[6] [民国]许承尧.歙县志.

[7] [民国]吴克俊.黟县四志.

[8] 沈约.宋书[M].北京:中华书局,1974.

[9] 欧阳修,宋祁.新唐书[M].北京:中华书局,1975.

[10] 张廷玉.明史[M].北京:中华书局,1974.

[11] 罗愿.《新安志》整理与研究[M].合肥:黄山书社,2008.

[12] 徽州地区地方志编纂委员会.徽州地区简志[M].合肥:黄山书社,1989.

[13] 黄山市地方志编纂委员会.黄山市志[M].合肥:黄山书社,2010.

[14] 歙县地方志编纂委员会.歙县志[M].合肥:黄山书社,2010.

[15] 黟县地方志编纂委员会.黟县志[M].合肥:黄山书社,2012.

[16] 绩溪县地方志编纂委员会.绩溪县志[M].合肥:黄山书社,1998.

[17] 绩溪县地方志编纂委员会.绩溪县志[M].北京:方志出版社,2011.

[18] 休宁县地方志编纂委员会.休宁县志[M].合肥:黄山书社,2012.

[19] 祁门县地方志编纂委员会.祁门县志[M].合肥:黄山书社,2008.

[20] 婺源县地方志编委会.婺源县志[M].北京:档案出版社,1993.

[21] 屯溪区地方志编纂委员会.黄山市屯溪区志[M].北京:方志出版社,2012.

[22] 歙县教育志编纂委员会.歙县教育志[M].合肥:黄山书社,2009.

[23] 绩溪县教育志编委会.绩溪县教育志[M].北京:方志出版社,2005.

二、著作

[1] [宋]司马光.资治通鉴.

[2] [明]方承训.复初集.

[3] [明]王世贞.弇州四部稿.

[4] [明]陈嘉谟.本草蒙筌.

[5] [清]赵吉士.寄园寄所寄.

[6] [清]洪玉图.歙问.

[7] [清]佘华瑞.岩镇志草.

[8] [清]程廷扬.重修水口文几塔纪略.

[9] 汪道昆.太函集[M].合肥:黄山书社,2004.

[10] 程大位.算法统宗校释[M].合肥:安徽教育出版社,1990.

[11] 戴廷明,程尚宽.新安名族志[M].合肥:黄山书社,2004.

[12] 程瞳.新安学系录[M].合肥:黄山书社,2006.

[13] 冯煦.皖政辑要[M].合肥:黄山书社,2005.

[14] 刘汝骥.陶甓公牍[M].芜湖:安徽师范大学出版社,2018.

[15] 许承尧.歙事闲谭[M].合肥:黄山书社,2001.

[16] 铁道部财务司调查科.京粤线安徽段经济调查报告书.

[17] 大江:《战时皖南行政资料》,民国三十四年。

[18] 黄炎培.黄炎培考察教育日记[M].上海:商务印书馆,1914.

[19] 黄炎培.黄炎培日记[M].北京:华义出版社,2008.

[20] 梁蕴甫.职业教育法令汇编[M].上海:商务印书馆,1936.

[21] 财务与会计编辑部.潘序伦回忆录[M].北京:中国财政经济出版社,1986.

[22] 陶行知.陶行知全集[M].成都:四川教育出版社,1991.

[23] 胡适.胡适口述自传[M].合肥:安徽教育出版社,1999.

[24] 舒新城.中国近代教育史资料[M].北京:人民教育出版社,1981.

[25] 璩鑫圭,唐良炎.中国近代教育史资料汇编·学制演变[M].上海:上海教育出版社,1991.

[26] 璩鑫圭,童富勇,张守智.中国近代教育史资料汇编·实业教育师范教育[M].上海:上海教育出版社,1994.

[27] 张海鹏,王廷元.明清徽商资料选编[M].合肥:黄山书社,1985.

[28] 周绍泉,赵亚光.窦山公家议校注[M].合肥:黄山书社,1993.

[29] 杨正泰.明代驿站考[M].上海:上海古籍出版社,2006.

[30] 卞利.明清徽州族规家法选编[M].合肥:黄山书社,2014.

[31] 王振忠.徽州民间珍稀文献集成[M].上海:复旦大学出版社,2018.

[32] 李济仁.新安名医考[M].合肥:安徽科学技术出版社,1990.

[33] 张海鹏,王廷元.徽商研究[M].合肥:安徽人民出版社,1995.

[34] 朱自振.茶史初探[M].北京:中国农业出版社,1996.

[35] 唐力行.明清以来徽州区域社会经济研究[M].合肥:安徽大学出版社,1999.

[36] 何炳棣.明初以降人口及其相关问题[M].北京:三联书社,2000.

[37] 曹树基.中国人口史:第四卷[M].上海:复旦大学出版社,2000.

[38] 曹树基.中国人口史:第五卷[M].上海:复旦大学出版社,2001.

[39] 叶羽.茶书集成[M].哈尔滨:黑龙江人民出版社,2001.

[40] 王振忠.徽州社会文化史探微[M].上海:上海社会科学院出版社,2003.

[41] 胡武林.徽州茶经[M].北京:当代中国出版社,2003.

[42] 樊树志.古代中国:传统与变革[M].上海:复旦大学出版社,2005.

[43] 陈贤忠,程艺.安徽教育史[M].合肥:安徽教育出版社,2006.

[44] 飞白,方素平.汪静之文集·回忆、杂文卷[M].杭州:西泠印社,2006.

[45] 歙县文化局编纂委员会.歙县民间艺术[M].合肥:安徽人民出版社,2006.

[46] 安徽文史资料全书编委会.安徽文史资料全书(黄山卷)[M].合肥:安徽人民出版社,2007.

[47] 周文甫.斯文正脉[M].合肥:黄山书社,2012.

[48] 方光禄,许向峰,章慧敏.徽州近代师范教育史[M].芜湖:安徽师范大学出版社,2013.

[49] 汪无奇.亚东六录[M].合肥:黄山书社,2013.

[50] 王键.新安医学流派研究[M].北京:人民卫生出版社,2016.

[51]　戴元枝.明清徽州杂字研究[M].上海:上海教育出版社,2017.

[52]　王世华.薪火相传[M].北京:北京时代华文书局,2018.

[53]　中共绩溪县委党史办公室.徽山烽火[M].合肥:安徽人民出版社,1990.

[54]　周文甫.民国徽州名师[M].北京:中国文史出版社,2008.

[55]　四库全书存目丛书编委会.四库全书存目丛书[M].济南:齐鲁书社,1997.

[56]　李友芝等,《中国近现代师范教育史资料》,内部刊物。

[57]　绩溪县胡稼民教育思想研究会,《绩溪现代教育史料续集》,内部图书,2006 年。

三、论文

[1]　李琳琦,吴晓萍.新发现的《做茶节略》[J].历史档案,1999(03).

[2]　王振忠.徽州商业文化的一个侧面[J].复旦学报(社科版),1999(04).

[3]　王振忠.抄本《便蒙习论》:徽州民间商业书的一份新史料[J].浙江社会科学,2000(2).

[4]　王振忠.徽州人编纂的一部商业启蒙书:《日平常》抄本[J].史学月刊,2002(2).

[5]　陶德臣.中国近现代茶学教育的诞生和发展[J].古今农业,2005(2).

[6]　刘伯山.论徽州传统社会的近代化[J].学术界,2006(6).

[7]　冯丽梅.医学地域化:明清吴中医家与新安医家比较研究[J].北京中医药大学博士学位论文,2007.

[8]　刘长生,张金俊.1931 年安徽水灾状况及救济考察[J].皖西学院学报,23(3).

[9]　刘义程.江西地方政府与近代江西的工业化进程[J].中国社会经济史研究,2008(1).

[10]　张灵,余龙生.黄炎培职业教育思想及其对近代江西职业教育的影响[J].教育学术月刊,2011(11).

[11]　唐力行.城乡之间:徽州旅沪同乡会的救乡功能[J].安徽史学,2013(1).

[12]　丁佳丽.20 世纪初至抗战前徽州近代教育的发展[J].安徽大学硕士学位论文,2013.

[13]　王振忠.晚清徽州墨商的经营文化[J].复旦学报(社科版),2015(1).

[14]　王振忠.从新发现的《布经》抄本看明清时代商书之编纂[J].徽州社会科学,2016(3).

[15]　万四妹,刘伯山,王键.明清新安地方医官探析[J].北京中医药大学学报,2017(7).

[16]　王振忠.20 世纪 30 年代徽州的现代教育与乡村社会[J].江海学刊,2019(4).

[17]　王振忠.清代徽商与长江中下游的城镇及贸易[J].安徽大学学报(哲社版),2019 年第

1期。

[18] 王振忠.清代徽商编纂的三种《商贾格言》[J].徽学,2020,(1):19-31.

[19] 王振忠.清代徽州与广东的商路及商业[J].历史地理,2001,(17):297-315.

[20] 王振忠.瓷商之路:跋徽州商编路程《水陆平安》抄本[J].历史地理,2011,(0):324-340.

[21] 康健.晚清徽州乡村社会的公共工程建设[J].徽学,2019,(1):77-110.

后　　记

2016年盛夏，一位远方同行电话告知，笔者团队申报的全国教育科学规划课题已获批，正在公示。霎时既惊又喜的心情，至今历历在目。惊的是此前的申报完全是随意之举，并不抱一丝希望；喜的是作为一名基层的中专学校教育工作者，也能获批如此层次的课题！

但喜悦的情绪并未维持长久，就被愈来愈烈的焦虑取代。焦虑之源在于"难"。一是毫无经验之难。与此前完成的两项省级教育科学规划课题相比，该课题的结项要求既高也严。二是资料搜集之难。虽然我对徽州文化的一些领域比较熟悉，但深知职业教育类资料既少也散。三是时间支配之难。也就在2016年7月，我受命成为徽州师范学校负责人，学校发展、上级指示、师生诉求、社会舆论、日常教学等琐碎事务几乎占据了我工作、生活的全部时间。四是经费之难。尽管有下拨3万元的支持，但学校此前并无类似的校内配套先例，我也不愿因本人集课题领衔人、学校负责人于一身的特殊让人说三道四，我决定由个人承担超支部分。

果不其然，课题推进很不尽如人意。利用双休日和假期四处寻访资料，花费了笔者大量时间和精力，但徽州古代、近代部分的所得寥寥无几。现代部分涉及不少办学单位，资料由各校保管，尚未开放。两年多时间很快过去，不得不申请延迟结项。

在勉力前行中，今天终于完成书稿，看到了申请结项的希望。

回首往事，路虽自行，但少不了他人的激励与帮助。感谢同事许向峰、汪雪忠、章慧敏参与课题申报和前期的资料搜集工作。感谢黄山市地志办的翟屯建研究员，黄山学院的方利山研究员、马勇虎教授、曾小保教授，徽州区地志办的吴晓春先生，中国徽州文化博物馆的汪晓峰先生的思路指引和资料提供。感谢中国科学技术大学出版社领导和编辑为书稿的付出。感谢家人的包容与理解。当然,还有未能随文一一列出的诸多学者,他们的学术成果是我写作的基础。

　　序章已往,未来可期。

方光禄

2021 年 2 月

于徽州师范学校